国外语言学译丛
经典著作

DIE ALLGEMEINE SPRACHWISSENSCHAFT

普通语言学

〔德〕乔治·冯·德·甲柏连孜 著

温仁百 译

商务印书馆
创于1897　The Commercial Press

Die allgemeine Sprachwissenschaft

Georg von der Gabelentz

Die Sprachwissenschaft: Ihre Aufgaben, Methoden und bisherigen Ergebnisse
(Classics in Linguistics 4).

ISBN 978-3-946234-35-7

Berlin: Language Science Press. 2016.

Herausgegeben von Manfred Ringmacher und James McElvenny.

本书根据语言科学出版社《语言学:任务、方法和迄今成果》2016年德文版译出

国外语言学译丛编委会

主　编：

沈家煊（中国社会科学院语言研究所）

编　委：

包智明（新加坡国立大学）
胡建华（中国社会科学院语言研究所）
李　兵（南开大学）
李行德（香港中文大学）
李亚非（美国威斯康星大学）
刘丹青（中国社会科学院语言研究所）
潘海华（香港城市大学）
陶红印（美国加州大学）
王洪君（北京大学）
吴福祥（中国社会科学院语言研究所）
袁毓林（北京大学）
张　敏（香港科技大学）
张洪明（美国威斯康星大学）
朱晓农（香港科技大学）

总　　序

商务印书馆要出版一个"国外语言学译丛",把当代主要在西方出版的一些好的语言学论著翻译引介到国内来,这是一件十分有意义的事情。

有人问,我国的语言研究有悠久的历史,有自己并不逊色的传统,为什么还要引介西方的著作呢？其实,世界范围内各种学术传统的碰撞、交流和交融是永恒的,大体而言东方语言学和西方语言学有差别这固然是事实,但是东方西方的语言学都是语言学,都属于人类探求语言本质和语言规律的共同努力,这更是事实。西方的语言学也是在吸收东方语言学家智慧的基础上发展起来的,比如现在新兴的、在国内也备受关注的"认知语言学",其中有很多思想和理念就跟东方的学术传统有千丝万缕的联系。

又有人问,一百余年来,我们从西方借鉴理论和方法一直没有停息,往往是西方流行的一种理论还没有很好掌握,还没来得及运用,人家已经换用新的理论、新的方法了,我们老是在赶潮流,老是跟不上,应该怎么样来对待这种处境呢？毋庸讳言,近一二百年来西方语言学确实有大量成果代表了人类语言研究的最高水准,是人类共同的财富。我们需要的是历史发展的眼光、科学进步的观念,加上宽广平和的心态。一时的落后不等于永久的落后,要超过别人,就要先把人家的(其实也是属于全人类的)好的东西学到手,至少学到一个合格的程度。

　　还有人问,如何才能在借鉴之后有我们自己的创新呢? 借鉴毕竟是手段,创新才是目的。近一二百年来西方语言学的视野的确比我们开阔,他们关心的语言数量和种类比我们多得多,但是也不可否认,他们的理论还多多少少带有一些"印欧语中心"的偏向。这虽然是不可完全避免的,但是我们在借鉴的时候必须要有清醒的认识,批判的眼光是不可缺少的。理论总要受事实的检验,我们所熟悉的语言(汉语和少数民族语言)在语言类型上有跟印欧语很不一样的特点。总之,学习人家的理论和方法,既要学进去,还要跳得出,这样才会有自己的创新。

　　希望广大读者能从这套译丛中得到收益。

沈家煊
2012 年 6 月

译　　序

乔治·冯·德·甲柏连孜(Georg von der Gabelentz, 1840—1893)是德国著名语言学家,是共时语言学的重要先驱,同时也是汉学家,被誉为"19世纪最具普通语言学理论修养的德国汉学家"[①]。

甲柏连孜一生著作甚丰[②],大概分为两大主题,一是关于普通语言学,二是关于诸多具体语言及其关系,其中最为突出的,除了他的母语德语之外,就是汉语。在汉学和普通语言学两大领域,甲柏连孜各有一部享誉世界的名著,即《汉文经纬》(1881)和《语言学——任务、方法和迄今成果》(1891)。从出版的时间看,后者比前者晚了整整十年,这让我们产生一种逻辑推论,即通过对众多具体语言的研究,尤其是对汉语的研究,甲柏连孜逐渐形成了自己独特的语言观和语言学方法论,同时,他对具体语言的研究又是在其普通语言学思想的指导下进行的,二者相辅相成,紧密相关。准确地说,对大量具体语言的研究使得甲柏连孜的普通语言学体系不断完善,思想不断坚定。

甲柏连孜出身于一个德国贵族世家,有文献记载的贵族家史始于1221年。父亲汉斯·科农·冯·德·甲柏连孜(Hans Conon von

---

[①] 17—19世纪德国语言学与中国语言学,姚小平著,外语教学与研究出版社,62页。
[②] 详见附录"乔治·冯·德·甲柏连孜著作年表"。

der Gabelentz, 1807—1874)是一位知名的政治家,也是一位有成就的语言学家,并且深深地影响了儿子的语言学之路。甲柏连孜掌握和了解的语言数量之多令人惊讶,说不清到底有几百种,仅在本书中论及的就有近200种。家学遗传和对人类语言惊人的天赋,成为汉学家和普通语言学家甲柏连孜的闪亮名片,也可视为其语言学成就的天然基石,因此,对于他在当时的欧洲提出独特而先进的语言学思想,我们不难理解。对于当前的语言学研究而言,甲柏连孜的学术路径和成就极具启发意义。

在中国,甲柏连孜可算是被"热播"的西方语言学名家之一,专门的论著蔚为可观,但总体而言,皆因其《汉文经纬》而起。中国学界关注西方汉学,自然合情合理,但作为19世纪杰出的语言学家和现代语言学的重要先驱,甲柏连孜的另一部名作《语言学——任务、方法和迄今成果》同样值得关注,尤其是对于普通语言学而言。本书即是译自该书之第四卷《普通语言学》,其他三卷依次为《概论》《具体语种语言学》和《谱系历史语言学》。

如果以索绪尔的《普通语言学教程》(1916)为现代语言学诞生的历史标记,甲柏连孜的《语言学——任务、方法和迄今成果》要早25年,大约一代人的时间。在探索语言学科学体系的时代,总结前人,提出"任务和方法"的问题,当属正常,也是整个19世纪西方语言学孜孜以求的目标,但旗帜鲜明地以此为书名和论著的主题,在书中给予深刻和系统的阐述,则难能可贵,需要对问题的要害有十分清醒的认识,对问题的破解有清晰的思路。按照《语言学——任务、方法和迄今成果》的观点,语言学分为普通语言学、谱系历史语言学和具体语种语言学三大分支,另外还有语言类型学。对于后一点,甲柏连孜1894年还在《印度日耳曼学研究》期刊上发表专文予以论述。① 甲柏连孜语言学理论的详细内容及其历史和现实意义，在阅读本书之后，读者自有见解。

下面，我们谨从《语言学——任务、方法和迄今成果》摘取若干，以点带面，不做评论，原汁原味展现甲柏连孜的语言学思想。

"语言学的目标是认识语言本身，其对象是人类语言的全部，包括一切人类语言，既有那些未开化民族的语言，也有那些文明民族的语言；无论年轻的或者古老的语言，也无论最小的方言还是那些大的语族。语言学就是要全面理解它的这一对象，而首要的问题是，这一对象包括哪些方面？有多少个方面，有多少种观察的视角，就决定了该科学有多少项任务。"（第一卷《概论》22 页②）

"人类语言是通过语音对思想的结构性表达。[……]每一个结构性表达当然都是主观意愿使然，通常也是意涵清晰的。"（第一卷《概论》18 页）

"总是有人断言称：有些语言没有语法，汉语应属此类，持此观点的某些人竟还是非常出色的专家。不过，这样的观点在语法学基本上满足于语音和形态研究的时代当然多有不足，但情有可原。毫无疑问，每一种语言都有其规律，以规范话语的建构，同样，每一种语言都有其语

---

① Hypologie der Sprachen. Eine neue Aufgabe der Linguistik. In: *Indogermanische Forschungen* 1894/4, 1-7.
② 系指原著页码。余同。

法。因为,语法学就是关于语言结构的学问,不仅仅涉及砖头和砂浆,而且还有建筑设计,不仅仅是话语的构件及其形式,而且还有句子。"(第二卷《具体语种语言学》78 页)

"我认为没有哪种语言是完全没有形式的,相反,每一种语言都具备形式,而且都具备两种形式,即外在形式和内在形式。问题只在于,一种语言中被形式化了的是什么?形式化的手段是什么?前一个问题针对内在形式,后一个问题针对外在形式。"(第四卷《普通语言学》260 页)

"(语言学家的)目标不仅仅是知识,而是认识,亦即关于事物之间关系的认识"。(第二卷《具体语种语言学》72 页)

"语言是对思想的结构性表达,而思想是概念的集结。人类语言并非仅仅要表达这些相互集结的概念及其相互之间逻辑关系的方式,还要表达说者与话语的关系。我不仅仅要说出什么,而且还有说出我自己,这样,除了逻辑因素还有心理因素,而且心理因素始终以丰富多彩的样式渗透在逻辑因素之中。另外还有第三种因素:空间观和时间观的形式。内在语言形式的语法部分无非就是说明这三种关系形式:逻辑的、心理的和时空的。我们称此三种关系的表现方式为语言结构。那么,语法学就是关于语言结构的学问,因此,是关于外在语言形式的学问,亦即是关于上述那些关系的外在表达形式的学问,如此，也就同时间接地探究内在形式，亦即探究作为语言结构之基础的世界观。外在语言形式是一种分析的形式，也就是说，思想被切分为其部分，并且以这种被切分的状态表现出来。因此，内在语言形式也是分析的。分析是（综合的）结果，相当于一个有机结构的身体，亦即一个句子或者一个单词句（Satzwort），整体和部分在其中相互作用。语言结构首先是句子结构，当然，最终也是句子结构。"（第二卷《具体语种语言学》76页）

"为了把材料组织起来，思想必须首先切分材料，然后再将之组合起来。材料只能被切分为材料，只能在组合中被形式化。形式化是组合的唯一产品，而组合的唯一目的就是形式化。组合的方式既有简单的排列，也有相互融合，因为二者都是形式化的手段。"（第四卷《普通语言学》257页）

"语言首先是现象，是具体思想的具体表达，亦即话语。"（第一卷《概论》18页）

"我们说整个语言每时每刻都活生生地存在着，这样的表述既不多余也不致误解。脱离语言的东西就不属于语言，一如脱落的牙齿或截掉的腿不属于人。这是上句表述否定式的意涵，而其肯定式告诉我们，每一种活生生的语言每时每刻都具有整体性，而只有此时此刻存在于其中的东西才有其功能。"（第一卷《概论》22页）

翻译本书的直接起因是德国柏林东西方语言文化研究会。2014年9月,研究会会长、日裔语言学者江沢建之助博士率领德国日耳曼学者访问团一行8人访问北京、西安和上海,22日来到西安外国语大学,我时任德语学院院长,全程接待和座谈。得知我正在翻译《卡尔·比勒语言哲学文集》,大加鼓励。不久,2015年5月17日,江沢博士发来电邮,表达要委托我翻译甲柏连孜《语言学——任务、方法和迄今成果》一书的意愿,随后,即发来(寄来)大量资料。据了解,研究会策划此项目已久。又过了两年,直至2017年7月18日,才与我签署了委托翻译的协议,足见谨慎。

　　东西方语言文化研究会2000年成立于柏林,主要任务是宣传甲柏连孜语言学思想、彰显甲柏连孜语言学历史贡献。其中,甲柏连孜是否对索绪尔产生了直接影响,或者说,索绪尔是否直接继承了甲柏连孜的语言学思想,成为一个重要的问题。

　　当代德国著名语言学家科塞留(Eugenio Coseriu,1921—2002)提出"师承说"①,最具代表性。他将索绪尔的《普通语言学教程》(1916)和甲柏连孜的《语言学——任务、方法和迄今成果》(1901)中的重要概念和论述一一对比,证明二者的相同性,断定索绪尔与甲柏连孜在语言学理论上的师承关系。但是,索绪尔在著作中对甲柏连孜未曾提及。

　　1876—1880年,索绪尔在莱比锡大学学习印度日耳曼学,并获得语言学博士学位,其间,1878/1879学年在柏林大学学习一个

---

① Eugenio Coseriu, Georg von der Gabelentz. Word 23, 74-100. 1976. *Deutsche Übersetzung: Georg von der Gebalentz und die synchronische Sprachwissenschaft*. Reprint in Beiträge zur Gabelentz-Forschung. Kennosuke Ezawa, Franz Hundsnurscher und Annemete von Vogel (Hrsg.). Tübingen: Narr. 2014. 3-37.

学期。甲柏连孜1876年以译释《太极图》为题在莱比锡大学获得博士学位。1878年7月1日,在甲柏连孜提议下,德国首个专事汉语的教授席位在莱比锡大学设立,甲柏连孜如愿获聘为副教授,成为德国高校首位汉学教师。从1878年冬季学期到1889年冬季学期,甲柏连孜任职于莱比锡大学,教授汉语、日语、满语、马来语等东亚语言和普通语言学。如此看来,索绪尔和甲柏连孜同时在莱比锡大学语文学(语言学)专业计有三个学期,理论上应该存在师生关系,但却始终缺乏史实佐证[①],"师承"与否遂成悬案。

我们这里不去理会索绪尔和甲柏连孜是否有"师承"关系的争论,对于语言学而言,将两位语言学大家及其思想联系起来应当是有益的,惟此足矣。

《语言学——任务、方法和迄今成果》1891年出版,1893年甲柏连孜患急性胸膜炎去世。作者的外甥、慕尼黑大学东亚语言系语言学编外讲师舒伦伯格爵士对《语言学》原作进行了修订和增补,形成了第二版(1901)。之后,该版被重印(1969、1972)。再后,东西方语言文化研究会组织力量,由 Manfred Ringmacher 和 James McElvenny 在第一版和第二版的基础上,进行了"建设性编辑"(kritische Ausgabe),发行了第三版(Language Science Press, Berlin, 2016)。我的汉译即是以第三版为蓝本,同时参考第一版和第二版而完成的,译本体现了三个版本之间的变化。在相同背

[①] E. F. K. Koerner, Animaldversions on some recent claims regarding the relationship between Georg von der Gabelentz and Ferdinand de Saussure. In Amacker/Mauro/Prieto (eds.), Studi Saussuriani per Roberto Godel. Bologna: Società Editrice, 1974, 165-180. Reprint in Beiträge zur Gabelentz-Forschung.

景下，东西方语言文化研究会委托悉尼大学语言学者 James McElvenny 将《语言学——任务、方法和迄今成果》译为英语出版。

原著的目录与内文存在不相吻合的现象，译文予以增补，使之相互对应，同时，对目录做了简化处理，在目录中保留了原著正文出现为标题的部分，去除了说明相关段落主题但未体现为标题的部分，将之转移于文内相关段落之首，这样，既一目了然又不失详细。译文增加了三个附录：两个索引和一个著作年表。所有这些都是为了方便读者阅读。

本书原著涉及各种语言近 200 种，对各种语言的举例，译文尽量给予汉语注释，但还有大量举例未予注释，因为涉及语种太多，且许多完全超出译者所能。

在翻译过程中，承蒙希腊语、拉丁语、马来语、印地语、阿拉伯语、波斯语、朝鲜语、日语、法语、意大利语等方面的专家出手相助；东西方语言文化研究会组织德国和中国多名专家分头对译稿进行审阅，并提出修改意见；商务印书馆立项将译本收入"国外语言学译丛"系列，文学春编辑给予了耐心而专业的指导。在此，谨献上成书聊表谢忱。译文不妥之处，敬请赐教。

温仁百

2019 年 1 月 27 日

于西安外国语大学

目　　录

第三版前言……………………………………………………… XV
第一版前言……………………………………………………… XIX
第二版增补和修订说明………………………………………… XXV

第一章　普通语言学的任务…………………………………… 1
第二章　人类语言能力的基础………………………………… 3
　　一、概论……………………………………………………… 3
　　二、物理基础………………………………………………… 4
　　三、心理基础………………………………………………… 8
　　四、原始语言的语音和语调………………………………… 17
　　五、拟人化、情感化和生命化……………………………… 19
第三章　话语的内容和形式…………………………………… 23
　　一、话语……………………………………………………… 23
　　　　1. 逻辑连接……………………………………………… 23
　　　　2. 话语分类的检验……………………………………… 27
　　二、话语的材料和形式……………………………………… 32
　　　　1. 材料…………………………………………………… 32
　　　　2. 形式…………………………………………………… 36
　　　　3. 内在语言形式………………………………………… 37

4．外在语言形式 ………………………………… 61
　　　5．形式化的本能 ………………………………… 81
　三、语序 ……………………………………………… 87
　四、重音 ……………………………………………… 98
　五、发音方式或语音表情 …………………………… 103
　六、语序规则和语音表情的共同影响 ……………… 108
　七、词汇的概念范畴,话语的语法成分 …………… 109
　八、可能,规则,原理 ……………………………… 114
第四章　语言评价,语言价值评价的视角 …………… 118
　一、绪论 ……………………………………………… 118
　二、归纳法基础 ……………………………………… 119
　三、语言方面的标准 ………………………………… 121
　四、历史的影响 ……………………………………… 129
　五、词源的价值 ……………………………………… 129
　六、印度日耳曼语言屈折的本质 …………………… 134
　七、语音原则(连读音变及其他) …………………… 138
　八、黏着 ……………………………………………… 140
　九、词源意识 ………………………………………… 142
　十、错误的分析和评价 ……………………………… 143
　十一、闪米特语言 …………………………………… 146
　十二、马来人和闪米特人 …………………………… 151
　十三、马来人和乌拉尔阿尔泰人 …………………… 156
　十四、班图民族 ……………………………………… 162
　十五、美洲印第安语言 ……………………………… 167
　十六、其他民族和语言 ……………………………… 170

十七、伯恩《论语言的结构原则》……………… 172
　　十八、具体现象和具体语言 ………………………… 173
　　　　1. 语音 ……………………………………… 178
　　　　2. 心理发音 ………………………………… 179
　　　　3. 语言结构或者语法视角 ………………… 186
第五章　语言的描写………………………………………… 239
第六章　普通语法…………………………………………… 243
第七章　普通词汇学………………………………………… 248
第八章　结语………………………………………………… 252

主题索引……………………………………………………… 254
人名索引……………………………………………………… 273
乔治·冯·德·甲柏连孜著作年表………………………… 276

第三版前言

本书是对乔治·冯·德·甲柏连孜(1840—1893)代表作的修订。修订版的基础为1891年出版的原著第一版和作者辞世之后1901年刊印的第二版。第二版对第一版进行了大量的修订和扩展,由甲柏连孜的外甥和学生阿尔布莱希特·冯·德·舒伦伯格伯爵(1865—1902)完成。

相比较前两版,第三版有三个或者说四个方面的区别:源自于第一版的文本,源自于第二版的文本,以及第三版编者对前两个版本进行修订所产生的文本,另外还有从作者之前发表的论著中摘取的两段文字,而且该两段与前两版内容存在一定的差异。该两段的出处是:

(1)第三卷229—237页:奥托·冯·波特林克博士毕业纪念贺刊,1888年2月3日,斯图加特,科尔哈默出版社,26—30页。

(2)第四卷341—385页:《论语言的材料和形式》,《莱比锡王室萨克森科学院商谈报告》语文历史卷第21册,1889年,185—216页。

为了标明上述四种文本的责任(作者,修订作者,第三版编者,之前发表),本书采用了如下标记:

凡是前两版共有并且第三版编者认为内容连贯的文本,不做任何标记,直接采用;其余文本采用不同颜色予以标记:对于只出现于第一版而未出现于第二版，并且第三版编者认为内容合理的文本，用红色标记；对于出现于第一版而未出现于第二版的文本，用深蓝标记；对于第三版编者认为与前两版内容存在差异的文本，用浅蓝标记；对于完全摘自于上述论文的文本，用灰色标记。

第三版编者认为有误而从原著剔除的文本，做页边旁注，并在旁注中以出版年份说明出处，例如"1891"表示第一版，"1901"表示第二版，"1888"或"1889"表示之前发表的两篇论文，有时由于技术原因未做旁注，而是将有内容差异的文本直接印刷在当前的文本中，例如在目录中。

如果上述论文中的某一篇包含与本书原著相异的内容，但第一版和第二版的相关内容一致，则相关内容在本书中被标为深蓝，虽然在正常情况下深蓝只涉及第一版，但在同时涉及三种出处的地方，深蓝表示相关变量首先出现于第一版，然后又被录入第二版，如果上述论文之一与第一版内容吻合，则本书中的相关段落用灰色标记。

原则上，旁注只使用完整书写的单词，单词印刷有词头、词尾或词间间隔，一般情况下也正常使用句子标点符号，但旁注中的省略号（……）不是原著所为，它表示旁注只显示被引相关文字的开始和结尾。

第一版的页码用两条竖线之间的深蓝数字标出(|123|)，第二版的页码用红色双竖线之间的数字标出(||321||)，上述论文的页码用灰色竖线之间的数字标出(|313|)。

目录和索引部分所示的页码系指本书页码，相关行文中相互参照的提示未予更新，所涉及的是第一版或第二版的页码。

本次修订对实质性错误（亦即对相关话题描述不当）未予纠

正，所纠正的只涉及那些有碍于当前行文的连贯性和观点表达的内容，并且仅限于有限程度的纠正（用第三版编者的文字替代），表达观点的主体仍然是第一版作者和第二版修订作者，导致相关错误的原因在于前两版的排版工人或者校对。

所有行文的偏误都予以标记，不论是有意所为还是疏忽所致；纯粹技术所致的偏误，例如印刷残缺的符号（逗号时有偏误）不算行文偏误；排版错误，例如倒立的字符，属于模棱两可的情况，亦被标出。

绝大部分偏误为第二版修订作者所致，其中有的是有意的修改，是积极的，也有的是未被纠正的印刷错误，是消极的。所有的情况，包括那些无法解释的情况，都留待读者评判。同时需要指出的是，当前的文本虽然存在不同解读，但可读性仍然很强。

第三版编者

第一版前言

　　本书的形成得益于诸多方面的启发。多年来,兴趣和职业促使我研究各种结构殊异的语言,对其中有些语言进行了语系对比,对另一些则进行了教学法或描写性分析,另外也得益于教学经验和经常与友好同事关于普遍性问题的交流。在我所掌握的相关文献中,只有少部分如我所需,而大部分于我则不甚理解。因此,我有必要和义务为我自己以及其他人阐明我的观点。对于我们而言,汉语、日语、满语和马来语十分另类,彼此非常不同。关于诸如此类语言,我做了一系列讲座。这些工作不断地促使我去跨界思考语言哲学的问题。我发现,那些学界大家们经常固守从母语获得的偏见,我也发现,如果能够摒弃偏见,人们从最不为人知的语言也能够获得对母语现象有益的认识。因为,归纳性科学类推法的价值在于,在一些差异性极大的方面所看到的现象及其原因和影响经常是同质的,它们有时表现得十分清楚,有时表现不太清楚。恰恰对于我们印欧语系而言,委婉表达的蕴含非常丰富,需要予以深入的历史研究,需要思想家敏锐的洞察,但切入点却在于其他语系所清楚地表现出的机制和历史。

　　本书的读者首先是我们未来的同事和后学,因此,与同类著作相比,我更多关注具有指导性意义的问题,为之花费了大量的篇幅,基本的方法论也是内生的,相反,为了节省篇幅,我删减了一些在教材和手册中常见的内容，例如，语音学概论、语法术语的定义、语系概论，等等。如此安排，希望理解。

我们的科学还很年轻，其中许多领域人们才刚刚涉足，有些还是有待开垦的处女地，充满了诱惑和危险，对此，我必须认真对待。读者应该看到，目标明确，锲而不舍，就会很快结出硕果，读者也应该分享这些果实。但是，人们也不应该过分自负，夸大已经取得的成绩。我们要不忘初心，牢记崇高理想和最高目标。我给大家分享了我所认识的语言学理想和目标，展示了我对整个语言学领域的全新认识。我也充分利用了绘图员的权利，将经纬线延伸到陌生的领域。我尽可能充分讨论了各种可能性，有时经常采用先验的方法，但同时也尽我所知，用例证对可能性进行了证实。

在这方面，我遇到了很大的挑战。我自己的经验以及从中获得的比较具备普遍性意义的结论，大部分都源自于十分生僻的语言领域，但是，示例需要得到解释，道理要尽可能明晰，因此要求示例尽可能贴切，所以，母语、我最熟悉的欧洲语言和印度日耳曼语言等我职业范围内的语言无法满足我举例的需要，我只能求助于其他方面。这样一来，我经常就像一个外国人，本来希望将随身携带的本国货币兑换成塔勒银币和镍币①，但却强忍汇率损失，直接使用外币消费。同时，从相邻学科借用科学财富，也令人心中充满不快，对此，我深有体会。因此，我只希望专家们不吝赐教，施以援手。得益于他们，我的著作有望出版第二版，尤其是其中的第三卷。

相反，凡是涉及母语中鲜活的表达，我自认为可以相信自己的

---

① 德国15—19世纪使用的货币。——译者注

第一版前言

语感和判断,同样也可以相信别人的观点。我也认真听取了别人的意见,以确认自己的观点,但并非总是如此,尤其是不能听取某些人的意见。他们习惯于用研究古时反复使用的羊皮纸的眼光,以双重标准解读语言。我严格区分具体语言研究和语言历史研究的不同视角,相信人们不会误解我此举的意图。我当然承认二者具有同等重要的地位,同时也阐述了二者最终必然相互交织的事实。正因为如此,我首先要理清的是两条主线的不同脉络,而不是相互交织。

我此书的写作经历了多年的时间,有过多次长时间的中断,各部分完成的顺序完全不是现在所呈现的样子。我认为我对某些问题的研究比较成熟,就先写成论文,随着时间的推移才逐渐产生了写出全书的计划。我做过许多关于普通语言学的讲座,从而使得我的书稿不断完善。这样的成书过程痕迹明显,难以消弭,希望人们能够谅解。海泽完成了一本系统性的教材[①],我没有他那样的勇气,我更愿意通过描写和阐释将读者引入我们科学的殿堂,对于我倾心研究的问题当然会长篇论述。这里,我同志很少,尤其是在我的同胞中,正因为如此,在我们印度日耳曼学家对同一问题已经有许多出色的论述之后,我仍然要把我的观点公之于众。我希望引起人们的共鸣,而且也将尽我所能争取共鸣。我只希望获得相互认可,别无他求。

在转引方面我比较吝啬,首先我希望尽可能地压缩本书的篇

[①] 海泽(1764—1829):《德语语法理论与实践,或名德语纯正说、读和写教程》(Theoretisch-praktische deutsche Grammatik oder Lehrbuch zum reinen und richtigen Sprechen, Lesen und Schreiben der deutschen Sprache. Für den Schul-und Hausgebrauch bearbeitet, Hannover 1814)。——译者注

幅，其次我不希望引发任何关于领先性问题的争论，因为我反对提出什么创新领先的问题。在科学的历史上经常出现一个人不经意之间提出一个重要的、影响深远的思想，其价值很久之后才为另一个人所利用。而其实从前人获得的启发，后人也完全可以独立获得。对于创新和博学的美誉，我不敢奢望，也为我们所拥有的文献所局限。我自己独立的研究成果中有些应该早已出现于其他人的著述，有些观点的确是我第一次提出，但其首创其实应该归功于我仙逝的父亲，我只是记不清出处罢了。

  我也尽可能避免争论，只有少数几次我被迫在我的前辈们面前公开表明了态度，大多数情况下，我满足于尽可能阐明自己的观点，有时我也根本不提其他人与我相左的观点。在前人已经取得圆满成绩的地方，我无意与之争功，但是，如果我在相关问题上保持沉默，本书就不可能获得整体的连贯性和相对的完整性，换句话说，我就不会完成此书，而只能发表一系列论文了。

  人们会发现我喜欢以极端的方式提出自己的观点，甚至会对之产生反感。我这样做当然不是为了制造矛盾，只是宁愿自己说出某个荒谬的结论，也不愿意让别人将荒谬的结论摆到我的面前。我的理想是，说明我的思想完全是基于论证所得，经得起任何考验。但凡提出观念性的思想，我不希望听到所谓普世真理不可企及的论调。我们的目标也并不是要达及那样的高度，而是要不断追求那样的高度。总之，我们要牢记自己的终极目标和当务之急，要认清眼前的处境，谨防操之过急而坠入深渊。

  我尽量顾及了语文学家和语言教师的需要。错误的教学法可能会影响学生，使之对教学内容永远失去兴趣。人们在教学中更多追求的是使学生掌握知识和技能，并非唤起他们对知识和技能的渴望之情,这在我看来就是错误的教学法。因为,学到的东西会被忘记,而获得的兴趣却会与日俱增,作用持久。早在普鲁士实施教育改革之前,我就指出了语言教学中存在的错误。但愿我的批评过时了或者只是马后炮。我们在古典教育中遇到一些死敌,他们坚持错误的语言教学,致使高级中学的主要科目成效欠佳,但却振振有词,至今大行其道。我们必须揭露他们道貌岸然的外表。我们必须证明,这门科学并非那么枯燥乏味,其实是一门最具活力、最具启发性的科学。历史上,古希腊罗马对于我们的科学、艺术和国家文明发挥了重要的影响,对此,无论怎样的改革都不能有半句微词,而语文学家更应该谨言慎行。他们如果能够成功地将语言教学改造成为培养理性和审美情趣的课堂,就也能够唤起人们研究语言的能力和情趣。我们生活在一个喜欢孤军奋战的时代,每个人埋头于各自的斗室,失去了在整体之中把握关联的能力,经常踽踽独行,苦不堪言。人们拒绝与相关科学开展对话交流,无法参与相关科学的创造,分享相关科学的成果,这其实是井底之蛙、认识局限,或者一知半解、缺乏自信。

趁本书正文付梓之际,我完成了索引部分,同时发现书中存在部分有违心愿的重复。考虑到本书成书过程的特殊性,重复的问题应该情有可原,因为,为了说明问题,同一个观点必须在不同的地方重复出现,这样,就觉得同一个表达或者同一个例子对许多段落都特别贴切,必须付诸笔端。

柏林,1891 年 2 月

第二版增补和修订说明

编者：阿尔布莱希特·冯·德·舒伦伯格伯爵博士

慕尼黑大学东亚语言系编外讲师

莱比锡　涛尼茨出版社　1901

    这里，我将已故舅父的《语言学》经过增补和修订的版本交付于语文学各界，希望他们以友善的方式接受这位英年早逝的学者的这部遗作。可惜，他不能亲自完成这部杰作的增补。对于我们年轻的科学而言，他是一位杰出的先驱和引领者，但却在掌握了充分的语言学有力资料之时，在创作的高峰时期，突然地离开了自己活跃的舞台。后人只能以虔敬的心情接过这部著作，尽力保持其原貌，局限于十分必要的变改和补充，以迎合这门科学所取得的新的进步。

1901年5月于慕尼黑之邻的威尔顿罗特

舒伦伯格伯爵博士

第一章　普通语言学的任务

　　我们实际上早已深入到普通语言学之中。关于如何开展具体语言研究的问题，我提出了自己的观点。它并非仅仅适用于这种或者那种语言的研究，而是适用于所有语言。我也阐述了语言历史谱系学研究的问题，所提出的那些基本原理同样也并非只是针对具体某个语系，而是适用于所有语系。同样，我们所提出的观点也并非仅仅源自于某一具体的语言领域，而是基于对问题本质的思考或者最广泛的经验。对于某个具体语言的研究而言，普通语言学具备指导性意义，说明具体语言研究的对象应该是什么，在具体情况下需要注意哪些问题。①

　　显然，这样还没有穷尽普通语言学的任务。这门科学以人类的语言能力本身为对象，致力于对该能力做出解释，不仅涉及该能力形成的心理生理因素和人的思想禀赋，而且还要尽可能全面地考察该能力得以施展的一切可能。

　　首先，我们要获得对人类语言能力的一种基本理解，也就是追问它的起源，人类是怎样拥有了语言？人类语言的发展为什么如此丰富多彩？我们在下文将会看到，人类语言不仅是相关民族的

---

① 本书系甲柏连孜四卷本《语言学——任务、方法和迄今成果》的第四卷，前三卷分别是：《概论》《具体语种语言学》和《谱系历史语言学》。这里所提到的内容就是针对此三卷而言的。全四卷的汉译出版正在进行中。——译者注

产品，而且还是他们的塑造者(Bildnerin)。接下来的问题是：语言对民族思想的形成和发展有什么影响？针对人的思想而言，不同语言体现出不同的价值，而不同价值的基础是什么呢？这里，我们所追问的不再是语言的形成，不是影响语言发展的因素和语言的命运，而是语言所发挥的影响，也就是语言的价值，是语言对人产生的力量和在人身上唤起的力量。

最后，我们需要不懈努力，或归纳推理，或先验思辨，不断揭示人类话语的初始状态。科学就是要坚持不懈，探究一切存在的起源。

第二章　人类语言能力的基础

一、概论

　　从生理上看,人类属于哺乳动物。与猫、大象、袋鼠或者海豹和鲸鱼相比,猩猩、黑猩猩或大猩猩的体型与人类更为相近,相反,在思维能力方面,大象、被驯化的狗、学舌的鹦鹉,甚至群居的蚂蚁等,与人类较为接近,接近程度甚至超过某些类人猿。那么,作为人类最为重要的特性,人类语言从何而来?

　　显而易见,我们的科学不是要研究人类祖先在没有语言时期的状态。对猿人开展研究根本就不是我们的任务。

　　人们曾经设问,语言为上帝所赐?或者为人类所创?这一问题虽然曾经引发热议,但却不值得我们为之激动。语言科学想做和应该做的,是尽可能降低语言的神秘感,尽可能扩大人们对语言规律性的认识。造物主给我们的祖先造就了语言,或者如《创世记》2.19—20所详细描写的那样,造物主派遣亚当给各种动物命名。对于诸如此类的说法,语言学从自己的视角、运用自己的手段,既不能证实也不能证伪,然而,语言学可以设问:假如上述一切都不曾发生,那么,人类自身拥有创造语言的力量和本能吗?语言学这样设问既是尽自己的义务,也是行使自己的权利。

也许，人们还有另样的理解，提出如下问题：最古老的语言是什么样子？其构成要素是什么？是人对自然的声音模仿吗？是人感知到的声音吗？是原始人类用以回应外部世界的声音吗？追究事物的统一而基本的规律是科学的本能，无论成功的把握多么微乎其微。相关的研究资料汗牛充栋，一切可能和不可能的观点都有其典型的佐证，但是，如下原理无论如何都要受到严峻的挑战：文字比语言更为古老，语言在文字的基础上而形成或者与文字相伴而发展。①②

二、物理基础

人类通过语言和唱歌证明了自己生成丰富多彩的语音和声调的能力，并且在一定程度上达到了某些鸟类的水平。这样的能力需要什么样的身体禀赋？解答这一问题不是语言学的任务，而是生理学的任务。

迄今为止，人们发现只有少数动物具备模仿人类语音的能力。它们大多是鸟类，而鸟类中又以鹦鹉科和乌鸦类最为突出，如椋鸟、寒鸦、喜鹊等，不过，新近也有关于金丝雀说话的报道。在哺乳动物中，据说狗和猫这两种人类家养的宠物有时被训练得能够说出单词来。曾经也有人把狗的吠叫视为其说话的一种努力，因为，

---

① 本段为1901第二版新增。——2016第三版编者注

② 据我所知，在相关的文献资料中，施坦塔尔的《论语言的起源》(*Der Ursprung der Sprache*)最为重要，其中也讨论了早先人们提出的那些重要的理论。另外，塞斯的《语言学导论》第一章(*Introduction to the Science of Language*, chap. 1)是一个很好的综述。因此，今后语言学家大可以不再去对这方面的文献资料进行考究。(本注释为1901第二版新增。——2016第三版编者注)

第二章　人类语言能力的基础

被抛弃的野狗随着时间会失去吠叫的本领。看来，这其中应该存在心理因素的影响，因为心理因素影响了交往习惯的形成。有人曾经指出，与鸟类和人类相似，狗和猫习惯于坐立，这就将胸部空露出来，相反，有些动物四肢着地或者腹部触地。猴子和松鼠的坐姿更接近人类，因为它们甚至不需要前肢的支撑。这两组动物都是人类长期驯养的宠物，尤其是狗和猫，但是，我从来没有听说过它们有什么语言能力。家畜更是早已经世代与人类为伴，可以说天生就是人类家庭的成员，那么，它们在语言方面难道会比那些被猎获的动物有什么优势吗？

显而易见，人类的语言能力与人类身体的某种特征之间存在着一定的关系。人类运动只需要后肢，从而把前肢腾出来用于其他目的，而这正是人区别于其他脊椎动物最明显的特征。这样，胸部被空露出来，就不会像跑动或飞翔中的动物那样，发音因为肢体运动的节奏而受到影响，而可以像鸣唱的鸟儿。另外，双手也将嘴巴从某些低级事务中解脱出来，口不再是抓取东西的工具。而且，如果能够用拳头和棍棒打击，如果能够抛扔石头，那么，除非迫不得已，牙齿就不再被用作武器；如果能够使用刀斧，就用不着像海狸那样用牙齿加工木头。至于口腔器官是否会因为获得这样的解放而变得更为灵活，同时也会失去一些力量，生理学家会做出判断。但无论如何，口腔器官因此而获得了进行语音和语调训练的闲暇便利，而且，胳膊和手的动作也被用来支持人际交际。

如果我没有弄错的话，有人曾经强调指出，人通过双手触摸可以把眼睛感知到的平面图形立体化，以此来训练目光透视。其实动物也有类似的经验，具体表现是用爪子或者牙齿抓握物体，嗅闻物体，用脚踩住或者用身体压住物体。另外，动物还能够在跳跃的时候比较准确地目测距离!

　　更为重要的是,除了感知行为,人类的身体还可以同时完成多项工作,这一点其他任何动物都无可比拟。人在行走的同时,可以双手摘下一个果子,剥去果子的外壳,可以张口说话、唱歌、笑、喊,这些看似微不足道,但即使猴子也不能够完成。大象在这方面似乎表现出色,被印度人称为"有手者"(der Behandete)。这种厚皮动物的智力发展不正是由此而受益良多吗？相比较低级动物对单一目标的追求,同时完成多项事务这一点起码体现出才艺的多样性。

　　手指是不是人类天然的计算器,现在还不太好说,因为,假如人早先没有用手指来解决计算问题,则现在也不会想到用手指来计算。

　　我们还应该注意人类祖先进食的方式。胃既不被饿扁又不被撑得过饱,人才有心情开展思想和社交活动。另外,像食草动物那样把一天大部分时间都用于进食也很不利于思考和社交。显然,人类在这方面具备特殊而优越的禀赋。肉食和素食对人类都是适宜的。除了温血动物之外,人还吃鱼类和贝类。在植物中,人不吃营养低差的草和树叶,而是选择营养丰富的果仁、水果以及富含淀粉的根和谷物。其中的优点不可低估。首先,这体现出另一个方面的多样性,十分有利于理性的发展,其次,进食的需求容易得到满足,使得身体活动和思想活动不至于完全停留在动物的水平,这也是一种优势。这样,朴素唯物主义那句备受诟病的话终于也可以扬眉吐气,炫耀自身所包含的真理:进食决定人类。在某种程度上,给身体的养分即是给思想和情感的养分。

　　人类另一方面的优势是,交配没有周期性时间的限制,相反,两性相互吸引是长期而持续性的,这可以翻译为语法语言:人身上存在一种持续性的"我和你"。再者,人类的本性虽然与许多动物一样,都适合于多配偶制,但却优先选择了一夫一妻制,体现出又一种优势,因为这种夫妻关系有助于人际间紧密关系的发展和家庭生活的幸福,即使阶段性的婚姻也是如此。

孩子需要长时间照顾,这使得婚姻的联系特别持久。一个孩子就足以使父亲常年承担起保护者、抚养者和教育者的义务。在第一个孩子成熟之前,第二个孩子已经在孕育之中,这促使父母坚守家庭生活的习惯。如果再套用语法话语就可以说,这样的生活体现着单数、双数和复数等人称代词的所有形式。人们在家庭或者氏族中始终保持着对一个共同体的认同感,一个家庭相对于其他家庭而存在,"我们"相对于"你们"和"您们"。在我看来,这并非纯粹的文字游戏。试想,除了持续的家庭生活所养成的习惯之外,还有什么是人称代词更好的土壤?我有时甚至觉得,语言记载着"女人"和"你"在我们思想中的关系,例如汉语称谓二者就用同一个词,即"女(汝)"(ňǔ、niǔ、ňǔ、zǔ)①,泰语言中也有类似现象,例如 me 是一个音节,集"你"和"母亲"的意思于一身,在图阿雷格语的变位中,表示第二人称阳性、阴性和第三人称阴性都使用相同的前缀。同样的情况也不同程度地出现在所有闪米特语言中,在丹卡利语、索马里语、萨霍语、加拉语和比林语中,第二人称单数和第三人称阴性单数的变位也都是一样的,加拉语和比林语有时有些例外。

---

① 甲柏连孜所研究的是古汉语,对于其汉字注音和汉语分析,汉译不论正误,一概保留。这也适用于原著中举例其他近 200 种语言的情况。——译者注

三、心理基础

可以说,家庭生活是人类活动最原始的动因,婚姻是为了满足感性的需要,夫妻、父母和子女之间关系的维持体现了习惯的力量,其中蕴含着一种催人高尚的影响力。"我"延展为"我们",也就是说,人甘愿为了那些同呼吸共命运的他者而放弃一部分自我。将这样的感受翻译成词语就会出现如许多歌曲所咏唱的情景:

  没有你我将无法生活,

或者

  你我永不分离!

  这些都是爱情的宣言,那种感受叫作爱情,但爱情最初并非欲望使然,而是因为忠诚和亲密,个体感觉自己是某个同类社团的一分子。在这个社团内部,成员及其同伴相对以个体存在,而对外,这一社团与所有其他社团相区别。同样的感受动物也有。我们把此情此景翻译成语言范畴大概就是:在社团之内,成员之间以名相称,在社团之外则称呼姓和通称。看来,人的大脑会对种属、物种和个体进行区分和划类,其结果主要取决于做出判断时的心情和视角,这样,人对近距离对象的区分非常精确,而对遥远对象的分类则取其大致类属。

  但是,人类总是就其生活条件所能,随时准备突破狭隘的家庭界限,不断扩大自己所属的圈子,于是,家庭结成家族、族群、部落,形成村落或者游移的部落,长此以往,延绵不断。有时,荒凉的自然条件不允许较大人群居住,抛开这些个别情况不说,我们发现到处都验证了"人是政治动物"①的说法。实际上,人类社会的组织不断扩大,而且总是带有某种国家的特征。家庭内部存在等级关系,而诸多家庭之间、首领之间、成员之间则存在平等关系,在部族的共同首领之下也保持着平等的下属关系。群居社会的基本目标非常明确:对外共同防御,对内相互帮助。当然,集体思想所蕴含的公民品德也有其恶的一面,邻居之间产生嫉妒和报复的心理,于是,因为"我的"和"你的"而起的争吵便随之而来。这一切也发生于动物的生活中。我们所关注的是,这样最原始的群居生活对人的交往欲的发展变化产生了哪些影响?对于其中所蕴含的法哲学因素我们这里不予追究。

相比较人的反应,人的意志的作用出现更早,也更强大,欲望和反感等感受已经蕴含着矛盾的范畴,——当然,对立、漠然等态度此刻还处于潜藏状态。不过,在人的思想活动中,某些东西也是需要通过附加别的东西才能获得解释。可以说,在我的欲望和反感中还融合了主语和谓语,即 A 是 A,B 是 B。这时我发现,我在这里还要面对别人对我的欲望和反感的感受,反观我此刻的情绪,则可能是同情、厌恶或者漠然。如果不是漠然,那么我受到别人的影响会有大多?我以怎样的态度、多大程度分享朋友的快乐和痛苦?敌人的欢呼在多大程度上使我恼怒?别人幸灾乐祸或者痛苦不堪在多大程度上刺激了我?相比较之下,我明白了漠然的状态是什么:别人反应强烈,而我保持冷静。这一切可总结为如下方程式。其中,A=我,B、C、D=他者,l=欲望或者反感,g_1、g_2、g_3=欲

---

① 亚里士多德语,出自《政治学》。——译者注

望或者反感的程度,具体情形如下:①

同情:$Bl×g_1=Al×g_2$

反感:$Cl×g_1=-Al×g_3$

漠然:$Dl×g_1=-Al×0=0$

以此类推,一目了然。

更值得注意的是,还有一种本能为人类和某些高级动物所共有,那就是贪玩。无聊的时间需要打发掉,并且可以通过各种体力活动得以排遣。无疑,我们的祖先也曾经把他们灵活的发音器官用于游戏,其情形与今天不会说话的儿童的做法完全一样。

模仿是人类和猴子以及某些鸟类共同的本能,其实也只是游戏本能的一种。同样,人类也曾经把自己的声音用于模仿,将感知到的声音反复模仿,并努力达到以假乱真的水平。

我们的先祖们具备多血质气质,善感且容易激动,这个观点应该没有什么问题。要想给人留下深刻的印象,可以效仿斯多葛派。斯多葛派冷漠的做派告诉人们,他们鄙视芸芸众生可怜的热情;但要想给人平易近人、礼贤下士的印象,则应该言辞率性,手舞足蹈,鬼脸搞怪,自嘲自谑,并视之为谦和可亲。其实,这也算是真实情感的自然外溢,在蹩脚演员的某些表演失误中可见一斑。另外,与今人一样,原始人激动的情绪同样也是经常伴随着生动的手势动作和呼喊。这首先是内心本能使然,是反应性动作,而且对于同伴而言,都易于理解,例如,惊叫意味着告警,表示不满或高兴的叫声就是求助或希望分享的信号。

其实,呼喊也是游戏的一种手段。人们以喊取乐,有时甚至用

---

① 本段为1901第二版新增。——2016第三版编者注

假声欺骗同伴上当,激怒同伴,幸灾乐祸。欺骗与人类语言的雏形应该同样古老,自古有之。

人类陋习多多,虚荣为最,古时人类当然也不例外。人们竭尽全力地出人头地,不仅在工作中和游戏中,甚至在原始家庭可怜财富的占有方面,都要攀比炫耀。虚荣心也是人类追求完美的强大驱动力。

好奇和闲聊是一对孪生姊妹,因为好奇心而闲聊,闲聊以满足好奇心为目的,犹如无聊催生游戏,而多血质性格的人更是如此。可想而知,它们给语言的发展注入了多么大的推动力。如上所述,人类进食的需求轻易而迅速地获得满足,因而留出来许多富余的时间,极易产生无聊,因此,需要寻找各种机会去消解。而游戏和轻松惬意的闲聊正是人们早先消解无聊的良方。当然,所谓闲聊,起初不过是一群人叽叽喳喳而已,比猴群嬉闹好不了多少,但是随着时间的推移,闲聊的形式不断丰富和精致,而功能却保持不变:让别人获知什么。现在,我们可以再套用语法术语比喻说明上述情形:不仅有肯定和否定的祈愿式、命令式,而且还有直陈式,不仅有呼格,而且还有主格。

我们还应该论及人类在共同完成节奏性的劳动时所喊出的号子,例如在反复抬高或牵拉重物的时候。号子很容易被规约化,继而成为相关人类行为本身的表达。

现在,我们将话题从动词转向名词。为了不至于盲目,我们做如下设想:一只狗在吠叫,一个人游戏性地模仿之:汪汪!并以此在同伴的心里唤起一个完整的认识。我们可以用以下三种词语方式将"汪汪"的内容表达出来:

一只狗在吠叫

一只吠叫的狗

一只狗的吠叫

无论我们在这里以何种方式进行表达，出现在人们眼前的图景总是保持不变。吠叫是狗的一个突出的特征，并且具有双重意义：一方面是狗与其他动物相区别的特征，另一方面是狗呈现给我们的最为常见和最有影响的一种行为。这样，一听到"汪汪"我们就不能不想到狗。因此，这种声音自然成为这种动物的常规象征，即使在它不吠叫的时候。

现在，我们再回到人类好奇心的问题。有好奇心就要设问，而且问题不一定以词语的形式出现，但必定表现为思想。我们来分析一下因好奇而设问的心理学基础。

（1）设问者有一个不完整的、残缺的认识，例如，没有谓语与主语相对：张三怎么啦？或者谓语没有所对应的主语：谁在喊？什么东西倒啦？或者主语或谓语需要补充：哪只狗叫了？张三来自哪里？他手里拿着什么？他为什么喊？或者没有系词，人们不知道事情是肯定的还是否定的：他来吗？他带来了什么东西吗？他痛的时候喊叫了吗？

（2）设问者对于其认识的残缺性有清醒的意识，并希望获得帮助。看来，他知道人的认识是组合起来的，因而也是可以切分的，于是，他将主语与谓语、行为与客体等区分开来。一个完整的认识可以处于未被切分的状态，并且也可以继续保持这种状态，相反，设问者心里不完整的认识毫无疑问处于被切分的状态，而且，被分为已知部分和未知部分。我们在前文将那种设问和追究秘密的本能称为好奇心，现在看来，好奇心促使人们对思想和言说中的认识进行切分。例如，我说出"Rrrr!"来模仿狗在发怒的时候所发出的叫声,这会唤起听者大脑中相关的整体认识。但是,这样的表达还不是人类语言,因为它尚没有被结构化。另外,我们还要想到,除了狗之外还有其他动物也会那样叫,而且狗除了那样叫之外还会有其他的行为,因此,我大概会用德语说:"Hau-hau rrrrr!"(汪汪 rrrrr!),如此,这句话就有了结构,我们也才算真正进入到了人类语言的领域。

人具备切分和批判的能力,并且拥有充分的理由释放之。为了进一步直观理解这个问题,我们还需要讨论人的争吵和撒谎行为。聪明的儿童经常很早就痴迷于稀奇古怪的音节填充游戏,这其实是一种智力游戏,但人们由于刚愎自用,强词夺理,往往将游戏酿成激烈的争吵。其中,除了无谓的陋习,科学认识的火花也清晰可见。

我们继续观察儿童的本能。小家伙们同样也特别喜欢语言游戏,经常颠倒和改变语音,发明新的语音,其乐融融。试想,古老先民们难道会不受类似本能的驱动?这样,各种新鲜的力量源源不断,推动了语言的发展。人类的发明如此之多,如此之早,难道这种创新精神恰恰对语言会毫无影响?人类要唱歌,于是发明了曲调和节奏。可以说,唱歌与说话同样自古有之。也许曾经有一个时期,唱歌和言说根本没有区分,对此,这里只顺带提过。

现在,我们的话题再回到生物学领域。人的声音因年龄和性别而异,而且所发出的声音也不能以相同的程度达到声音的所有高度。人类贪玩的天性也可以表现为对各种声调的模仿,并努力达到以假乱真的水平。就听觉而言,人会逐步习惯于听出不同的声音,从而能够区别从不同人口中发出的同一个音,而且毫不影响对该声音内容的理解,因此,在满足理解的前提下,人的发音会充分顾及舒适性，于是，人们的发音不再努力追求忠实于自然的模仿，而只追求让别人明白声音所要传达的意义，这样，自然声音变成为一种规约性的声音，对具体对象的模仿变成为具有普遍性、抽象性的象征。起初，人们对每一只狗的每一声吠叫进行模仿，并在音质和节奏方面尽可能准确，现在，"汪汪"被视为狗及其吠叫的稳定称谓，在此情况下，声音的高低和节奏的快慢所说明的应该相当于位于名词之前的动词所描写的状态。

hauhau   hauhauhau

上图表示狗在叫。儿童学习说话的时候也是如此表现。但是，语音，即使拟声语音，必然要摆脱对自然声音模仿的禁锢，才能成为真正的语音。语音必须抽象化、普遍化，因为，一切语言，哪怕是最原始的语言，都表现出不同程度的抽象，都能够用类名来称谓具体的对象。①

可以认为，我们的祖先在说话的时候总是伴随着生动的肢体动作和面部表情，甚至经常用这些视觉手段替代或补充话语。那么，是什么促使视觉手段最终将交流活动几乎完全让渡于发音器官和听觉器官？

究其原因，首先应该是语言客体的自然属性，其中首推人的感受。无论主观意愿如何，人的感受的表露都会对同伴提出某种要求。欢乐、恐惧、身体或精神的痛苦、惊恐、惊讶，等等，它们都要求声音表达。

---

① 本段"但是……"起为1901第二版新增。——2016第三版编者注

第二,外部世界最引人注意的,莫过于突然进入听觉范围的声音和剧烈的运动,这些运动经常也是可听的。这样,处于清醒状态的人总会看见什么,但不一定听到什么。没有听觉感知是因为在听觉范围内没有声音,或者因为人没有注意到那些弱小且惯常的声音,例如小昆虫的蜂鸣。因此,相比较视觉感知,听觉的敏感性更需要剧烈而意外现象的刺激,因而给情绪造成强烈刺激的频率也更高。这样,我们引起同伴注意的最好办法就是呼喊他,哪怕对方位于看不到我们的地方。另外,在通常情况下,视觉印象同时包含许多内容,而听觉印象一次却几乎只包含一种内容。人们通常同时看到许多东西,但一次只能清楚地听到一种声音,相应地,每一个具体对象会同时表现出多个视觉属性:大小、构造、颜色、某种静态或动态,而事物的听觉效果则不同,在其诸多可能性中只有一种特别明显和独特,引人注意。

第三,相比较外部世界的形状和颜色,人的身体条件更适合于模仿外部世界的声音和声调,且模仿意义的可理解性也更高。不过,如果人缺乏对事物的声学认识,则必须辅之以视觉手段,才能完成交际。语言中就存在这种"双性同体"(Zwitterzustand)现象,而且应该在历史上持续了很长时期。但我们后面将会看到,这种状态最终为各种引申转借所超越,所以,我们不妨现在就提出象征性拟声的概念。动物无论鸣叫与否,都因其通常所发出的声音而被命名,同样,断裂、下落、滚动、裁剪、撕裂,等等,这些事情虽然也可以无声地发生,然而,某种曾经伴随的声音却仍然是其规约性象征符号。还有,不同的听觉感受对情绪的刺激非常不同,影响也非常独特。接触、打击、摇晃、撞击、扎刺、抚摸,等等,事物触及人身体的不同方式会给人非常不同的感受,并进而以非常特殊的方式影响人的情绪。当然,这些接触的发生既可以有声也可以无声。语言的运作方式是类推,因此,可以变无声感受为有声感受,可以将身体感受引申转借为情绪感受。语言巧夺天工,善于创造,能够加工塑造各种材料。①

波尔敦(参看 B. 波尔敦《情感和倾向的语言表达》*L'expression des émotions et des tendences dans le langage*,Paris 1892 p. 38 flg.)指出,人的舌头具有细腻的节奏感,舌头通过特殊的动作能够产生相应的语音所要表达的感受,例如压迫、滑动、抚摸、瘙痒等。波尔敦的观点也许是对的。如此,听者只需要模仿所听到的声音,便能在自己的舌头上获得同样的感受。这里,语言的生成似乎也是模仿性的,但却是触觉模仿,声音效果只是一种附属的伴随产品。这一假设无疑十分机敏,伯恩也提出过类似的观点。不过在我看来,该假设光鲜有余而合理性不足。②

以上,我们从严格意义上的达尔文主义立场出发,描述了人类祖先的思想活动和语言生活。所描绘的图景并非十分完美,但却丰富多样。令人感到奇怪的是,其中的关键指标起源不明,因为,嫉妒、无聊、贪玩、说谎、虚荣、好奇、饶舌,等等因素都可能发挥作用,才塑造了人的语言能力。人的每一种特性都可能也出现在动物身上,但动物绝不可能同时拥有人的所有特性,即使高级动物也不可能。生理和心理禀赋的多样性,各种禀赋的不同命运和表现的复杂性,不断增长的生理和心理需求,这一切使人成为思想者和言说者。因为,思维能力和语言能力二者相互

---

① 本段中"所以,我们不妨现在就提出象征性拟声的概念……"起为 1901 第二版新增。——2016 第三版编者注

② 本段为 1901 第二版新增。——2016 第三版编者注

促进，共同发展。

四、原始语言的语音和语调

有人认为，最古老人类语言的语音应该非常简单，只有少量元音，例如 a、i 和 u 这三个所谓的原始元音和少量辅音，大概就是我们经常从儿童那里听到的那些辅音。该观点可以理解，但我不能苟同，首先，这样从儿童语言推断原始语言的方法操之过急。

前面，我们阐述了原始人类的生活状态，获得了相关的认识。如果所述符合事实，则意味着原始人类不仅创造了自己的声音，而且还聆听了外部世界的声音，并予以模仿，这样，整个自然界都是原始人类的语言老师，并影响了他们的语言器官和声音器官的构造。对于原始人类而言，ä、e、o、ö、ü 等其实是原始元音的中间态，极为常见，因此，如同 a、i、u 一样，也具有原始性。① 原始人听到自然的沙沙声、嘶嘶声、洒水声和嗡嗡声，从中学会使用 š、s、ž 和 z 等语音，又从自然界的碰撞声、滚动声、流水声等学会各种 r 和 l，还用倒吸气音模仿核桃裂开时发出的爆裂声、不同动物的咂舌声、唧唧声。南部非洲的语言至今还有倒吸气音。同时，原始人唱歌的声音也发挥了作用，例如吼、哼或嚎，还有尖叫或鼻音，以及比较纯正的乐音。

发音的强弱变化含义丰富，有时表示内心情绪的高低，有时表示外在事件发生的强烈程度。反过来，外在事件的强烈度也影响

---

① 本段中"因此，如同'原始元音'a、i、u 一样，也具有原始性"一句为 1901 第二版新增。——2016 第三版编者注

发音的强度。清塞音和浊塞音，应该还有它们的送气音，都在表达情绪的不同程度，否则完全可以相互替换，在某些现代语言里即是如此。

有观点认为原始语言只有单音节词，这不可信。儿童很早就使用双音节词，另外，我们从外部世界，尤其是动物世界，也能听到大量的双音节声音，同时，自然界还给人呈现了许多不同音节的组合，例如打雷或大树倒下的炸雷声和闷雷声、鸟儿的鸣叫声等，这些都是可供人模仿的榜样。另一方面，有时无元音的爆破音比全音节能更好地用于描述，例如，燃烧的木材经常让人听到 b'，而吐痰和急促而大口的呼气则发出 t' 和 pf'、ph'，还有，大部分语言的指示词发音都比较相近。凡此种种，我们祖先的语音大致可想而知。

随着时间的推移，语音系统不断进步，但更多不是引进和区分新的声学元素，而是对现有语音元素的淘汰优化，类似一种自然选种。少见的语音元素经常被常用的、发音舒适的元素所代替，并被逐步淘汰，例如幼儿发出的 εaεa。这里值得注意的是，孩子们说出时声音沙哑，有两个清晰的 εAin。很可惜，我没有更多的例子来说明。奇怪的是，ε 这个音在有些语言里统一都变成了 k，例如许多印度日耳曼语言、满语、齐良语、藏语、克丘亚语、奥德施布维语。[①]语音符号被风格化，取代了忠实的模仿，类似于僧侣文献中用视觉符号代替了象形模仿。语言摆脱了忠实模仿的禁锢，体现出人类真正的进步。

[①] 本段中"例如许多印度日耳曼语言、满语、齐良语、藏语、克丘亚语、奥德施布维语"一句 为 1901 第二版新增。——2016 第三版编者注

我知道,这里对各种可能性的阐述只是点到为止,不断深入、大胆想象的空间非常巨大。若要对原始语言中的自然语音进行全面的归纳性研究,首先需要进行语言的谱系和历史研究。但这样的研究最终能够取得怎样的成果,我们现在还无法想象。

五、拟人化、情感化和生命化

人从同伴身上认识自己,并根据自身评价同伴,所得判断一般都是正确的。在动物身上,人认识到某种与自己类似的品质,寻找并发现与自身相同的需求、激情和基本相同的生活动力,甚至基本相同的精神力量,因此,儿童以及幼稚民族对动物寓言的想象可能完全不同于我们。另外,人类深谙与植物王国和整个无机世界的交往之道,时而和谐相处,时而奋力抗争。被刺扎、被猫抓或者被同伴用指甲掐,人的感受都是同样的。既然如此,那些致使人感到痛的行为的主观意图会不一样吗?致使人恼怒的程度会不同吗?儿童撞到桌沿上,会暴揍那桌子,说:"等着瞧!你这可恶的桌子!"此刻,对于儿童而言,桌子变成了一个"你",变成了第二人称,而且也会有它自己的"我",一个可恶的、充满敌意的"我"。但是,面对一件可爱的玩具,儿童则会亲吻之,将之擦得锃亮,兴高采烈。儿童将情感赋予了这件玩具,与之心心相印。我们是成年人,有教养,但并非冷漠无情,往往在不经意间也会有类似的举动,因此,如果有东西惹恼了我们,我们也会对它撒气,也会愤愤然折断那支不出水的钢笔,或者将之恨恨地扔掉,嘴里还说:"你侮蔑了我!"这里,关键是"恼怒"在作祟,因为,我们觉得那些不听使唤的东西都有自己的意愿,且不同于那些顺手好使的东西的意愿。对于原始民族而言，恐惧感影响很大。面对会伤害我的东西，我祈求、行善，以求免灾，希望它不再有害于我，而去打击敌方，成为我的盟友、保护神（例如拜物教）；而面对服务于我、有益于我的东西，我视之为朋友，以"你"相称①，以友相待。

对于这种朴素的世界观而言，一切都是可以解释的，因为一切都有其"我"和意志，为什么这一意志相比较我的意志会较少情绪化？我们自己就经常抱怨说，这钟表无缘无故就不走啦！这猎枪无缘无故就卡壳啦！为什么呢？显然，因为它们闹情绪啦！"下雨""打雷"等是无人称动词，我们用来讲述雷雨天气。这些动词其实也很幼稚。儿童想知道谁在打雷，如果我们回答他："可爱的上帝"或"可恶的稻草人"，这样可以暂时使他感到满意，因为对他而言，任何事件都是一个行为，所以都有行为主体——他难道会不这么想吗？如此看来，行为和行为主体密不可分，每一个自然事件都有其施事，动名词可以上升为专名。照此逻辑，奥林匹斯的座次纷争也可以轻松平息。②

毫无疑问，用这种朴素的方法赋予世界万物以情感，极大地影响了人类语言的形成和结构。人类首先创造了针对自己行为和感受的称谓，然后将东西拟人化，结果，对东西进行描述也有了表达式，继而，对东西本身的称谓也应运而生。这里，某种青年式的激情幻想得到了淋漓尽致的发挥，今天只有诗人可为之事，古时已是人人可为。

无论是词汇表达还是语法表达，无论是复合构词、句法结构或

---

① "你"相对于"您"，是交际双方人际关系亲近的标记。——译者注
② 本段自"'下雨''打雷'等是无人称动词"起为1901第二版新增。——2016第三版编者注

者委婉表达式，但凡词源信息清晰可辨，它们的起源都是相同的，都是引申迁移（Übertragung）的结果，其中，没有情感的东西被赋予情感，无生命的东西被赋予生命，完全应验了普罗泰戈拉的话：人是万物的尺度。我们有时会有一种感觉，似乎被原始先民情感化的世界在现代语言中获得了重生。法国人希望石头"慢慢地"滚下去，使用 doucement（轻、慢、温和）这个词；往墙上钉钉子打不进去，英国人会说：It will not hold（它不愿意待在那儿），而上萨克森人会说：Es lernt nicht halten（它不会待在那儿），似乎钉子缺乏积极的意愿，甚至不具备必要的智力水平！下面，我们再列举其他方面的引申迁移：

从感官到感官，尤其是视觉与听觉相互之间，例如音乐中的高音、中音、低音和绘画颜色中的亮色、灰色、暗色；

从一个自然王国或一种躯体到另一个自然王国或另一种躯体，例如马来语 māta hāri（白昼的眼睛＝太阳）、māta āyer（水的眼睛＝井）、ānaq pōhon（树的孩子＝灌木）、ānaq māta（眼睛的孩子＝眼珠）；

从生理方面到心理方面，例如德语 eiserne Stirn（铁一样的前额＝厚颜无耻）、feine Nase（灵敏的鼻子＝觉察能力）。我们有理由相信，先民们的想象力达到了类似的水平，甚或更高。①

引申迁移的空间无限广阔，实现的路径无穷无尽，然而，我们应该认识到，即使看似任性之为也必有其规则性可循。诚然，人们可以比较一切，只要其中存在某种相似性，但是，并非一切比较都

---

① 自"下面，我们再列举其他方面的引申迁移……"至此为 1901 第二版新增。——2016 第三版编者注

同样可取,而且,成功的比较的价值也并非普世皆宜。相似性必须鲜明,这是成功的比较的关键所在,另外,比较对象应该源自于我们所熟悉的范畴,以保证比较对象的通俗性,也就是说,它们属于语言的常规部分。这样,单词和词形的起源才能够反映古老民族的感知方式和生活方式。前提当然是,相关的词源信息清晰可辨。

　　实际上,词源信息还蕴含着其他方面的内容,因为,如上所述,人不仅是世界的尺度,而且也是世界的核心,一切围绕着人而运转,向他而来,离他而去。以人为核心,高为上,后为后,周围的一切都是他的环境,他都看得清楚,分得明白;周围之外的世界则越来越遥远、越来越朦胧,是他者、外域,而且相距越是遥远,认识和命名就越不确定。词源是人类历史起源的一面镜子,我们需要拂去这面镜子上数千年的尘土,才能重见历史。不过,当务之急不是看清先民们所描绘的图画,而是要弄清楚他们描绘图画所使用的颜料。他们把感受到的印象不断地从一种感官引申迁移到另一种感官,对此,现代语言给我们提供了大量的例子。

第三章　话语的内容和形式

一、话语

1. 逻辑连接

语言是话语,是思想的表达,是句子。我们的问题首先针对话语的内容:哪些类型的思想被表达? 亦即话语有哪些类型? 句子有哪些类型?

我们需要广开思路。所谓思考就是将诸多认识相互联系起来的过程。关于人如何将认识细分为观点和概念的问题,暂且留给哲学去解决。话语表达的就是诸认识之间的联系,既包括那些需要联系起来的认识,也包括联系本身,无论这些联系多么松散、对联系的表达多么模糊。

如果我们以此为出发点对话语进行分类,那么,最佳的切入点应该是那些不同的联系方式,例如真实的、可能的、必要的、肯定的、期望的,等等,这样,下列德语句子形式应该可以表现相应的话语类型:①

---

① 考虑到各种语言的不同表现及其特殊的语言学意义,在涉及相关内容的汉译时保留原文,附之以中文。余同。——译者注

> Du kommst(你来),
> Du sollst kommen(你应该来),
> Du kannst kommen(你能来),
> Du musst kommen(你必须来),
> Du kommst hoffentlich(希望你来),
> Du kommst wahrscheinlich(你可能来),

显然,这些句子没有表现出相应的话语类型,从上述视角进行分类的条件尚未成熟,那么,问题出在哪里呢?问题就在于我们只想到那个言说的"我",而没有同时想到那个话语伙伴"你"。"你"或者存在或者不存在,不存在的情况只发生于真正意义上的感叹中,否则,"你"永远存在,至少存在于说者的思想中。话语是广义的思想告知行为,我有时将话语伙伴包含于"我们"之中,有时在自言自语中将自己置于自己面前,类似于镜像物。下面的研究非常复杂,我们最好从最清楚的现象开始,因此,应该首先考察广义的告知性话语。

每一个话语都直接包含一个针对"你"的要求:"听我说!"。众所周知,在有些地方和有些语言里,这样的要求有其特别的表达形式和补充强调的形式,例如"Höre, - écoutez"(听!听!)[①]。

如果我只希望引起注意,那么,我的话语就是广义的口语练习(Declamation),这样,在我的想象中,"你"不是我的听众,而是特殊的"你",针对这个"你"我另有要求。如果我的话语是针对听者而发,则演说练习就变成了交谈(Ansprache),这样,又回到我们刚才的观点:除了要引起话语伙伴的注意之外,我还有其他诉求。

---

① 德语(höre)和法语(écoutez)同义反复。——译者注

第三章　话语的内容和形式

我们下面就讨论这个"其他"。

（1）狭义的告知性话语。我说出我的思想，并要求话语伙伴接受我的思想："相信我！"，这时，相应的话语形式是狭义的告知：我告知你我的思想，目的是使它也成为你的思想。

（2）提问性话语。我不掌握或者自认为不掌握的内容，不能告知你；你不会相信我所不信或不知——至少自以为我不信或不知——的东西，但是，如果我自己不知道，你也许可以指出我不知道的是什么，这时，我对你提出期望："请你告诉我……！"与此相应的话语形式是提问。相反，与提问相对的回答本质上只是告知性话语的一个次类。

（3）要求性话语。我既不想让你通过我而得知什么，也不想通过你而得知什么，我只是想让你做什么或不做什么。我们将这种话语形式称为要求（包括禁止、请求、不允许）。

（4）感叹性话语。人类语言本质上是交往工具。对于说者而言，至少在其思想中存在一个"你"，这是常规。我不仅想对你说什么，而且想说出我自己，我想聆听我自己之所思，以及我自己的感受，这也是常规。在此情绪下，人会激动，而激动的情绪需要释放。此刻，人的所作所为是广义的病理现象，诸如哭、笑、拍手、跺脚、喊叫、咋舌，或者说出一段话语。因为，语言也是通过训练才成为我们的自然属性，可以无意识、自然地从我们的内心流露出来。我们将此类话语称为感叹。我们要特别注意此类话语，首先因为它的心理学基础比较特殊，不同于以交往为目的的需求。而语言既然超越了交往的目的，就会需要新的形式。

现在，我们需要检验所做分类的说服力和完整性。这里的分类明显存在严重的问题，需要解决。

首先，我们在前面沿用了那些传统的称谓，并将告知性话语与提问性和命令性话语相对立，但是，后者实际上也告知了说者的某种思想。

其次，我们将提问性话语与命令性话语相并列。命令要求话语伙伴实施一个肯定或否定的行为：做这个，别做那个！但这样一种行为其实也是对问题给出的回答，因此，提问似乎只是命令的一个属类。

最后一点，语言经常借用其他的表象表达思想，例如，告知性话语可能包含一个提问的形式，例如德语 Ich wüsste gern ob ... （我很想知道，是否……），——也可以包含一个命令、一个请求、一项禁止等，例如德语 Du musst ...（你必须……），Du darfst nicht ... （你不能……），Du würdest mir einen Gefallen thun, wenn Du ...（劳驾……），等等。形式上是提问，但实际上是一个判断，这就是修辞反问，意思是："请不要回答我，回答你自己，问你自己，这样，你会做出和我一样的判断！"。或者以提问的形式提出一个要求，例如德语 Wirst Du gleich kommen?!（你可以马上来吗?!），Wärest Du wohl so freundlich ... ?（能劳驾你帮忙……?）。或用疑问的形式发出感叹似乎也属正常，例如德语 Wie schön ist das! （这多美呀！），因为，情绪激动的状态与未完成判断的状态相似，而使用命令和请求的形式显然可以获取所需要的信息，例如德语 Nenne mir Deine Gehilfen!（说出你的同伙！），Sagen Sie mir doch die genaue Zeit!（告诉我准确的时间！）。最后一点，使用感叹形式有时可以达到实际告知的目的，例如德语 Ein schönes Bild! （一幅美丽的画呀！），也可以用提问的形式：Wüsste ich doch ... ! （我如果知道……该多好呀！），也可以用要求的形式：Wenn Du mir doch hülfest!（你如果能帮我该多好呀！）

我们继续从形式上进行分析。我们可以把感叹与其余三种广义的告知相对照。

需要告知的思想可以是一个判断、一个愿望，或者二者同时兼有。

一个判断可能是完整的或不完整的，而完整的判断就是狭义的告知。

如果是一个不完整的判断，我会让你知道这个判断不完整，目的是让你做出补充。告知一个判断和提出希望补充的愿望，二者都可以问题的形式出现。

最后，所表达的思想是完整的，但不是一个判断，而是一个愿望，并且期望由你去满足，这就是请求以及与请求近似的禁止、劝告等命令性话语的条件。

综上所述，我们将三种告知性话语图示如下：

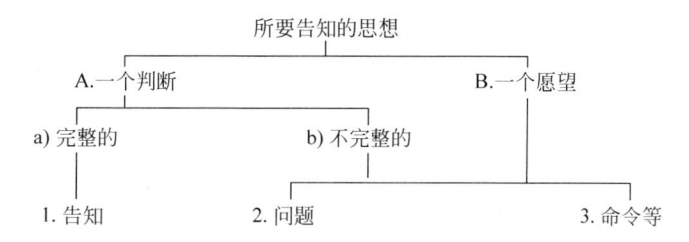

```
            所要告知的思想
         ┌──────┴──────┐
      A.一个判断        B.一个愿望
     ┌────┴────┐
  a) 完整的   b) 不完整的
     │      ┌────┴────┐
  1. 告知  2. 问题            3. 命令等
```

我相信，这个图表很全面，而且，如果要对感叹性话语进一步细分，也可以类推使用这个图表。

2. 话语分类的检验

对于感叹性话语，我们仍然从内容和形式进行区分。

从形式看，感叹可以有如下表现：

（1）完整句。是一个完整的句子或一个独词句，例如祈愿（德语 Käme er doch! 他来该多好呀!)、疑问(德语 Wie schön ist das! 这多美呀!)、命令(德语 Halt! 站住!)。顺便提一下,在某些语言里,人们使用特殊的情态动词或助词表达感叹。

(2) 省略句。代替句子的功能,例如德语 Brav gemacht!（真棒!）,Abgeblitzt!（坚决不行!）,Schon wieder Einer!（又来一个!）。有时,通过一个后补成分将省略句补充成完整的句子,这时,特殊的句子成分序列表现出说者的心理活动:"又来一个——麻烦!""一个怪人——张三"。例如汉语"善哉!"(šén tsāi!),也可以后补主语:"善哉问!"(šén tsāi wén!),我们可称之为倒装语。不过,这种倒装句不像深思熟虑的句子,不是事先想好后说出的,而是随机形成的一个整体,像是后来增加一部分才完成的建筑。上述两种形式应该都算是感叹,而且也被听者如此接受。实际上,我们实施这样的感叹,通常是因为我们知道有听众在场,而且希望有人聆听我们的话语。这样给人一种印象,似乎这种感叹属于广义的告知。例如,我们经常有这样的经验,感叹到了嘴边,却没有被说出口,被压了回去。这是为什么呢？因为说出来并无什么益处。假设我们当着第三者的面说出来,情形会如下:我们的目的是告知,但使用这种话语形式却给人一种错觉,似乎我们只是想把一肚子的话说出来而已,意思大概是说:"我必须把它说出来,不吐不快",如此,如果能引起别人的同情,说者会感受到一种双重的轻松。——"脱帽!""老实认罪!"等命令式都是面对着听者喊出来的,它们是广义的告知,不是感叹。

(3) 呼格及类似问题。广义的呼格,我是指第二和第三人称呼格,是独立的、无需句子连接成分的名词性话语成分,但并不指向一个现实的或想象中的第二人称。在许多情况下,对超自然力量或恐怖事件的呼语即属此列,例如德语 Herr Gott!(上帝啊!),Den Teufel!(魔鬼啊!),Donnerwetter!(哎呀!),Schwere Noth!(遭天谴的!),等等,它们都是情绪的表露,并无祈求或发誓的意图,因为这类感叹根本不针对任何人,不针对任何听者。与此不同,还有另一种形式的呼格和呼语,它们指向一个"你",例如德语 Polizei!(警察!),Hülfe!(救命!),Feuer!(着火啦! 救火啊!)。这类呼语属于广义的告知。——至于拉丁语的宾格感叹(如 miserum! 糟糕!)属于此列还是属于省略,我不敢妄断。

(4)纯粹的感叹。亦即不附属于任何话语成分,可以细分为

A. 模仿性感叹。基本上是客观的,例如德语 Pardauz!(哎呀!)、hopsa!(蹦!)、puff!(砰!)。

B. 主观性感叹。表达个人感受,如痛苦、高兴、惊讶等,基本上是主观的,例如德语 Au!(啊!)、Ei!(哟!)、Ach!(啊哟!)、Hm!(哼!)等。相对于形式化的语言,它们是一些尚未成形的词,在形式和语音方面都很特殊。这类表达在高地德语中有首音 p,但在有些方言里本应一般将 ö 和 ü 变为 e 和 i,却保持相关发音不变。它们在形式和内容两方面与有些特定的呼词表现相同,例如萨克森地区的车夫和牛童吆喝牲畜时所说的 Hö 和 Hüist(咿!呀! 喔!),请求安静的 St!(嘘!),表示疑问的 Hm?(嗯?),还有些所谓的"自然音",原本表示指示,后来发展成为指示代词,都属此列。这些"自然音"可能蕴含着某些原始语言的有机元素,但形态发生了扭曲,已经难以解释,例如,德语 Jemine!(上帝啊! 表示惊讶)可能是 Jesus(耶稣)这个名称的变体,也可能取 domine 的谐音;Carajo(他妈的!)在西班牙语是个令人不齿而忌讳的词,已被 Caramba! 替代,且不带什么恶意,类似于德国有些地方把

Gott straf'mich 说成 Gottstrambach 或 'strambach（上帝惩罚我）。但是，这些语音可以构成词根或词干，并根据规则被语法化，例如德语 die Katze miaut（maunzt）和法语 le chat miaule（猫在喵喵叫）。德语在 ach！（啊！）和 pfui！（呸！）的基础上可以构成动词 ächzen（哀叹，呻吟）和（德语方言）pfuzen（表"厌恶"），与 Du（你）和 Sie（您）派生构成动词 duzen（以 du 称呼）和 siezen（以 Sie 称呼）的规则完全一样。动物因其叫声而被命名，这很普遍，就连日耳曼语言的语流音变也没有影响到对布谷鸟的称谓 Kukuk，足见这个词的稳定性。关于那些存在于史前语言中的拟声词，我们在此不赘述。

在我看来，以上所述已经穷尽了感叹性话语的可能形式，实际上也涵盖了整个人类话语的可能形式。人类话语有的体现语法形式，而有的语法未被形式化。语法形式化的话语有的表现为完整的句子，有的则不是完整的句子。在后一种情况下，有的是一个句子片段，需要补充，这是省略，有的在形式上没有句法衔接，是绝对性的话语。第四种范畴，亦即那些未形式化的语言表达，其类型划分应该同时涉及词源和内容。但对告知性语言表达不应该这样进行分类，否则我们就会遭遇不必要的困难。现在，我们将上述所得汇总图示如下。

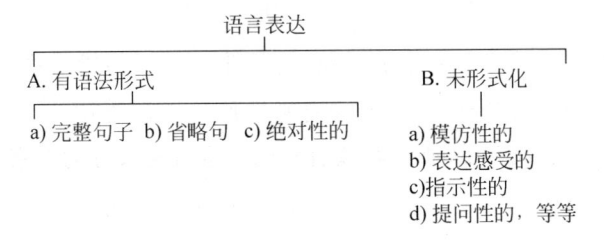

```
                       语言表达
        ┌─────────────────┴─────────────────┐
     A. 有语法形式                      B. 未形式化
  ┌──────┼──────┐
a) 完整句子 b) 省略句 c) 绝对性的    a) 模仿性的
                                    b) 表达感受的
                                    c) 指示性的
                                    d) 提问性的，等等
```

我们这里所考察的是广义的告知性话语，因此，必须扩大省略句这个概念的范围。省略应该涉及每一种句子成分，包括在对话中可从会话伙伴的话语获得补充的句子成分,例如,"谁在那儿?"——"我(在那儿)"——"什么时候(你在那儿)?"——"昨天。"——"后来呢(那里发生了什么)?"

现在,我们再回头观察感叹性话语的内容,看看都有哪些类型。

感叹表达了比较强烈的情绪激动,有时只涉及激动的方式,有时还包含激动的原因。而原因可能是一个愿望或者一个既成事实,如果是后者,则激动可能归咎于该事实的已知部分,或者归咎于其中未知的内容。上述内容可图示汇总如下,该图表同样也比较全面。

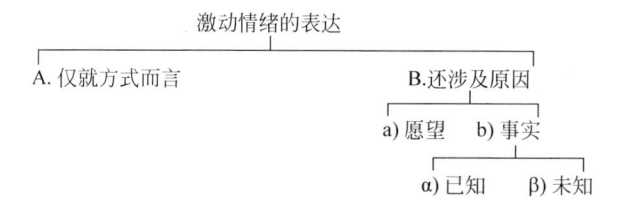

```
            激动情绪的表达
         ┌─────────┴─────────┐
    A.仅就方式而言        B.还涉及原因
                      ┌──────┴──────┐
                    a)愿望        b)事实
                              ┌──────┴──────┐
                            α)已知        β)未知
```

如果我们把事实与判断置于同一个水平,那么,该图与上图之间的类比关系显而易见,其中的平行关系如下:

I. 愿望-命令等

II. 事实-判断

a) 已知-告知

b) 未知-问题

仔细思考我自己的经验,或者对问题进行先验性的考察,无论如何,我发现上述两个图示既不需要补充,更不可能被取而代之,因为我们既找不出别的分类理由,也看不出我们所做的分类有什么缺陷。果真如此的话,逻辑问题似乎已获解决,由此,我们似乎也已经找到了一种手段来轻松划分任何一个话语的类型。

然而，事情并非如此简单，我们遭遇的并非一马平川的逻辑世界，而是心理学无限可能性的茫茫迷宫。我们似乎身处一片原始森林，各种不同的植物盘根错节，相互交织。在园林里，植物被按照物种和亚种一畦一行清晰分布，但却容易令人只见树木不见森林。人的思想比万能的自然界更为复杂，充满了各种各样的中间形式。面对当前的问题，我们必须注意到，有时这样或那样形式的告知性话语其实是感叹，有时这样或那样形式的感叹其实是告知、疑问或者命令等，对此要有充分的心理准备。我们可以设想，在某种语言生活中，感叹性话语形式甚至在不断排挤、替代告知性话语形式。这会使得我们所掌握的分类技巧完全失灵，因为人的心理状态殊难捕捉，也许本身就具备非常模糊、很不确定的属性。我们可以标出不同的等级和节点，甚至可以计算出各种可能的组合，但是，要想明确指出一条线上所有的点，定然徒劳无果。

但是，我们的研究并非徒劳无获，我们只需要另辟蹊径，创新视角。我们提出了一系列概念，必将为语言学所用。

二、话语的材料和形式[①]

1. 材料

现在，我们继续考察人类特有的语言，亦即那种将思想予以结

[①] 我1889年在一段序言中论及《语言的材料和形式》："这篇论文将是一本大部头著作的一章。我现在还不能预期该著何时完成。其中所论述的内容多有争议，而争议又涉及真正的原则，我的观点与那些杰出的前辈和同辈多有不同。在我看来，与其纷争不息，不如自己提出一套理论。"——作者注。

第三章　话语的内容和形式

构性表达的语言,问题是:语言的材料何在?回答理所当然:在于促使人思考的一切。所谓"一切"究竟会是什么,这里无需细述。语言所表达的思想包含一个现成的、想象的、期待或意愿的事实,包含一个内在的或外在的事实,或者包含一个推理或任意什么,对于我们当前的目标而言,这些问题都无关紧要,我们关心的是,思想是如何将其材料组织起来的。

为了把材料组织起来,思想必须首先切分材料,然后再将之组合起来。材料只能被切分为材料,只能在组合中被形式化。形式化是组合唯一的产品,而组合的唯一目的就是形式化。组合的方式既有简单的排列,也有相互融合,因为二者都是形式化的手段。这里需要指出,形式化并非总是服务于切分和组合,单个物质词也可以独自完成形式化,例如我们德语里的小称词,还有许多材料和形式相互融合的现象,例如德语方言里的 Kietze＝Kätzchen(小猫)，Zicke＝kleine Ziege(小山羊)等。不过,我们目前要讨论的问题还不涉及这种方式的形式化。

我们必须考虑到,在通常情况下,思想就像一幅成像一下子出现在我们面前,所谓通常,因为存在例外,有时我们会感觉一个思想是被一部分一部分地呈现出来的。但无论如何,思想在被表达之前,是以成熟和完整的形态存在于我们的心里,例如,当我迟疑地说:"6 乘以 17 等于……102",这时,自始就有一个关于待定乘积的思想浮现于我的大脑,所以,这个思想在形式上是完整的。

我们称这种具备固有整体性的思想为认识(整体性认识)。将思想切分为其组成部分,并将部分重新组合,这就是思想之所以构建话语的本质。我们这里的研究所涉及的就是这些组成部分,我们称之为单个认识,相对于整体认识而存在。整体认识是思想进行切分的对象。我们必须在此意义上理解整体认识和单个认识二者的区别。就其内容而言,一个整体认识可能非常简单,例如关于闪电的整体认识,而一个单个认识可能由多个部分构成,例如关于一场战争的单个认识。因此,仅就内容确定性的大小不能说明整体认识和单个认识的区别,例如"恺撒之死"和"整体等于其部分之和"这个原理,二者都可能是整体认识,但是,无论就其死还是就其整体,无论整体或部分,"恺撒"都只是单个认识。

这样,一个民族在其语言中所要描述和处理的对象,是诸多单个认识所构成的整体。那构成了一个民族的世界,是他们在其语言中切分和重构的对象。他们通过语言把世界切分为材料,又将之组织为形式。语言材料和形式的特点都取决于该民族的思想特性,而民族的思想特性又取决于该民族的内在禀赋和外在命运。我们完全可以称之为民族的思想立场、思想视野和思想水平。如同在光学透镜系统中一样,上述第一点决定其他两点,因为,进入我视域的东西的多少,决定我的世界的大小,其中有些离我很近,有些于我是模糊的远方。另外,我的眼睛,包括精神之眼和肉眼,也是决定性的:我可能近视,或者远视,或者色盲;我的目光可能适合于总揽宏大的图画,也可能适合于对局部和细节的审视;经过训练,我可能成为某一方面的专家,对相关事物十分敏感,但对其他事物则可能因为长期懈怠、漠视而迟钝无感。

不过,精神之眼的视力远胜于肉眼,它以或高或低的敏锐性认识和区别单个客观存在及其相互之间的关系,例如,"树木"和"房屋"之间存在"和"或"之旁"的关系,"马"和"鬣鬃"之间存在从属关系。事物之间发生关系的量和方向各有不同,相应地,相关范畴也体现于语言表达之中。如此,对于创造语言的思想而言,这些范畴

第三章 话语的内容和形式

一般首先不是形式,而是材料,而且是具备形式化能力的材料。我认为,真正的形式是指那些通过相关词(词干)本身的语音变化而形成的形式元素,例如通过叠音或者内部音变,如闪米特语言中的情形,又如藏语和格雷波语动词的情形,当然前提是,所指语言中的相关现象不是受某些已经消失的外在形式元素的机械影响所致。

在其创造活动中,语言至少在某个阶段把某些范畴视为材料。材料也是连接性的构件,是胶水和粘合剂,但是,经过适当地使用,这些材料就不再是材料,而演变成为连接性、形式化的元素,当然,这是逻辑意义上的说法。人类朴素的思想创造了语言,但是,朴素的思想只能够感知纯粹概念与经验性概念之间量的差别,除此之外,人们不能对朴素的思想抱有更高的期望。对于朴素的思想而言,普遍性和不确定性是相同的概念。在朴素的思想中,某些范畴偶尔获得了暂时的表达,但问题是,究其原因,难道不是非重读音钝化的自然结果吗?其中当然不排除心理原因的存在,例如,朴素的人们经常将思想和心理感受与饥渴、呼吸、影子等混为一谈。再者,人的某些认识演变为语言的形式,但这样的认识并非在所有语言里都相同,其中有些认识非常感性,例如关于大小、强度、数量、时间、近邻、远方或方向等的认识,但是逻辑意义上的纯粹的概念与最感性的概念在语言表达形式上可能完全相同,例如关于存在、变化的概念,"存在"(sein)被视为"站立"(stehen),例如西班牙语 estar(存在),或者被视为"居住",例如德语为 war, gewesen(逗留,过去时,完成时)、梵语为 √vas;"变化"被理解为"旋转",例如梵语 √vrt、拉丁语 vertere(转)、英语 to turn pale;"已经完成的行为"被理解为"占有",例如德语 er hat geschlafen(他-有-睡觉=他睡过觉了）。①

物质词一旦发生意义泛化而被用于关系表达，这种意义转换也会在人的心理上发生翻转，从此，普遍化的意义成为相关词的主要意义。这一翻转的发生可能非常迅速、自然而不被察觉。我认为这一点确定无疑，而且对于我们的研究同样非常重要。父母谈论"人的脸面"，并形象地说"房子的脸面"，之后，孩子再看到这些词语时就会想到"人的前面"和"房子的前面"，这意味着，孩子很快就能够使用真正形式化的前置词或后置词了。这样词义普遍化的例子俯拾皆是，如法语 face（脸面：前面）、côté（肋：侧面），près 原本意为"被排挤"，后来变为介词（在……之旁），德语 daal＝山谷，在低地德语中为副词，意为"向下"。"事情"在暹罗语为 kʼōni、在马福尔语为 ro＝roi，都变成了属格符号，这样，在语言观念里，这些意义就与表示"所属"的逻辑概念发生相互联系。假如我们不知道低地德语词 daal 和荷兰语的 achter（＝在……之后）所蕴含的词源信息，高地德语就可能会严重误导我们，让我们错把介词 mit（用……）与 Mittel（名词，"方法，手段"）和 vermittelst（介词，"借助于"）扯到一起，其实在语言历史上，这里的 t 并非由 dh 演变而来，而原本就是 t。②

2. 形式

如上所述，我认为没有哪种语言是完全没有形式的，相反，每

---

① 本段末"例如德语为 war, gewesen、梵语为 √vas"和"'已经完成的行为'被理解为'占有'，例如 er hat geschlafen"为 1901 第二版新增。——2016 第三版编者注

② 本段末"这样词义普遍化的例子俯拾皆是"起为 1901 第二版新增。——2016 第三版编者注

一种语言都具备形式,而且都具备两种形式,即外在形式和内在形式。问题只在于,一种语言中被形式化了的是什么?形式化的手段是什么?前一个问题针对内在形式,后一个问题针对外在形式。

3. 内在语言形式

家父的一句名言(参看《论被动态》*Über das Passivum. Abhandl. d. K. Sächs. Ges. d. Wiss.* Ⅷ, S. 452—453)可以用作下文的引子:语言"所表达的不是描述对象,而是描述者主体。就其所展现给我们的形态而言,语言不是客观的,而是主观的。如果我们仅仅观察语言的内容而将之视为客观,如某些所谓的普遍语法观点所说,那我们就会陷入逻辑迷阵。语言所表达的,并非对象或者概念本身,而是它们给人的心理所造成的印象,是人对它们的认识,是人观察它们的方式和视角"。[①]

相比较研究对象的称谓问题,家父更注重对象的描写。[②]他这么做自有道理。实际上,内在语言形式属于我们的科学中最为复杂、最具启发性的概念。威廉·冯·洪堡特的导论使我们获益良多,之后,至少有两位先生为实践和发展他的理论做出了贡献,他们是奥古斯特·弗里德里希·波特和海曼·施坦塔尔。

洪堡特对语言的观察首先和主要集中于各种语言的结构,因此是针对语言的语法方面。在此,他也提出我们所关注的那个问题:语音表达和思想内容之间存在什么关系?各种表达手段的功能存在怎样的相互关系?他的论著《论语法形式的产生及其对人

---

① 本段为 1901 第二版新增。——2016 第三版编者注
② 本句为 1901 第二版新增。——2016 第三版编者注

类思想发展的影响》(*Ueber die Entstehung der grammatischen Formen und ihren Einfluss auf die Ideenentwickelung*,1822)就是专门阐述这些问题的。下面,我们从中摘引几段名言:

(404 页)"几乎所有语言的所有语法关系都在语言称谓中得以体现,在这方面,并不是每一种语言的语法形式都达到了文明语言语法形式的高度。"类似的观点还可见 421 页。①

(407 页)"人们不再满足于将话语的内容表达视为终极目标,转而重视语言的形式。这是人类思想发展腾飞的转折点,为此,语言对思想的作用和反作用是必要条件。"

(408 页)"通过语音实现对交际行为的描述,这是语言的语法的全部追求。但是,语法符号不可能同时也是称谓事物的实词,否则,这样的实词又会各自孤立,需要新的联系。那么,语法关系的真正标记如果排除了表达关系的语序和称谓事物的实词这两种手段,就只剩下对称谓事物的词进行加工变化,而这就成了语法形式概念的真正的内容。"②在此前 405 及以下诸页,他列举了美洲语言的例子,例如加勒比语 a-veiri-daco(你在的那天＝当你在的时候)、卢莱语 a-le-ti pan(土做的)、图皮语 caru(吃和饭食)、che caru ai-pota(我的饭我想)或者 ai-caru-pota(我吃饭想＝我想吃饭),纳瓦特尔语 ni-nequia(我想)、tlaçotlaz(我将会爱);ni-tlaçotlaz nequia(我-我将会爱-想要)或者 ni-c-nequia tlaçotlaz(我-这个-想＝我将会爱)。他提出如下定义:

---

① 本段为 1901 第二版新增。——2016 第三版编者注

② "那么,语法关系的真正标记如果排除了表达关系的语序和称谓事物的实词这两种手段,就只剩下对称谓事物的词进行加工变化,而这就成了语法形式概念的真正的内容。"这段话为 1901 第二版新增。——2016 第三版编者注

第三章 话语的内容和形式

（411页）"在一种语言中标记语法关系特点的东西（亦即在相同的情况下重复出现），就是该语言的语法形式。"在417—418页，他列举了有些语言的特点，指出它们的语法形式不具备屈折元素的如下形式特征：

（a）形式元素是可分或者可移位的，在语音方面不可变化；

（b）它们也可以独立存在，或者服务于双重语法目的；

（c）那些无屈折变化的词不实施对话语成分的标记；

（d）相同语法关系的标示，有的通过语音形式，有的仅仅通过并列组合（经过分析可以得出其间的相互联系）。

在同一论著的另一处（418—418页），他说："语法关系的标记由不同程度的可分元素构成，因此可以说，说者更多是自己随机构造形式，而不是使用现成的形式，这会造成同一形式的多样表现。相反，如果形式原则被严格遵守，并通过长期使用而形成相应的形式，那么，日常话语形式就不是以创新的面貌出现，这样，就只有常见表达才有其形式，而偶然出现的表达则被同义改写，并使用独立词汇予以标记。还有两种情形也属于此种方式，一是欠文明民族对特殊现象的描述经常使用该现象的一切特征，而不仅仅使用那些服务于当前目的的必要特征，二是某些民族习惯于将整个句子浓缩为所谓的形式组合，例如，将动词支配的对象都融入动词之中，尤其当对象是一个代词的时候。由此，恰恰是那些基本缺乏真正意义上的形式的语言，却拥有大量所谓的形式，它们遵循严格的类推原则，体现出特殊的整体性。"[①]

[①] 本段及以下至"……这种标记系统就是语法的形式，既无限多样，又高度统一。"一段（含）为1901第二版新增。——2016第三版编者注

（422页）"归根结底，对语法形式的起源和影响的研究，就是要正确区分对对象和关系的称谓，正确区分对事物和形式的称谓。言说是物理的，是现实需求的结果，直接实施对事物的称谓；而思想是观念的，永远实施对形式的称谓。由此，思维能力主要赋予语言以形式，而形式则会提高思维能力。"接着，他提出语法形式发展的4个阶段。相应地，在每个阶段语法标记的途径分别是：

(a) 套话、短语、句子；

(b) 固定的语序以及意义摇摆于事物和形式之间的词；

(c) 通过形式类推，将词缀用于黏着；

(d) (423页)"词保持不变，只需要变换屈折语音来表示语法关系的变化，最终，形式得以贯彻。每一个词都属于某个特定的话语成分，不仅具备词汇特性，而且也具备语法特性，因此，那些标记形式的词不再具有歧义干扰，而只表达关系。这样，语法标记拥有了真正的形式，亦即屈折和纯粹的语法词，达到最高发展阶段。"（类似观点还可见425页）

"形式的本质在于形式体系的统一性和词相对于附着形式成分的主导地位。在长期的使用过程中，有些元素的意义消失了，同时有些音钝化了，这促进了形式的发展。语言的起源绝不可能仅仅归因于那些已经死亡的力量的机械作用，我们绝不能忽视思想因素所发挥的巨大而独特的影响。"

（424页）"因此，完全可以肯定，无论一种语言的命运如何，除非有幸被某个思想丰富而深刻的民族使用过，哪怕一次，否则就绝不会形成高级的语法结构。这是能够将那些语法形式从懒散堆积的落后状态拯救出来的唯一途径，否则，相关语言无法获得条分缕析的形式，其民族的思维能力也难以提高。"

(426—427页):"语言对思想发展具有反作用,因此,无论人对形式的关注度如何,真正的语法形式都给人以形式的印象,而且具备形式化的力量。真正的形式纯粹用于对关系的表达,而且不包含任何物质性内容,既不至于扰乱人们的理解,又不掩盖自身所曾经包含的原始词汇意义,从而,人们的理解集中聚焦于形式。相反,面对非真正的形式,人们的理解不能如此,因为其中的关系概念不十分确定,更何况还存在歧义的干扰。无论真正的形式还是非真正的形式,歧义的干扰始终存在,并且发生于日常话语之中,贯穿于民族生活的一切阶层。在语言的积极影响下,概念的意义和界定得以实现,民族的思想禀赋也会得以普遍发展,对纯粹形式的理解也会更为清楚。同时,思想的本质决定了,民族的思想禀赋一旦形成,就会不断发展,即使一种语言的语法形式不够纯粹,存在缺陷,不利于理解力的发展。不过,语言的这种消极影响持续越久,相关民族就越难于摆脱对纯粹形式的模糊认识。"

这里,我们引用一本手稿(施坦塔尔 616 页)中的一段话:"语法形式只能为了语言且通过语言而存在,而理解只能通过语法且借助于语法才能实现,对诸思想之相互关系的认识并非认识话语的全部。在话语中,根本不存在任何仅仅外来于现实的内容,也不存在任何仅仅服务于语法目的的内容。"

他还说(出处同,348 页):"语言是思想的感性化表现,外在于人类思想,是一个词汇世界,其中诸多概念的语音表现各异,相对于事物对象而存在,同时,语言也创造出一种标记系统,来显示各种思想的关系。这种系统只源自于语言,也只属于语言。这种标记系统就是语法的形式,既无限多样,又高度统一。"

可见,外在形式无处不在,形态元素首当其冲,但其根本却是形式化的内在要求。他(施坦塔尔)认为,问题的关键主要不是所表达的思想内容,而是对这一内在要求的表达。但在一篇未行刊印的论文中,他又提出另一种观点,认为"必须区分人对对象本身的认识与词的构成和起源所表现的对对象的认识"。(参看施坦塔尔《威廉·冯·洪堡特论语言哲学》*Die sprachphilosophischen Werke W. v. Humboldt*,341页)

从他那篇《论双数》(*Über den Dualis*,1827)的论文我引用两段:[①]

"语言绝不仅仅是交往工具,而是说者思想和世界观的表达。社交是促进语言发展的必要的辅助手段,但语言发展绝非仅仅因为人际社交的目的,语言的目的最终体现于个体,在此意义上,个体相对于人类而存在。所以,外部世界和思想内核进入语言语法结构的内容,也存在于个体,并且被个体使用和建构,其具体实现取决于语言意识的活力和缜密性,取决于个体思想的特性。"(20页)

"这里,语言得以建构的根源或者主要在于感性的世界观,或者主要在于内在的思想性,二者体现出一种显著的差异性。经过思想的加工,感性的世界观不再感性,但无论如何,都会在语言本身留下痕迹。"

"有些语言只体现自然的性别,没有隐喻性的性别称谓。所有这种语言都把阳性和中性混为一谈。之所以如此,或者因为人们原本如此认识,或者在某个历史时期如此认识。那时,人们不重视语词的性别差异,或者对词的相关区别性认识混乱,从而,纯粹的

[①] 本段及以下至"在这篇文章中,我已经多次指出,语言形式如果鲜活而清晰地存在于人的思想中……"一段(含)为1901第二版新增。——2016第三版编者注。

第三章　话语的内容和形式

语言形式没有得到坚决贯彻,语言没有体现出对现实对象准确而细致的指示。"(26页)

但是,他又指出(221页关于卡威语Ⅱ):"即使是一种保持完好的原始语言,要想在其中发现真正没有被形式化的东西,都是徒劳的。语言与形式同生共灭,因为,形式是语言的全部,除此之外,语言别无其他。语法并非基于词根音而形成,而是与之共生,而且,每一个词根音也都是语音,因而也都包含着主观性的内容,也因此蕴含着变化的规则。这一点,即使纯粹的词根音也不能例外。但是,对于我们所谓的词根音,究竟该做何理解呢?我们只知道它们是语言中的词,已然数千年为各民族所使用。严格地讲,它们只是人为的产品,在抽象化和普遍称谓的过程中会失去自身个体指称符号的特殊属性。"

(286页,关于马来语言)"这些组合(前缀构词、后缀构词和中缀构词)明显体现出某种成功的努力,目标是将词及其附着成分连接为一个整体,由此形成了该语系真正的语法形式,因为,那些附着结构与语音变化和重音位移紧密相连,这正是语言追求词汇单位统一体的明显标志。"

但是,紧接着,(286—287页,关于马来语言)他又说:"话语中不断变化的内容,词之间相对于主语和谓语而变动不居的关系,将主语和谓语统于句子之中的机制,为此等目的根本无需使用形式……形式给予话语结构的观照微乎其微,所以,无法将动词视为句子的灵魂,虽然动词的本质应该如此。这类语言只关注动词的客观意义,在表达中经常回避将动词视为句子的灵魂,放任歧义的存在,致使其名词性或者动词性范畴的归属模棱两可。对于先进的语言观而言,这是该语系中违背规则最严重的表现,结果,话语架构的核心很不确定,思想单位本应通过内在语音融合而在语言中得以象征性显现,但却缺乏纯粹象征性的语言形式。"(参看325页)

(《论人类语言结构的差异性》*Über die Verschiedenheiten des menschlichen Sprachbaues*,43页)"语言最典型的形式取决于语言的每一个成分,包括最小的成分。每一个成分都以某种方式受制于形式,无论具体表现方式多么隐蔽。"

(45页)"绝对地看,语言中不存在任何非形式化的材料,因为语言的一切都指向某种特定的目标,即服务于思想表达,而这一目标的完成始于语言的最基本元素,即语音,语音正是经由形式化才成为发出的音。语言真正的材料一方面是语音,另一方面是感性印象和自觉的思想活动的总和。思想活动是人们借助语言建构概念的前提。"

(121页)"在有些语言里,对有生命对象的命名经常被赋以类型概念的属性,其中有的类型概念的标记演变成为真正的后缀,必须通过切分才可辨认。这种情况体现出某种双重原则,即标记的客观性和逻辑划分的主观性……另一方面,……这里被标记的不再是思想和话语的形式,而只是现实对象的不同类型。这样构成的词完全类似于那种由两个元素组合而成的概念。但是,这种结构的两个元素存在区别,其中只有一个属于某个特定的范畴,是我们界定该概念属性的出发点,相当于内部结构中屈折概念的内容,类似于某种双重结构。如果我们将该双重结构予以分解,就会发现,所谓"双重"其实是各不相同的,二者具有相异的属性,分属不同的领域。这是这种语言的典型特点。只有这样,纯粹结构性的语言才能够将独立性和敏感性深刻而牢固地结合起来,进而在语言中实现思想联系的无限性。根本上,思想联系的无限性是体现

第三章　话语的内容和形式　　45

语言形式特点的真正载体,只有这样的形式才能完全满足语言的要求。"

（130 页）"一种是词汇不显示范畴所属,如汉语,另一种是真正的屈折变化,二者之外没有第三者能够胜任语言的组织。唯一可以想象的可能性,是可以被理解为屈折的复合,那是一种有意安排但却没有发展成形的屈折,基本上属于机械性附着,并非纯粹有机的派生。"

（180 页）"语法形式源自于通过语言而体现的思维规律,建立在语音形式一致性的原则之上。这种一致性以某种方式存在于每一种语言之中,区别仅在于程度不同。也存在一致性不完善的情况,究其原因,可能在于人们对该原则的认识不够清晰,或者在于语音系统的灵活性不够充分。某一方面的不足总是作用于另一方面。有人认为,完善的语言系统意味着,每一个词都被确定为特定的话语成分,并体现出一定的特征,亦即哲学分析所揭示的语言词汇的特征。而曲折的存在就是这一分析的前提。"（参看 187—188 页）

（187 页）"……语言之间存在区别,有的在纯粹原理的指导下规则性和自由度兼而有之,体现出一定的优越性,有的则缺乏这种优越性……在后一类语言中,形式多有偏差,有两种东西交汇其中,一是人的语言意识不够强烈,二是随机臆造异形产品,把一个语音形式生搬硬套附加于另一个语音形式,而且该语音形式也并非该语言的必然现象。"

（255 页）"一种语言以真正意义的语法形式为出发点（屈折语）,另一种语言在此方面发展不够充分（黏着语）,二者的区别犹如一墙两隔,介乎其间的语言则遵循一种双重原理:既可以在形式上生成一种完全无法孤立理解的符号,又可以将两个重要概念组合在一起。"

(260页)"在这篇文章中,我已经多次指出,语言形式如果鲜活而清晰地存在于人的思想中,就会影响语言的外在发展,主导语言的外在结构,自给自足地发挥功能,维护现成组织的纯洁性和持久性,不允许出现现成形式的变体。"

终于,他在同一篇论文①中(§.11)用了这样的小标题:"内在语言形式"。他说:"因为,语言所描述的从来就不是那些对象,而是大脑在语言创造中自主生成的关于那些对象的概念。这里所阐述的就是这一生成过程,它完全是内在的,先于发音而发生。"以上是对洪堡特观点的转引。今天人们研究此类问题仍然借用他的观点。他的思想历久弥新,成为人们评判形式语言和非形式语言、形式完善和存在缺陷的标准。另外,所谓大部分语言没有严格意义上的动词、甚至没有严格意义上的单词,这种"严厉的宣判"也可追溯到洪堡特。②

洪堡特认为词源是判断内在语言形式的决定性因素。果真如此,内在语言形式不仅会清楚地体现于词汇创造,同样也会清楚地体现于形式创造,不仅会清楚地体现于语汇,也会清楚地体现于语言结构。在这方面,波特的阐述以词汇为切入点展开。事物是怎样被命名的?这一问题可以而且应该从两种视角予以回答:或者从命名探究被命名者,或者相反。循着前一种路径,词汇结构的词源特征明显,可根据派生和实际使用来研究词根和词干;后一种路

---

① 《论人类语言结构的差异性》(Über die Verschiedenheit des menschlichen Sprachbaues),1889/1891。

② 本段"今天人们研究此类问题仍然借用他的观点"起为1901第二版新增。——2016第三版编者注

径选择同义视角,所提的问题是:对相关事物进行命名是根据哪些特征完成的?洪堡特就是采取这种方法,并列举了梵语对大象的称谓作为例子:hastin(有手者)、dvipa(二次饮者),等等。波特采用了两种路径,研究范围也大大超出印度日耳曼语系。他指出,不仅同一个认识可被使用于不同的对象,而且同一个对象也可以根据与之相关的不同认识(亦即特征)而被称谓。

关于语言的材料、形式语言和无形式语言等问题,施坦塔尔的阐述最为全面和深入。为了说明他的观点,下面转引他的著述。

(《论最主要语言类型结构的特点》*Charakteristik der haupt-sächlichsten Typen des Sprachbaues*,78 页)"凡是只能感知的东西,在意识中都是物质概念……在感知王国里,亦即在前语言意识中,只有材料,没有形式。形式不能被感知,而完全是自主心理活动的产物。言说是最基本的形式化行为,而形式化行为最初加工处理的材料就是感知。"

(79 页)"形式化行为的本质就是形成观点之观点,这是对形式化行为最抽象且十分模糊的描述。"

(81 页)"观点之观点的产品可称为认识。"

(87 页)"(内在词汇形式是)特定的特征、特定的关系,据此,诸民族完成对观点的主观描述和重构。"

"这样,人的认识或者词汇的内在形式都是主观性的,其中蕴含着人对客体的理解。这一理解取决于感性、幻想、持续性或瞬间性情绪激动。"(参看《威廉·冯·洪堡特论语言哲学》341 页)

(89 页)(语法形式化是)"语言对单个认识之间、单词之间特定关系的建立和称谓。"

"……在意识中,关系的形式在某种程度上、以某种方式超越了单个认识,通过单个认识得以传播,与之相伴而出,那么,词也会以相应的程度和相应的方式自发地、无意识地形成特定的语音形式。"

(84页)"我们通过感官感知外在对象,相应地,内在语言形式一般是大脑针对任意内容的观点或统觉。内在语言形式是一种手段,以完成对相关内容的直观表达、确定和重构,甚至也是获得或创造新内容的一种手段。"

在92页,他把内在语言形式称为"针对内在内容的一种内在观点,是对观点和概念的统觉"。

(关于曼德黑人语言,Ⅶ页)"……一方面是内在语言形式,亦即语法范畴,另一方面是观点和概念的逻辑形式,二者相互区别。"

(Ⅷ页)"我们对内在语言形式的研究必须始终坚持以比较词源学为出发点,并且必须以与词源相应的语音形式为依据,不能涉及与词源根据不相符合的范畴,因为,语音是唯一可资依赖的基础,是语言研究者可靠的支点,必须坚持,否则必遭惩罚。"

类似的论述还有(《语言学概论》*Abriss der Sprachwissenschaft*,第一卷,428页)"……词源蕴含着内在语言形式的特点……。"

(429页)"……内在语言形式在于词源。"

但是他又说(432页):"……内在语言形式并非存在于词源之中。"

类似论述还有(《论最主要语言类型结构的特点》234页):"埃及语的词根和后缀相互联系不很固定,但不能因此就被指为无形式的语言,因为,形式并非在于语音的联系,而是基于内在意义。埃及人的思想是形式化的,由此,他们的语言也是形式化的。"

但他对芬兰语言的论述又有所不同(203页):"并非话语中的每一个元素都需要形式化,话语中只有具备一定特征的元素才被形式化,因此,一个后缀也可能不是形式,一个带有后缀的词干也可能不是构成词汇形式的词干,而仍然是词干,亦即没有形式。"

(318及以下诸页阐述更为详细)"词源经常体现出不确定性,抛开此点不说,在正常情况下,词源是否可以成为说明语言形式特点的依据,这个问题的合理性也十分可疑,值得商榷,因为,正如我们印欧语言有时所体现的那样,一个原本的物质词可以被完全用作形式。要判断单词的本质,它究竟是材料元素还是形式元素,并不在单词本身,而在于使用单词的方式,在于用词的结构之中……其实,语言形式的本质正在于结构之中,亦即在于行为,在于综合,在于谓语、定语、宾语的表达之中,也就是说,在于语言认识作用于人的思想的意义之中。在此,思想以最为细致的方式被外化,体现为行为,超越了行为的具体对象,超越了唯物质论,成为纯粹的思想,把握着对象,贯穿对象始终。显而易见,这是评判语言结构形式化的唯一视角,而且最为可靠。因为,这样的思想外化不仅非常细致,而且非常得力和有效。如果孤立地观察一种语言的某个具体形式,我们就无法判断它是一种真正的形式或者只是一种堆积。对每一种具体情况的判断都必须根据语言的普遍原则。一种语言如果原则上属于非形式语言,那么,也就不具备任何真正的形式。但如果某个使用非形式语言的民族,其思想意识中存在着真正的形式,哪怕只有一种,那么,该形式就绝不可能像黑夜中的一道闪电,转瞬即逝,只将浓浓的黑暗留下,相反,它必然星火燎原,一定对该民族的整个思维方式发挥了深刻的影响,使之发生了根本的转变。"①

(关于复合和派生,223页)"前者连接材料元素和材料元素,亦即将一个关于物质、特性、行为、实体的认识与另一个关于物质等的认识连接起来,这样,通过二者说明一个关于物质之类的概念;后者将一个形式元素附加到一个材料元素之上,这样,通过一个简单的认识和一个形式关系来称谓一个概念。"

(186页)"这里,我再次看到唯物质论,只对眼前的现实存在进行描述,并希望听者也依样如实描述。相反,如果民族思想创造了真正的形式,就会乐于形式化的行为,不允许话语中出现任何没有形式的成分。"

(234页,关于屈折)"活跃在我们的语感里的永远都是整个词,没有词根和词缀之分,因为,思想活动把握的是内容和形式的统一体,只有科学的、分析的思想才会通过抽象而将形式与内容相分离。词既是一个单位,那就会随着时间的推移而逐渐浓缩成为一个整体,同时又不失其可理解性,久而久之,大多都会发生风化磨蚀。"

(251页,关于黏着)"将一个后缀黏着于另一个后缀,如土耳其语所示,恰恰是非形式化的表现,这种现象在美洲语言里更为严重。"

(关于曼德黑人语言234页,§.592)"词的搭配、复合和构词混为一谈,这是非形式化的典型特点。"

---

① 本段源自第一版(1891),被第二版(1901)删减,第三版(2016)复现。——2016第三版编者注。

第三章 话语的内容和形式

以上是对施坦塔尔的观点的转引。我们再看洪堡特的语言观。他认为,有些语言"语法形式的形式化程度不如屈折语的突出"——那就是说,它们终究还是语法形式,也具备形式属性——而施坦塔尔却坚持二元论,将语言截然分为形式和非形式语言,关于语言究竟是否是形式的,容不得半点含糊,必须是非分明。对于有些特征,他那位伟大的前辈(洪堡特)认为只是对相关语言的形式属性体现得不够充分而已,但在他看来却是没有形式的标记。他认为,首先存在这两种严格区分的范畴,然后存在发展程度高低的差异。

类似的观点也受到弗里德里希·穆勒的热捧。我引用他《语言学概论》中的两段话:

(Ⅰ,104页)"有的民族的语言活动以词根为基础,体现出思想的主体通过词根表达自己的认识,并对之进行加工(有时运用分析,有时运用综合),以此完成对特定词(指代特定观点的词)的形式化。但是,怎样准确限定那些原始的认识,怎样从原始的词根生成完整的词——句子的部分——,不同的语言表现出非常不同的方式。有些语言坚持材料(由语言外部所给)与形式(由语言内部附加于材料)之间的原则区分,而且针对二者始终有两种不同的语音组合,亦即不仅有物质词根,而且也衍生出形式词根。相反,在另一些语言中,没有对材料和形式进行原则区分的意识,一切以物质词根为基础,而且,在我们习惯于有形式出现的地方,仍然只有物质词。我们并不想就此断言,那些没有形式意识的语言只有物质词根,除此之外再没有衍生出类似于我们印欧语言形式词根的其他词根(例如代词词干和副词词干),但是,这些语言将这样的词根仍然视为物质词根——具体讲,在应该使用纯粹的形式词根的地方（屈折变化、变位），没有使用形式词根，而是使用纯粹的物质词根。虽然如此，我们仍然相信，一切语言皆有物质词根，但只有某些语言清楚地区分材料和形式，在物质词根之外还衍生出第二种词根范畴，即形式词根。"

（131页）"我们需要马上指出，只有具备形式意识的语言才拥有真正的形式，即相关的构词自成整体。相反，有些语言没有形式意识，因此也不能产生真正的形式，这里，不存在材料和形式的对立，所以，也没有词干和形式的区别。有些东西我们乍一看是形式的，细究之下其实不然，因为它们仍然可被用作词干。"

弗兰茨·米斯特里的论述与施坦塔尔同样深刻而全面，但在我看来，其《论最主要语言类型结构的特点》新版的修订力度稍嫌不够。我从该书转引如下几段：[①]

（2页）"我们所理解的话语的形式是指某些特定的手段，它们或者构成话语的语法框架，或者至少有助于说明话语成分的逻辑关系或增加话语的主观色彩。"

（3页）"这里，我们已经遇到了对所述区别的形式化处理，有的语言很好地保持了名词和动词的区别，并且最大限度地从名词巧妙而自然地演变出动词，体现出某种语言优势，例如，德语 Kopf（名词，头）- köpfen（动词，砍头）、Mund（名词，口）- munden（动词，合口味）、英语 to head，等等。"

（4页）"数词、关系词和代词……可以说明某些与主语和宾语都相关的内容，但对于逻辑关系，数词和代词根本无法说明，而关

[①] 本段及以下至"埃及语虽然词根和词缀没有固定搭配，但从特定视角看仍然是形式语言，埃及人的思想是形式的，所以其语言也是形式的。"一段（含）为1901第二版新增。——2016第三版编者注

第三章　话语的内容和形式

系词也只是以引申的方式有所说明,且并非自始如此,因此,数词、关系词和代词等也主要被用作话语中的物质词。"

（5 页）"一个物质词根的语音形式有不同的表现和理解（例如德语 du:dein, vier:vierter）,其中已经体现出名词、形容词、动词等语法形式,以及三种词类的相互转换。"

（15 页）法语 concernant、touchant ＝ 相关的, suivant ＝ 依照……, à partir de ＝ 自…… 始, 希腊语 ἔχων, λαβών, φέρων ＝ 与……一起,等等——"所有这些搭配都完全符合变位动词形式的搭配结构,脱离了介词范畴。因为,人们必须明白,无论名词性介词和动词性介词,都必须通过形式或者结构才能将它们与相关名词和动词相区别,这样才能判断它们是否构成了各自的类型。"

（19 页）"我们虽然还在讨论话语中的物质词,但需要提前区分形式的两种低级类型:一是对物体、特性和动词性的认识相互转换的可能性,特别是名词转化为动词,二是特征、状态和行为转化为名词。同时,关系词和情状词相互之间以及与名词、形容词和动词等物质词的变体之间存在不同程度的区分。还有第三种类型,详见下文。"

（19—20 页）……"相反,小品词、连词和否定词都不指称客观性内容,既不涉及事物,也不涉及事物的确定或事物的关系,它们是纯粹形式的,因为,它们有的说明主观情绪,有的说明诸认识之间的逻辑关系,或者表示这些认识的'不发生'和'否定',它们完全表示感情行为和思想行为,为人类话语所必需。"

（28 页）"如同代词和介词一样,小品词也是最合适的形式词,其中,有的与名词或者动词完全无涉,而且发音简单……值得注意的是,就是这些灵活、没有实义的语言产品,成为语感之所依,其中

蕴含着最为原始的形式元素。其实,这样的形式意识影响着一切概念的构成。"(参看原著38页)

(30页)"因此,形式的内容并非天然确定,也不能因为别的语言拥有这种或那种范畴就指责一种语言缺少这种或那种范畴……但是,范畴应该具备一贯性,涵盖不能太过狭小,语音不能令人犯难,这都是真正形式的必要条件。"

(35—36页,关于名词、形容词、动词)"词汇单位的成分相互替换,从而形成这样三种词类,无论从形态还是从逻辑看,此三分法都值得推广。形式在其中得以充分体现,因为,每一种形式都是思想活动。"

(39页)……"古代汉语的话语组织具备高度的思想性,但没有语音形式标记,因此应该算作没有形式的语言,因为,它甚至没有充分的形式来对物质词进行必要的区分,但句子和思想表达的手段却很高明,是一种更为高级的形式,弥补了缺乏低级形式的缺陷。"他还说:

(43页)"一种语言的句子的可理解性越是依赖于形式,依赖于语序、屈折、抽象的小词等手段,不是通过纯粹的内容和关联,那么,该语言的形式就越是高级。"

(46页,关于汉语)"没有真正的动词,没有变位,但也没有假的动词和徒具其表的形式,因为,我们看到,主语内在地与动词融为一体,可以从动词明显获得一种普遍的暗示,同时,主格名词,固定的语序,或者至少作为通格,这些外在表征都是对名词的特殊说明,也就是说,通过名词和变位动词的融合,名词与动词的矛盾得以消解。这里,无论哪种语音手段实施暗示标记功能,甚至没有暗示,都无大碍……因为,对每一种形式的判断都不是孤立的,都依赖于与其他形式的关系,这样,在没有形式标记的情况下,也可以从前面的成分辨认句子的主语。"

(51页,关于闪米特语言)"这里再次表明,对于高级形式而言,词汇形式的体系性或者词汇单位的统一性虽然不是必要条件,但却是重要的条件。"

(52页)"只有印度日耳曼语言和闪米特语言拥有真正的动词。"

(60页)"(主语后缀和物主后缀的)混合意味着人们对动词范畴和名词范畴的理解很淡化。"(类似观点参看洪堡特,例如《论人类语言结构的差异性》260—261页)

(66页)(现代斯拉夫语以-l、-la、-lo结尾的分词)"现在已经失去了分词的功能,……而是被用作叙述时态,虽然存在性别的不同,但都可以用作变位动词,而且,纯粹的形式也不改变它们变位动词的属性,只不过,因为它们时而是分词时而又是变位动词,所以我们就不能把变位动词视为分词。"

(68页)"有些变位动词形式不标记物主、抽象或分词,所以被视为名词,因为它们通过时态词干标示名词的复数。"

(76页)"宾语变位有个缺陷,仅仅将主语和宾语与行为区分开来——事实总是把三者联系在一起——结果,宾语至少获得了与主语同等重要的地位。"

(80页)"在谓语、宾语和定语关系中,两个成分不能融为一体,而是要通过语序、小品词和屈折变化相分离,体现各自功能,这根源于句子和词的正确关系——这样,宾语变位和物主代词后缀通过宾格和属格的融合而超越了词的界限,但是,句子词的构成并不受物主后缀或物主前缀的影响。"

(81页)"从语言形式的角度讲,不能将宾语和动词融为一体,甚至代词融合这种温和的方式也不行,因为,那会把词与句子的界线移向词的一方,而且,如果主语和宾语融为一体,则主语的地位会因此而弱化。"(他认为闪米特语言没有宾语变位。)

(82页)"占有物和占有者同体也是一个缺陷,因为物主这个概念既不改变内容也不改变语法关系,只说明某种事实。"

(87页)……"根据理解的需要,主格和宾格的词尾可被省略……无屈折变化,这并无什么缺陷,因为语序位置总能够把这两个格区分开来。真正的屈折总会发挥范畴指示的功能,那正是屈折存在的目的。严格的词汇单位不会允许词尾随意消失。"

(98—99页)"针对宾语关系和定语关系,我们对形式做如下确定:(1)在任何关系中两个成分保持区分,以免宾语变位和物主构词或复合构词占据它们的位置,不至于为了保全句子单位而损害词汇单位;(2)宾语和定语范畴具备一般性抽象意义,并且使用要遵循统一的规则;(3)宾语关系和定语关系也可以通过语序或一个简单的替换手段(屈折、小品词)来实现。"

(99—100页)"动词或者谓语关系体现主体性和施动性这两个特点,亦即,动词由一个物质词根和内在的、对主语做出一般性标示的词缀构成,不仅仅局限于干巴巴的事实陈述,但也不包含不相干的辅助性概念——已然可见,只有闪米特语系和印度日耳曼语系具备这一特点。通过语序、小品词或者词尾将一个名词标识为主语(主格或通格),这样,名词通常体现人称词缀,并在此基础上组成句子。如此,动词概念既包含单词也包含屈折。词体现人的一种认识,在语言使用中有其范畴,并被赋予一定的语音特性。词所蕴含的认识以独立的整体被用于句子,而动词是典型的词。

我们把上述两种语言称为屈折语或者真词语,视其为形式语言,因为它们正确地体现了词和句子的关系,主语和谓语、谓语和宾语、定语与其支配成分泾渭分明。而另一些语言在动词和其他构词方面仍需努力,那里的词长度有余,但力量不足,不能凝练繁复的语音和思想活动,动词的内涵具备名词性,而词汇也不能自成体系,经常缺失我们印欧语概念里的屈折性词尾元素,有时视理解之需才会出现,甚至出现在相关词已经完结的地方。这样的语言是黏着语或者伪词语,如芬兰语、马扎尔语、雅库特语、卡尔纳提语等。在这类语言中,词和句子的关系摇摆不定,所以,无论黏着语还是伪词语,我们都称之为非形式语言,尽管个别时候也出现变位动词形式,且自成体系……有的语言主要体现耦合构词或者句子词,它们毫无疑问也是非形式语言……(例如墨西哥语、格陵兰语)。其余的语言可以统称为非词语,但要分为三类:(1)词根孤立型,(2)词干孤立型和(3)排列型语言,或者,(1)汉语和暹罗语(缅甸语),(2)马来语和达雅克语,(3)埃及-科普特语和班图语系。"

(104页)"这些……非词语缺乏真正的形式,因为它们没有真正的动词,词和句子的关系也因此而模糊不清,但是,所谓无形式又不能简单地被视为形式滥用。它们并非像以句子词、耦合词为特征的那些语言,以不恰当的方式将谓语、宾语、定语关系的两个成分融为一个整体(因为它们就没有这样的整体成分或词),也没有如伪词语、黏着语那样,有创造这种整体成分的意愿,因此,能够始终避免形式的滥用。"

(226页)"因为,形式如果有时由元素堆积而成,有时却又缺失,就不配被称为形式。"

(232页)"因为,一个语音产品如果不属于某个特定的词汇范畴,不与句子整体发生某种特定的关系,就不是词。"

(241页)"乌拉尔阿尔泰语言的特点是只顾及简单的可理解性,但不符合严格意义上的形式。"

(264页)"与我们德语的man(人,人们,代词)相对应的(马来语)是ora'n(人,名词),该例正好用来说明形式与材料的区别。德语man因其单数和无冠词而与名词Mann(男人)不同。同样,法语on(人,人们,代词)因其发音而与homme(人,男人)不同,可以被用作代词,但几乎不显示其原本之意。ora'n则相反,如果非要解释该词的不同含义,它表示名词复数'男人'[?],而非代词'人们'。"

(268页)"埃及语(形式元素)数量较大,且语音简单,所以采用排列的方法,因为形式元素和音节只伴随物质词,外在而独立地与物质词相伴而出。"

(274页)"真正的形式元素即使松散地附加一旁,仍然能够显示物质词的界线和结构。"

(275页)"埃及语虽然词根和词缀相互联系不很固定,但从特定视角看仍然是形式语言,埃及人的思想是形式的,所以其语言也是形式的。"(参看前文21页对施坦塔尔《论最主要语言类型结构的特点》234页的引述)

这里,如同对待施坦塔尔一样,我尽可能详尽地引述了许多段落,以便充分展示三位学者的成就。但是,我仍然怀疑这样是否能够使问题清楚一些。这里所引述的许多内容都已经涉及外在形式,都试图对语言的价值进行评价。我将在后文专门讨论语言价值评价的问题。在我看来,这里所述都只是涉及语言形式化本能的程度之别，差异虽然普遍存在，但并未构成真正的不同，我不能据此断言某种语言没有内在形式或外在形式。

我认为，词源标准的普适性很成问题，因为，如果语言历史无从考证，该标准就会失效，因此，其可行性非常具有偶然性。卡纳里斯语（卡尔纳提语，卡纳迪语）就是一个例子。那里，动词肯定形式的时态特征体现于词干和人称后缀之间，例如，词干 gey（做，不定式），geydam（他做，过去时），geyḍaḷ（她做，过去时），geyvam、geyvaḷ（他、她将做，将来时），geydapam、geydapaḷ（他、她做，现在时）；相反，动词否定形式的人称词尾直接附着于词干，例如 geyyam、geyyaḷ（他、她不做，现在时），所幸的是，命令式"做！"除了 geyya、geyvudu 等形式还有简单的形式 gey。而泰米尔语、马拉雅拉姆语和泰卢固语曾经使用否定后缀 a 的痕迹清晰可见。否则，有人可能会说，卡纳里斯语非常无理，竟然把否定视为原始态，而将肯定视为其派生。（参看 R. 考德威尔《达罗毗荼语系或南印度语系比较语法》*A Comparative Grammar of the Dravidian or South-Indian Family of Languages*. 2d. ed. London 1875，360 及以下诸页，442 及以下诸页）[①]

但是，这样就需要考虑两个方面的问题，一是形式发展完善的机械过程，二是非常能产的新构词，后者经常伴随着语音形式的钝化，同时也要求语言表达具备明确性和直观性。其实，委婉表达式、强调性叠用，或者同义反复以及大部分形象化表达方式根本上都是感性的、物质的，但是，正因如此，话语的情感性和思想性在其中表现得更加突出，话语更加吸引听者，使听者更加贴近说者的心

[①] 本段源自第一版（1891），被第二版（1901）删减，第三版（2016）复现。——译者注

理。这种现象及其影响往往存在起源考证和功能定性的困难,人们往往拿不出词源学家所看重的出生证明——甚至修辞和诗意色彩也会日渐苍白,阳春白雪没落为下里巴人,仅剩日常语法和平民词语——但人们根本无需因此而蒙羞。它们根本上都是形式的,而且是最为高级、极具艺术性的形式,始终保持着"观点之观点"的属性。①

为了界定内在形式这个概念,我采用遗传学的方法。人的内心世界或宽广或狭隘,换句话说,每个人都有其思想视野。属于这个内心世界并控制这个内心世界的,还有一种主观(内心)的世界秩序,以某种细致和丰富的方式对事物进行分类,将事物联系起来或者相互区别。也就是说,思想视野受控于某种特定的世界观,当然,思想视野反过来也控制着世界观。个体属于一定的语言社团,以语言为媒介开展思想交往,这样,个体的思想视野和世界观都体现出某种社会性。这种社会性必然体现在语言之中。语言中凡是涉及思想视野以及单个认识的方式和数量的,都是物质的,相反,凡是以世界观为基础的,都是形式的,而且是内在形式。内在形式的表现首先在于词汇,体现出一定的词源结构和同义分类;第二在于语言结构,将认识组织为不同范畴,但范畴的划分或清晰或含混,生动鲜明程度不一,说明并区分范畴在人的思想中的相互关系,以及所表达的思想与说者心理的关系。无论是助词或者词缀,经常会出现形式被随意使用或者省略的现象,例如德语 Das Haus, das er gebaut (hat)(他建的那栋房子)、英语 the house (which) he has built、中古德语 es ist viel übrig (ge-)blieben(所

---

① 本段为 1901 第二版新增。——2016 第三版编者注。

剩无几),最后还有荷马式话语中的相关表现。类似的情形在孤立语和黏着语中更为常见。对于这类语言,人们倾向于视之为非形式语言,但我认为更应该从中看到形式的两面性,认识到人们的感知存在细小的差异。中国人要表达"在家里"时说"在家"(tsái kiā)=在……里——"家"、"在于家"(tsái iū kiā)=在……里——所涉及为"家"、"在于家(之)中"(tsái iū kiā (čī) čǔ'n)=在……里——所涉及为"家"——"中心",显而易见,观察不断细化。这是一种由不确定到确定的进步,也属于内在形式的范围。至于不同语系和不同语言的内在形式如何认识世界、如何对事物进行分类和联系,必然见证于其外在语言形式。①

4. 外在语言形式

(1) 非形式化的句子词。对外在语言形式的观察也可以尝试采用遗传学的方法,为此,我们先从那些没有体现结构性这一人类话语决定性特征的语言表达开始。我们先看儿童最初说出的那些语言表达,那是些简单的、没有任何形式符号的喊叫,属于表达思想的替补手段,例如德语 Au! = 我某处痛, Wauwau! = 狗在那儿, Happhapp! = 我要吃饭,等等。这里,我们可以称之为非形式化的句子词,是逻辑语义意义上的句子词,不同于那些经过形式化的、结构化的句子词,例如拉丁语 risit、lacrimabit。

(2) 句子词的堆积。这样的喊叫都表达一个完整的思想,可能成串而出,但并不构成相互联系的话语,而是逐个单独蹦出来,

---

① 本段中"无论是助词或者词缀,经常会出现形式被随意使用或者省略的现象……"起为1901第二版新增。——2016第三版编者注。

每一个都有自己的价值。但是，喊叫者自己知道他是怎么从一个思想到另一个思想的，听者应该也能猜得出。"Au!"：孩子被狗咬了，很痛；"Wauwau!"：这痛感是由狗造成的；"Happ!"：狗通过咬人而造成了痛感。这是三个思想，每一个都体现为一个未经形式化的句子词。

（3）孤立。现在，我们抛开上面那三个感叹符号，或者说，抛开话语中相当于感叹号的内容，这时，余下的就是 au、wauwau 和 happ，然后将它们翻译成带有系词的句子：这痛感是那只咬人的狗（造成的）。这里，思想以最为原始的综合方式在一个有三个成分的话语里得以表达。这样说话的儿童已经在使用人类语言，亦即使用结构性的语言，但是，这里的综合还只是简单的排列，就像一面没有砂浆粘合的围墙。这样的语言是孤立型的。儿童用这种孤立型语言可以很清楚地表达自己。一个小姑娘（Mädel）用德语讲述自己是怎样爬（kletter）到椅子（Stuhl）上，又摔落下来（bum），因此挨了妈妈的打（puchpuch），但打得很轻（ein bischen），她说："Mädel Tuhl ketter；bum! Mama puchpuch，bissen!"如果能够理解儿童式语言这些单词的意思，其中的结构就很好解释：我们只能选择"是"（sein）、"有"（haben）或者表示原因的系词来解释。这一点，有些民族的语言，不仅仅是孤立型语言，比儿童语言其实也没有多少进步。但是，在这方面我们还要提醒大家注意一种纯粹孤立型的语言，即汉语。它属于最为完美的思想载体，能对思想进行细致划分，表达思想之间相互联系的方式非常丰富，对思想差异的体现细致入微。

（4）复合。据我所知，只有在中南半岛有少数几种语言是汉语那样的纯粹孤立型语言，例如暹罗语和安南语及其最相近的那几种语言。所有这类语言的孤立似乎并非原发性的,而是次生的,甚至是次次生的(quarternär)。另外,它们都体现出一种趋势,部分词汇的语音和内容弱化,相对于话语中其余部分的独立性大为降低。古汉语就有这方面的例证,而有的现代汉语方言又有许多进一步的变化,已经不能再被视为单音节孤立型的语言。单词失去了某些独立性,因此必须依赖于其他单词,并与之相联系。早前的孤立型单词后来成为复合的组成部分,被复合起来,从表象看,这样的复合词成为句子这一更高组织中的孤立型成分。迄今为止,复合仍然是孤立型语言结构得以扩展丰富最为重要的手段。

(5)助词。复合的形式多种多样,有的涉及诸成分相互之间的逻辑关系,有的涉及复合的整体结果,例如德语 Schleifstein(磨石)、Dickkopf(顽固脑袋)、schwarzbraun(棕黑色的)、Kerbholz(符木)、Eichbaum(橡树)、schwarz-weiss-roth(黑白红)等。但是,这些复合词有一个共同的特点:所有成分都是物质性的。可以肯定,人类最古老的话语虽然未被结构化,但其中有些表达成分在进入句子结构之后,非常适合于发挥形式功能。语言中那些表达人的感受的声音自古有之,它们传达了说者的主观态度,还有指示性和疑问性的喊声也应该自古有之,如同现代德语儿童抓取某物或指向某物时会说 da-da("这儿,这儿!""那儿,那儿!")。还有表示否定的呼喊一定也很原始。儿童很早就会发出那些表达不满的、没有分节的音,来替代从父母那里听到的否定词"不"。最后一点,古时人类应该产生了对处所、方向和运动等进行称谓的要求,希望说明上、下、前、后、向前、向后、来、去、逗留、聚集等,进而需要说明给予、获取、要求对事物、财产或者辅助材料进行称谓,等等。无论这些认识多么浅显感性,语言都会从中获得适当的手段来完成对纯粹形式关系的表达。最令人费解的是,表达感受的语音是怎样成为表达这种逻辑关系的适当手段的。但是,如果我们能够从历史事实推测史前的事情,那么,至少东亚的语言中有一些例证,说明相同的语音有时用作格符号,有时用于对感受的表达。在汉语里,"胡"(hû)这个音有时表示疑问和怀疑,有时又是表示一般关系的介词;"于"(iǖ、ǖ)有时是表示与"胡"近义的介词,有时又是叹词。在满语中,属格符号 ni 与疑问句的小品词语音相同。在日语中,wo、ka(ga)、mo 和 na 既可以表达情绪,又是表达逻辑关系的助词。有时,广义的宾语似乎是疑问、抱怨、渴望等所追求的对象,但有时,归属、依赖和施事主体等似乎是一种令人存疑的存在,需要通过疑问才能做出判断——其实,在我们现代印欧语言中,疑问句经常还被用作条件句。无论如何,即使孤立型语言也拥有丰富的手段,来将物质词用作助词,并赋予助词以形式功能,最终演变为形式元素。一种语法如果纯粹使用句法手段,完全依赖于语序和形式词,这并无损于该语言的形式化能力。

(6) 黏着,前缀,后缀和中缀。在语言使用中,形式词与物质词相对立,那么,这一对立也应该体现于发音,首先是重音。或者形式词被轻读,或者逻辑-心理关系被重读强调。众所周知,在我们印欧语言的日常话语中二者皆有,但是,许多语言的习惯和规则却是非此即彼。两种情况都体现出一个优点,即话语中的材料元素和形式元素被组织成为声学单位,其数量就好比波浪,以波峰计数。

这样,又出现了一种广义的复合词,但不再是由等值的材料性成分组合而成,而是材料元素和形式元素的结合。我们将这种复合称为附着或黏着。这时,助词变成为词缀,依其位置分别为前缀、后缀或中缀。所谓中缀就是词缀被夹在物质词的中间。这种用法大概都是次生的：轻读的前缀和后缀，尤其是当它们带有流音的时候，被楔入词中。中缀气场强大，犹如石头从高空砸到疏松的土地上。在马来语言里，由 m-kan（吃饭）构成 kuman，koman（不是 k*man），由相同词干 in-kan 或 ni-kan 构成 kinan；在拉丁语中，findo 取代了*fidno，同义的梵语 bhinadmi 取代了*bhidnāmi；在科拉里语言里有 dal（打击）、dapal（相互打）、dakʹpal（相互很打）和 hidžu（来，动词）、hinidžu（来，名词）；希伯来语 hit-phaɛel 相当于阿拉伯语 i-f-ta-ɛala，前缀中的 t 被置于词干的中间。这里，我们应该将前中缀和后中缀区别开来。

（7）黏着的界线：黏着的动力是什么？如同语言中的一切，黏着也不是一蹴而就，整齐划一。同一个成分，有的仍然被用作独立的助词，有的则已经演变成一个词的形式部分，界线变动不居，难免引发争议，正所谓"有争议的问题是必要的问题"。材料元素和形式元素在语音和重音方面相互影响越小，形式元素越是自由地被使用或者被省略、被移位或者因其他成分的介入而被挤出物质词的范畴，丧失词干属性，最终，语言意识越是鲜活地感受到形式词与某个现行的物质词的共同本源，那么，对于说者而言，助词就越是持久地保有独立性，因此，前附读的词似乎比后附读的词更具稳定性。例如，法语和英语用前置形式符号代替了许多拉丁语和盎格鲁-撒克逊语的后缀形式，但那还不能算是前缀黏着，而只能算是某种程度的孤立结构，相反，在现代罗曼语言中存在带有 habere:je dirai 等成分的不可分将来时结构和带有-mente、-ment 的副词形式，其中虽然嵌入了不定式和夺格，但它们无疑都是黏着构词，如同我们德语带有后缀-heit、-thum、-niss、-lich 的黏着构词。对其中的物质词源,语言学家也许能够辨认,但在民族的语言意识中已经模糊难辨。

(8)黏着的分类。从孤立型到黏着型是一个进步,因为除了语序和助词这两种形式手段之外增加了第三种手段,即词缀。不过,这并不能说明多少问题。所谓黏着型语言,涵盖了大多数语言,但这个概念最多只是权宜之计,弃之却又不可,就像某种"缓存",像是家里的废物间,其价值只是为了家里其他地方的整洁。但值得注意的是,废物间这次却占去了房子的大部分空间。所以,次级分类势在必行,而且需要不同的分类理由。

a. 后缀和前缀。首先要区分两类语言,一类只有后缀构词,如乌拉尔阿尔泰语言、德拉维达语系、澳大利亚语言、格陵兰语、霍屯督语言等,还有其他许多语言,另一类还有前缀,如马来波利尼西亚语言、科拉里语言、班图语系等。这里,中缀只是前缀或者后缀的亚种。

b. 黏着的范围。其次,还要考虑黏着的涵盖面和衍生能力。这其中的可能性和中间等级不可计数,而且即使相近语言之间也存在很大的差异,例如,东蒙古语的动词没有人称词尾,相反,卡尔梅克语(卫拉特语)和布里亚特的方言却有,通古斯语系的许多分支也有。菲律宾群岛棕色人种的语言(他加禄语、比沙亚语、邦板牙语、伊洛果语、比科尔语、宿务语等)属于马来语言,其形式极为丰富,但马来语和达雅克语的形式却非常简单,几近儿童语言。关于黏着的形式化能力,可通过如下例证了解概貌。土耳其语有一个词干 sev(爱),我下面只列出其黏着后缀的形式。它们都出现在有词干-e-的黏着中,遵循元音和谐原则。-mek 是不定式符号: sevmek(爱,动词不定式),-iš 表示相互关系: sevišmek(相爱),

-dir 表示原因:sevdirmek(使爱),sevišdirmek(使他们相爱),-il 是被动后缀:sevilmek(被爱),sevišdirilmek(被促使相爱),-me 表示否定:sevmemek(不爱),sevišmemek(相互不爱),等等,最后还有sevišdirilememek(不能使相爱)。更有甚者,格陵兰语竟然有如下结构:

Qasu-êr-sar-fi-gssar-sí-ngit-dluinar-nar-poq("累"-前缀"使脱离"-"使得"-"哪里"-"用何手段"-"达到"-否定词-"完全"-无人称动词-直陈式＝人们根本没有找到休息的地方,人们无法得到休息)。

"他可能非常想立刻结束这件事"这个句子用该语言表达就只需要一个词:inilertorniarpatdlāsarqôrpâ(参看克莱因施密特《语法》Grammatik,155 页)。① 西里伯斯岛北部的特巴克哇-阿里富力语是一种结构与菲律宾语言非常接近的语言,有一个词干是ilek(看),其主动态为 milek,辅助性变体 mailek,宾语的被动态为ilekěn,说明因果变化的形式为 pailekěn,还有 makailek(看见了,认识到,明白)、mapailek(使看见),还有被动态 pakailek(被知道)、papailek(被展示,被指出),最后还有二者的复合 mapakailek(使人们知道、使人们认识到)及其被动态 papakailek,等等,动词语态的手段及其组合非常丰富,这里仅仅列举了几例而已。

c. 联系的紧密性。形式元素和词干的内部联系程度不同,差异细微,数量很大,非常值得关注。马来语有后缀-kăn,表示动词与其间接宾语的关系,同时又有独立的介词 akan 与之近义;斐济

---

① 自"更有甚者,格陵兰语……"至此为 1901 第二版新增。——2016 第三版编者注

语有动词前缀 faka 和独立动词 faka(做)。这说明，黏着在有的语言里特别松散。相对而言，马来语动词前缀 me-和 pe-（me'n-，pe'n-）的情形稍好些，相关词干的首音 k、t、p 和 s 等轻塞音会因此演变为相应的鼻音，例如：kības(动词，摇动)：me'nibas，tāhan(动词，抓住)：menāhan、pādam(动词，消除) memādam、pemādam，sāsal(名词，后悔)：meñāsal，等等，这样，黏着度有所提升。同样，该语言在倒数第二开音延长的情况下，词干音节的数量受到附着后缀的影响，而后缀的数量又受到新附加后缀的影响，例如，krūbo'n(动词，围绕)、mūwat(动词，装载)、nanti(动词，等待)加上主动态前缀和及物后缀分别变为 me'nrubō'ni、muwātan(名词，装载)、nantikan(动词，期待)；kāta(梵语 kātha，动词，说)带及物后缀变为 me'natāi，被动态为 dikatāi，带物主后缀-ña 变为 dikataiña(被他说，听他说＝他说)，还可加上时间后缀-lah 变为 dikatainālah。大多数乌拉尔阿尔泰语言遵循元音和谐原则，要求后缀根据词干元音而体现不同的元音，例如土耳其语 sevmék(爱)，但与词干 yaz(写)结合时为 yazmáq；马扎尔语 kert(花园)：kerte(他的花园)，但ház(房子)：háza(他的房子)。拉普兰语没有元音和谐原则，但其许多方言的词干变化非常独特，例如挪威方言 gietta(名词，手)，属格为 gieða，但往格为 gitti；俄语拉普兰语 poatte(来)的直陈式现在时变位为 poaðam、poaðah、poat、puättep、puätbetteð、puätteb；puäðe 是命令式"来！"，potme 是"来"的一分词形式。朝鲜语根据词干尾音共有 5 种变格后缀，且语音存在程度不同的差异，另外，变位有时也会引发词干发生非常独特的变化。

　　d. 语法功能。最后还有一个问题是，哪些词汇范畴通过黏着而被形式化？词缀系统服务于哪些语法范畴？这里，外在形式与内在形式相互交集,而且语法范畴的问题与形态类型无关。

(9)派生和黏着。一切黏着本质上都是复合,关键在于,对于语言意识而言,黏着各部分的价值不同。每一种复合,无论其成分的类型如何,都可以形成非常紧密的结合,以至于最后根本感觉不到复合,因为其中一个或两个成分的独立意义被人淡忘,或者复合成分因语音融合紧密而无从辨认,例如德语 wer＝男人,原本是复合词 Werwolf 的一部分,现在已经无此理解,但仍然被视为一个特殊的组成部分;Welt 原本由 Wêr-alt(成年,一代)构成,但无论语音还是意义都已经不再被当作一个复合词。看到 γὰρ,希腊人不会再想到 γεάρα,我们肯定也"只是"不会想到其起源,例如 neware＝ni esset。罗马人也许还能从 ibi、ubi 感受到古老的格词尾-bi,但意大利人从 ivi、ove 和 dove 已经感受不到其中的格词尾了,遑论法国人面对单音节词 y、où 的情形。这里,不同语言的情况差异很大,但所有的例子都说明一点,人们对相关词的词源认识已经模糊,在词源意识中,原本的复合词已不存在,眼前只是一个简单词,形象地说,人们看到的已经不再是 2×3,而是 6,复合已经演变为融合。

当然,复合各部分相互语音影响越大,发生融合演变的可能性就越大,因为,相互影响促使相互渗透。① 形态分类取决于外在形式,那么问题是,拉普兰语的相关现象怎么会落后于印度日耳曼语言的词干演变?从外表看,希腊语 λείπω、ἔλιπον、λέλοιπα 和德语 binden、band、gebunden 并不比俄语拉普兰语 poatte 的相关形式先进什么。其实,派生只是一种特别内化的附着,印度日耳曼语言

---

① 上一段及本段至此为1901第二版新增。——2016第三版编者注

的屈折也只是一种进化了的黏着。这样,我们又减少了一种二元对立,也就是说,又取得了一种新的科学认识。

关于我们印欧语言中材料和形式内在融合的特殊性,应该首推变格和变位的普遍规律和多样性,例如属格(Caesaris, Pompeii)、夺格复数(pueris, hominibus)、完成时(amavi, legi, scripsi)、复数(Fuss – Füsse, Mann – Männer, Mensch – Menschen),等等,这样,相比较屈折这个高大上的术语,"不完全变化"这个术语虽不大气,但却更为合适,因为实际上,如同 sum – fui, λέγω -εἶπον 等情形一样,一个词干并非接受任意一种形式来附着,而一种形式也并非附着于任意一个词干。其实,类似情形其他语言也有,但人们并没有发现其中的本质意义,例如许多非洲和美洲语言的复数形式以及高加索语言的变位形式。马来语所谓的被动态也属于地道的不完全变化,如 ku-lihat, kau-lihat, lihat-ña = 我看到,你看到,他看到。这里,只有带有物主后缀的第三人称无疑是被动的,应该大致相当于 *lihat-ku, *lihat-mu 的情形。相反,前缀 kau-以及前置的 ku-更多是充当主语形式,aku 变成了 ku,相近语言的情况说明,甚至不应该把 kau 视为 a'nkau 的缩写,而是完全的、非扩展的人称代词。①

不完全变化系统与词干和词缀相互之间的语音影响根本不同,后者还常见于其他许多语言。相比较形式元素的语音和内容,即形式的范畴,我们可以认为,语音形态与形式范畴原本数量相当,但后来,就好比部门的数量减少了,需要将当时在编的公务人

---

① 本段自"马来语所谓的被动态也属于地道的不完全变化……"起为 1901 第二版新增。——2016 第三版编者注

员人尽其才重新分配到不同的部门。

看来,应该认为黏着型语言比印度日耳曼语言具备更强的逻辑性,因为,每一种语法范畴在那类语言里一般只有一种语音表现形式,语序规则也比较稳定。不过,从主观视角看,这样的逻辑关系并不如表面所示那样光鲜,因为,将多余的东西丢掉最为简单,所以也最舒适,但并不能以此来夸耀自己是大力神。不过,如果真要夸耀我们印欧语言的所谓"屈折"相比较黏着型的优越性,那当数内在语言形式,而非外在语言形式。[①]

(10)象征性。通过以上对黏着理论的讨论,我们认识到,发生于词干或词缀的语音变化比较机械,而且取决于语言的语音规则以及相邻音节的音长和音调,变化都局限于相对狭小的范围,例如,印度日耳曼语言中一系列元音的高低升降和强弱变化,如梵语 i-e-ai, u-o-au, r-ar-ār,还有芬兰乌戈尔语族的一些语言中的尖音和长音,以及满语中带 a-e-o 和 ô-u-o 的后缀。我们可以认为,语言历史上自始还有另一种力量驱动着语言本质的变化,即对词汇进行随意率性的改造,这是一种游戏本能。这种本能运作周密,对语音的把握形象性和象征性兼具。可以想见,久而久之,这一本能选择了某些语音,而对其他语音则弃之不顾,在限定的范围内,将所选语音融入一种严格的形式系统。因为,任何自由的创造都需要秩序和规则,并且,随着量的剧增,自由创作本身也会成为规则。如果确如以上所述,如果那些可能性成立,那么可以说,闪米特语言在全世界的语言中非常独特。虽然象征性语音演变的例子许多语言皆有,但是,辅音在一种语言中具备词干属性和词根属性,独

---

① 本段为1901第二版新增。——2016第三版编者注

自撑起稳固的架构，并且根据统一的规则将元音系统性地纳入形式体系，这样的例子却只此一家。这里，我们应该视之为一种特殊的象征性。

为了避免误解，我们需要在这里指出，在个别情况下，上述现象首先可能起因于某种机械性语音变化，例如可能是 ja 或 aj 演变成了 e 或 i,aw 或者 wa 演变成了 o 或者 u；其次可能归因于错误的类推，致使相关规则的元音变换也发生于其他情况，问题是，这样的类推为什么恰好发生于那些情况？而且，新的规则确定之后又是怎样影响语感的？我认为，新的规则不仅要求语音趋于象征性，而且要求这一趋势具备影响未来的力量。实际上，象征性属于人类语言最古老的形式化手段，对此，我会在下节（发音方式或语音表情）予以阐述。但是，为什么要将印度日耳曼语言与闪米特语言划为一个类型，我无法理解，因为，黏着在前者非常紧密，在后者则非常松散；前者只有后缀，后者却还有前缀；前者没有物主后缀和宾语变位，而后者却有；复合构词在前者几乎没有限制，而后者却没有复合。另外，这两种语言类型的句子结构也根本不同。

象征性适合于上述任何一种形式，在哈米特-闪米特语系的孤立型历史时期就已经存在，因为那里的词缀或为前缀或为后缀，因语言而异。-a、-i 和 -u 是闪米特语言的格后缀，也是该语族的亮点和珍品，但居然在柏柏尔语言名词的词首元音中也可以看到它们的身影。[①]

（11）类型的界限。类型的界线往往变动不居，这时，需要遵循一条原则："依实制名"(Denominatio fit a potiori)。而且这一低

---

① 以上两段为 1901 第二版新增。——2016 第三版编者注

第三章　话语的内容和形式

标准也并非都能满足。科普特语与其母系古埃及语一样，黏着非常松散，但同时在形式化的过程中却出现了一种词干元音的演变，类似于闪米特模式，而且也具有象征性。类似的情形也出现于藏语。不过，闪米特语言的元音系统多用于词干构成，并非用于狭义的形式目的，至于其主格词尾-u、属格词尾-i、宾格词尾-a 等格词尾是基于象征还是黏着，尚存争议。但通常情况下，句子成分和句子的对立关系通过助词或词缀得以体现。另外，词干尾音的机制性、形式化演变也经常出现，如同班图语言和日语的变位。

（12）所谓的屈折类型。有观点认为可以将印度日耳曼语言和哈米特-闪米特语言同归为屈折型，理由是，只有在这些语言中词汇形式化的原则才得以贯彻，词根、词干、词和所有物质词都得以形式化。但其实我们印欧语系的情形就不然。我们印欧语言的代词有 me（拉丁语宾格"我"）、te（拉丁语宾格"你"）、ἐμε（希腊语宾格"我"）、σε（希腊语宾格"你"）等形态，其中根本没有形式符号，而且似乎从未有过。另外，印欧语言中以 ā 结尾的阴性第一格也没有形式符号，梵语词 mamas（思想）、拉丁语词 arbor（树）等也是如此。而且，在我们印欧语言的发展历史中，格形式不断消失，尤其是备受褒赞的所谓主格，它其实是介于主语格和宾语格的中间态。我们印度日耳曼的祖先认为没有必要区分中性的主格和宾格，后人可能继承了这一思想，但是，现代罗曼语言名词或形容词的格形态很不成体系，经常代行词干功能，格的形式几乎荡然无存，只剩下数字还带有词的形式标记。

（13）耦合。有一种特殊的类型叫做耦合型，也被称作多式综合型，主要涉及美洲原住民的语言。威廉·冯·洪堡特（参看《论人类语言结构的差异性》§.17)用一个墨西哥语（纳瓦特尔语）例子描述了这种类型的特点：

>一个简单句被连接成一个连贯的语音形式，为此，墨西哥语特别突出动词在句子中的中心地位，将句子中尽可能多的支配和被支配成分都附着于动词，并通过语音形式使之成为一个紧密联系的整体，例如 ni-naca-qua（我-肉-吃）。这里，人们似乎可以把与动词组合在一起的名词视为一个复合动词，如同希腊语 κρεοφαγέω（肉-吃-我），但这显然不符合该语言的实际。因为，如果由于某种原因名词本身未被耦合，该语言就会代之以第三人称代词，以证明代词与动词的联系，证明代词包含在动词之中，并且呈现出 ni-c-qua in nacatl（我-它-吃，肉）这样的结构。从形式看，该句子应该已经完整地存在于动词之中，只需要通过后补的同位语予以进一步限定。在墨西哥人的思维方式中，动词如果没有这种补充限定是不可能的，因此，当没有确定的宾语时，该语言会给动词搭配一个特定的不定代词，同时指代人和物，例如 ni-tla-qua（我-东西-吃）、ni-te-tla-maca（我-某人-某物-给）。在该语言中，这种耦合结构非常明显地体现为一个整体，因为，这样一个整体表现为句子或包含句子架构的动词，如果为过去时，且因此而包含过去时前缀 o-，此时，该词缀位于整个耦合结构之首，明确表示那个限定成分永远、必然属于动词，而过去时词缀只是动词的临时性附加成分，充当过去时的标记。例如，ni-nemi（我-生活）是一个不及物动词，不能支配其他代词，完成时为 o-ni-nen（我-生活-过），maca（给），完成时为 o-ni-c-te-maca-c（我把它

给了某人)。更为重要的是,该语言特地为那些用于耦合的词精心准备了一个独立形式和一个融合形式,这是一道保险,否则整个耦合方法就会造成理解困难,因此,这道保险应该被视为这种方法的基础。如同在复合词中的情形一样,名词在耦合结构中也没有词尾,而它们的独立形式都带有词尾,那是名词的标记,例如"肉"这个词在上例中的形式为 naca,而其独立形式则为 nacatl。在语言使用中,被耦合的代词从来没有这种区别。在该语言中,那两种不定代词根本没有独立形式,但当代词指示确定的宾语时其形态与其独立形态相异。这里所描述的方法已经表明,耦合形式应该是双重的,一种形式表示支配代词,另一种形式表示被支配代词。独立的人称代词虽然可以位于上述被耦合的代词形式之前,以示特别强调,但耦合代词仍然出现,并且以独立代词为指代对象。句子的主语用一个独立词表达,不被耦合。但是,它存在的标记比较特别:从形式看,第三人称永远不出现其支配性、指示性的代词。

复杂句和简单句的类型都多彩多样,显而易见,所谓严格的耦合系统并不能严格地贯彻于所有情况,因此,经常需要针对具体情况提出不同的概念,而概念在形式上又不能全面涵盖对象。但是,语言总是遵循一条既定的路线,并且在遭遇困难的时候则会人为创造出新的辅助性手段,例如,需要表达一事物与一个人之间的积极或消极的关系,这时,所指确定的、被支配的代词指涉两个对象,从而可能产生歧义,对此,语言会生成一个特殊类型的动词,只需要附加新的词尾标记,其余一切如常,句子重又获得新的联系和完整架构,其中,被支配代词表示事情已经完成,词尾显示事物与另一个人的关系,而且,该词尾通过外部形式保证了对两个相关宾语的理解,且无需特殊标记来说明二者的关系,例如 chihua 表示"做",chihui-lia 则表示"为支持或反对某人而做"。这里,根据同化原则 a 变为 i,例如:ni-c-chihui-lia in no-piltzin ce catli(我-它-做-为了我的-儿子--一个房子)。

墨西哥语的耦合方法使得句子中的所有关系都汇聚于动词,整个句子的统一性集中体现于动词,动词成为句子的核心,这呈现出一种构句的正确语感。因此,相比较无标记的汉语,墨西哥语体现出本质不同和优越性。在许多情况下,对汉语动词的识别甚至通过语序也不能保证,而只能依赖于其物质意义,在复杂的句子中,动词的意义对动词以外的两个句子成分完全相同。因为,汉语句子关系的标记完全依赖于动词,名词根本没有屈折形式。汉语与梵语有相似之处,都靠一条主线将句子各部分联系起来,但是,二者在其他方面却非常不同。梵语对句子中的每一个词都有非常简单和自然的标记,体现其必要句子成分的地位。耦合的方法与之不同。当不能把所有成分都融为一体的时候,耦合结构以句子的核心为出发点,就像句子的首脑,说明各部分及其与句子的关系,给理解指明方向。当然,对理解的方向仍然需要寻找和猜测,但主要通过特殊的标示方式,其情形无异于无标记系统。但是,如果这一机制以此种方式与其余两种语言形式机制功能等同，那也不能将这种机制视为那二者的混合形式，否则就是对该机制本质的误读，或者误以为语言的内在力量不能将其标记系统贯彻于语言的所有成分。显而易见，墨西哥语的句子构成蕴含着一种特殊的世界观，句子不是构成的，不是由部分逐步构建起来的，而是作为统一整体的形式一下子呈现出来的。

对洪堡特的转引就此告一段落。动词不仅对主语施加形式标记，还对宾语做出形式标记。洪堡特对耦合概念的理解是宽泛的，将上述情况也涵盖在内，不无道理。其实，他还应该将耦合概念进一步扩展，涵盖通过变位来说明主语的情况，也就是变位动词表达一个逻辑句的情况。洪堡特将代词性物主词缀与名词的结合也归为耦合，甚至还论及梵语中"多米"复合词的问题。显然，这里更多涉及的是内在形式，不是外在形式。对此，他还说（182页）："严格地讲，耦合的方法本质上与屈折形成真正的对立，因为屈折以个体为出发点，而耦合以整体为出发点。人们只能依据强大的内在语言意识而将耦合部分地还原为屈折。但是，耦合型语言的内在力量相对较弱，所以，相比较对对象的描述，针对对象的情感因素达不到同样清楚而个性化的描述。"[①]

考虑到术语体系的稳定性，我们可以只关注构成句子词的耦合方式，这时，有以下问题需要考虑：

a. 被融入动词的是哪些格？是像印度日耳曼语言那样只涉及主格，还是也涉及宾格？或者像闪米特语言的动词那样只是涉及宾格，还是也涉及与格？最后还有是否涉及其他关系的问题，如

[①] 本段自"对此，他还说……"起为1901第二版新增。——2016第三版编者注

相对于宾语的方式、工具、属格，等等。切罗基语有如下动词形式：

Galŏlisanihiha 我来的目的是再次捆绑它；

Galŏlisanega 我去的目的是再次捆绑它；

Galŏlidolihiha 我来的目的是找地方捆绑；

Galŏlidolega 我去的目的是找地方捆绑；

Galŏstanihiha 我来的目的是用它捆绑；

Galŏstanega 我去的目的是用它捆绑；

Galŏstisotiha 我反复用它捆绑；

Galŏstisotanihiha 我来的目的是再次用它捆绑；

Galŏstisotanega 我去的目的是再次用它捆绑；

Galŏstanidoha 我有时（在有些地方）用它捆绑；

Galŏstanidoliliha 我来的目的是找地方用它捆绑；

Galŏstanidolega 我去的目的是找地方用它捆绑；

Galŏstisanidoha 我反复在有些地方用它捆绑；

Galŏstisanidolihiha 我来的目的是再次在有些地方用它捆绑；

Galŏstisanidolega 我去的目的是再次在有些地方用它捆绑；

Galŏonihiha 我来的目的是完成捆绑；

Galŏonega 我去的目的是完成捆绑；

Galŏonisiha 我将结束或停止反复用它捆绑；等等。

（参看 H. C. v. d. 甲柏连孜《切罗基语简明语法》*Kurze Grammatik der tscherokesischen Sprache*，in Höfer's Zeitschrift Ⅲ，S. 298）[①]

[①] 此处切罗基语举例源自第一版（1891），被第二版（1901）删减，第三版（2016）复现。——译者注

克里语是一种阿尔冈昆语言,其动词不仅说明宾语,而且还说明宾语所支配的属格或与格。(科拉里)桑塔利语有如下形式:dal-e-a-e(他将会打他),dal-ae-a-e(他将会为他打),dal-t-ae-a-e(他将会打他的),dal-t-ae-t-iñ-a-e(他将会打我的他的),dal-ae-t-ae-a-e(他将会为他的打),dal-ae-t-ae-t-iñ-a-e(他将会为我的他的打),等等。

b. 第二个问题是,被耦合的是否仅仅是形式元素,或者还有其他的,尤其是名词性材料元素?除去类似于德语 handhaben(实施)、berathschlagen(商量)、verschlimmbessern(越改越糟)等固定搭配的复合词不说,第二种耦合就只有那些自由式融合结构,存在于某些美洲语言。对此,多试综合型这个术语比较合适。在其他情况下,动词词干只与动词性、代词性和介词性辅助成分相耦合,它们都是形式化的辅助成分。这些情况是耦合的主要方式。

c. 还有消极的方面也需要关注。大多数美洲语言的动词就像射箭,射向名词性句子成分,而这些成分只是靶子,并没有格标记做回应,人们只能根据句子的结构来判断哪只箭射向哪个靶子。也有的语言例外,它们的格形式比较发达,例如亚基马语、乔克托语(查塔语)及其相近语言和牧村语,但这样的语言在美洲语言中为数极少。相反,倒是"旧世界"的语言在耦合方面表现出相当的规则性:名词性句子成分——主语有时例外——都以相应的格标记与动词形式相呼应,体现一致性原则。桑塔利语没有宾格后缀,但其姊妹语言科尔哈语却有。

如上所述,耦合和多式综合的可能性丰富多样,但一切相关的现象就外在形式而言其实都属于附着和复合,同时也都是象征性形式,例如克里语的虚拟式的标记是延伸词干元音,例如,ā 变为

iā,ă 变为 ē,e 变为 iē,ĭ 在首音时变为 ayi,在中音时变为 ā,ĭ 变为 e,u 变为 wa,o 在首音时变为 wē,在中音时变为 io。

(14) 句法复合。有一种形式化的方式使用非常广泛,我称之为句法复合。它看似介于构词和句法之间的中间态,手法也似乎介于孤立型和黏着型之间。印度日耳曼语言中所谓真正的复合词的本质在于,两个或更多词干相互组合,其中只有最后一个词干体现形式,诸词干间的语法-逻辑意义未得体现,只能得知于它们的客观意义之间的相互关系和相对语序,梵语 putradârau(双数)＝孩子和妻子,拉丁语 suovetaurilia＝猪、绵羊和山羊等祭品,都是所谓的"并列复合"结构,由并列成分组成。在其他情况下,第一个成分与随后成分之间存在某种定语关系,例如德语 Vaterhaus(祖宅)、Dreieck(三角)、Hochbau(地上建筑)、schneeweiss(雪白)等,拉丁语 purificare,梵语 açvavid。类似的还有日语 asi-fayaku(双脚灵活的＝快腿)、ama-midu(雨水)、nige-asi(快跑的脚＝双脚为起跑的姿势),等等。这里,我们在词汇单位中看到孤立型语言的内包结构。类似的情形也出现于其他一些语言,在那里,复合构词或者几乎没有,或者数量非常有限,这时,词相对独立地排列在一起,共同表达一个整体认识,但成分之间的关系表达没有语音形式,例如在满语中,aniya biya(发音为 aña bya)表示"年的月"＝该年的第一个月,不说 aniya-i biya;gala obombi 意思是"洗双手",准确地说是"洗手";nure omimbi 意思是"喝酒",但 nure be omimbi 意思是"喝这杯酒"。这样,动词与其前置宾语构成一个句法复合。如果其间出现宾格后缀 be,或属格符号-i,所意涵的认识的整体性就被破坏。现代波斯语也有类似情形,maj nūšĭdam＝我喝酒,而如果带上宾格后缀变成 maj-rā nūšĭdam＝我喝这杯酒。所以,即使在形式贫乏的语言里,适当压制形式语音的出现往往意涵丰富,恰恰是通过压制造成了形式的对立,体现出真正的形式。

(15)语序的表现。无论对于语言的内在形式还是外在形式而言,语序的表现都非常重要。句子成分组织的自由度或固定性如何?语法主语位于动词之前或之后?属格、形容词、副词等定语被前置或后置?宾语位于动词之前或之后?宾语与副词定语是否有区别?所谓框形结构有什么特别之处?在具体语言中框形结构是否存在?是规则性的还是偶然的?对语言的形态分类不能片面地局限于构词,因为人类话语的有机单位不是词,而是句子,形象地说,句子才是有生命的躯体。影响有机体的决定性因素并非仅仅是诸成分的状态特点,而且还有诸成分的话题。因此,在后面的研究中,我们将采取从整体到部分逐步分析的方法,着重关注语序现象。[①]

5. 形式化的本能

话语的常规性目的是告知,此目的在许多情况下也可以通过完全非形式化的手段得以满足,例如通过表情、动作或呼喊等较低级手段。"嘿!"或者"嘘!"是一个命令,一声"呸!"表达了某种道德的或审美的判断。必要时,语言都会回归这些最为简短、最为舒适的手段。它们肯定也属于语言最为原始的手段。词汇,甚至整个句子,可以演变成非形态化的感叹和呼喊,bhōs, bhō(=嘿! 说您呐!)在古印地语为 bhavas(=在者)的缩并形式,法语 hélas 和英

[①] 本段最后"因此……"一句源自第一版(1891),被第二版(1901)删减,第三版(2016)复现。——译者注

语 alas 相当于意大利语 ah, mi lasso!

我们大概从来不把所思全部说出,几乎总是让善解的听者有所补充,然而,从用词和字母的角度看,又有许多语言却说出许多对于理解不必要的东西,当然也超出说者之所思和所欲,例如那些约定俗成的套话,人们说出的时候并未想什么,只是既不愿意自己不说也不愿意让对方感到缺憾:它们的价值类似于语言形式。语法性别的认识论基础早已经异化于我们的思想和感受,而语言却仍然保持着相应的形式。德国儿童会嘲笑外国人,因为他说"die Mond""der Bein"①。如此看来,有些无用的语言产品依然牢固地扎根于我们的语感之中。

其实,习惯的力量使我们坚守先辈的传统,这毫不奇怪,而且理应如此。费解的只是为什么我们祖先的话语负载着那么多无用的累赘?是什么力量促使他们那样做?我们的疑问之所以指向人类的祖先出于双重原因,其一是涉及责任问题,其二,这是我们全面地认识语言史前史的最佳路径。

古人的语言中有许多东西在我们看来是无用的,但对于他们而言却自有其道理,无论是否为了告知的目的。现在看来,有些东西的确是累赘和负担,令人费解,它们从何而来?又有何功用?性别系统、一致性以及少数单词所体现的音异而义同的现象,等等,都是变位和变格的奢侈形式,早已为英国人所摒弃,但却为吠陀圣歌坚守如初,为什么?它们从何而来?

这里,普通语言学必须始终与人类文明的历史紧密联系。某个野蛮民族的生活工具非常原始,但却装饰华丽且品位十足。我

---

① 正确的说法应该是 der Mond(月亮)和 das Bein(腿)。——译者注

们可以将之与我们欧洲的工程师所建造的蒸汽机或者巨型铁路桥相比较,再将我们的语言与那些褐色或黑色人种的黏着型语言相比较,这时,我们会发现某种角色调换,因为,我们的语言存在形式浪费,而他们的语言却体现出非常理智、目标明确的经济原则。这种并行的现象也出现于另一方面:那些处于发展初期的野蛮民族通过其生活工具所实践的,恰恰也体现于我们种族语言实践的早期。

人们对语言进行自由而充满艺术性的形式化,乐此不疲,这其实是一种比较高级的游戏本能,每一次创造都体现出独特的个性和情绪。无论产品的艺术性多么低微,人们为之付出的劳动超越了简单的实用性,这就是一种爱的付出,会赋予死的物质永久的个性气息。语言的情形正是如此,人的心理要求语言超越就事论事的实用性,不只是满足于客观说明的需要。实际上,人的心理希望在客观事物中重新发现自己,发现自己面对世界满怀激情、充满幻想、情绪任性的态度,我这里重复前文曾经使用过的说法:人希望不仅说出什么,而是也说出自己,不仅信心满满地促使听者像自己那样去思考,而且还要使其像自己那样去感受。在这方面,人的内心丰富多彩,会全身心投入语言实践,紧贴语境,无微不至,看似随意,实则意图明确。如此,人的所作所为不断受到习惯性标准的控制,愈久愈深。总之,我们语言形式的多样性自古有之,体现了语言形式化在早期自由自在的时代特征。

黏着型语言被认为比较客观理性,但是否也有过类似上述的历史状态,不得而知,我没有证据来证实或证伪。如果黏着型语言和印度日耳曼语言在早期的情形相近似,我们就要承认,是黏着型语言更早地"摆脱了幼稚"。而这于它们而言,既非功绩,也非巧遇。语言特殊的形式化本能成就了欧洲和印度艺术的惊世之作。各种语言具备相同的形式化本能，其果实在我们印欧语言里有的已经干瘪，但至今仍然存在，并且造就了欧洲和印度艺术的杰作。可见，形式上升为目的，目的因此而变得更为崇高，其技术要求也更为严格。在哥特式教堂耸立的地方，人们最终也发明了构思大胆而又朴素的铁桥和实用的机器，奔腾不息；在吠陀圣歌和荷马史诗诞生的地方，哲学后来也巧遇到无所不能、战无不胜的语言。

这样的赞词不仅适用于已经衰老的近代印度日耳曼语言，因为它们竭力摒弃过于华丽的形式，而且也适用于汉语，那可是一种具有4000多年历史的没有形式的语言。这种孤立型语言特别适合于放飞思想，在这一片沃土上，缜密、深刻的诗歌和意涵丰富、精雕细琢的散文繁荣昌盛，硕果累累。相比较我们使用印度日耳曼语言的祖先，中国人语言形式化的本能应该毫不逊色，只是路径不同，所使用的材料不同，他们关注的不是构词系统和词汇形式系统，而是句法。

我相信，凡是诗歌和修辞繁荣的地方，语言形式化的本能一定非常活跃。问题是，诗歌和修辞，或者其中之一，它们在哪里又会不繁荣呢？大量文献资料表明，美洲印第安人的演说艺术高超、活力四射，班图黑人的法庭辩词优美而机智，乌拉尔阿尔泰民族和马来民族的歌曲宝藏丰富，即使贫穷、衰落的布须曼民族也用他们古怪的语言完成了内容丰富、语调优美的叙述和高超的艺术作品以及同样卓越不凡的动物剪影。这一切都源自于双重驱动，即细致的自然观察和充满创造性的形式化本能。

我们不妨给语言设立一个标准，我一时想不到一个适当的词，姑且称作"客观性"（geschäftlich）标准吧。我们的问题是，语言需要多少必要条件就能满足充分的、清楚的思想传达？结果发现，第一，这显然取决于所需传达思想的样式和规模。人类有如此多的认识、事物有如此多的逻辑关系都需要表达，而且都获得了表达。这种需要因具体民族的思想生活而非常不同。第二，我们针对经验提出一个问题：语言的形式总量与语言"客观性"需求的总量之间存在什么关系？这里会或多或少出现某种过剩。我们对语言的认识越是深刻，就越是发现语言的语法同义性非常丰富。

但是，从上述客观性需要的观点出发，向听者传达同一思想内容的一切手段都具备同义性。这里列举三个最能说明问题的例子。

（1）除了主动性表达方式，许多语言还拥有被动性表达，他加禄语及其相近语言甚至可以把行为的工具和方位当作句子的主语，无论我说"我借着灯光在房子里找书"，或者"书被我借着灯光在房子里找"，或者"整个房子被我借着灯光找那本书找了个遍"，或者"灯被我用来在房子里找那本书"，听者得知的都是同一个事实。

（2）同样，选择谓语表达或者定语表达也是如此，说"高山"或者"山很高"所唤起的是同一个整体认识。我们再扩大范围看句法的情形，段落可以拆分为多个单句，单句可以通过连词排列组合为段落，因此段落与单句组合等值。这也是一种多样性，常见于语言世界，例如乌拉尔阿尔泰语言的段落结构，就像一列相互链接起来的火车，而且连词较少。

（3）在绝大多数语言里，语序都遵循严格的规则，但是，据我所知，这些规则绝非总是颠扑不破，不可违背，并非不留任何自由空间。人类思想活动有其惯性，并倾向于使习惯成为有约束力的规则，但同时，思想并不总是心甘情愿地被迫行走在规定的道路上,在充分利用语言规则的活动中,既甘居其下,也给自己保留一定的自由,同时又似乎在掩饰这种自由。众所周知,法语在这方面艺术高超,硕果累累,汉语亦然。其实,许多所谓非形式语言在这一方面也都表现出色,体现出自由构句的强烈意愿。

不可否认,不仅在所有这些方面,还有其他许多方面,语言都允许自己有些奢侈,同时,这些奢侈的表象都应该与某种需求相对应,因为,凡是不符合需求的东西,不会持久存在。对于我们而言,驱动这些奢侈现象产生或者保持这些奢侈现象存在的需求不可能是客观的、由事物而起的,因此,必然是主观的,亦即起因于说者的内心。所谓主观性并非针对事物的描述而言,而是针对描述事物的形式,换句话说,我不只想说什么,而且还要如此这般说,还要根据情绪和情况用完全不同的方式说。显然,这里也非常含蓄地体现出某种形式化的本能。

我们必须承认,这样的本能为每一种人类语言所固有。最多可能有人认为某些新生的混合语言苍白乏力,完全缺乏这样的本能。这些语言经常只是为了国际交往的暂时之需而产生,并且只是以满足纯粹事务性使用为目标。各种语言的形式化本能表现出不同的程度和方向,若要对此做出恰当的判断就必须对相关语言进行深入的研究。我们需要充分认识人类语言在词汇和语法方面的同义性,进而揭示思想在构建语言的过程中,在哪些方面和多大程度上进行着主观构建世界的实践。这样,我们似乎需要通过词源来说明思想在其构建世界的活动中使用过哪些手段。但恰恰在词源方面,对于大多数语言而言,人们会立刻陷入迷雾般的假设之中。最终,人们会认识到,只有对现实语言使用的深刻认识才能回答问题:人们的形式意识在多大程度上还活跃在当下的语言中?

或者形式只是因为惰性习惯才得以保持至今吗？原本的材料手段在多大程度上被用作形式？因此，我认为这里的问题非常棘手，科学必须谨慎前行，通过长期不懈的历史考证等前期准备，才能窥探问题的核心。我们只有凭借明了的事实才能做出果断的评判。

一种办法是用反证来驳斥某个断言，另一种办法是把证明的责任推给提出断言的对手。前一种办法是提出肯定的、归纳性证明来支持自己的观点，对此，我无力为之，但是，我认为我的观点具备某种先验性可能，这样，证明的责任就落在了那些提出责备的人的肩上，因为是他们指责许多语言没有形式。如此看来，语言形式化的本能是否具有普遍的人性，或者只是某些具备特别禀赋的人种的特权，对此的确存在争议。我前文对此进行了论述，并且不可避免地开启了我们科学中关于语言价值评价问题的讨论。

但是，在转入语言评价问题之前，我们首先要研究语言形式化的一系列最为重要的手段和原因。[1]

三、语序[2]

心理主语和心理谓语

根据黏着理论，我们可以在词缀中发现独立词的历史残留，那些通过复合或派生而形成的词活化石般体现出史前的语序规则。

---

[1] 本段源自第一版（1891），被第二版（1901）删减，第三版（2016）复现。——译者注

[2] 参看我发表于下列两种期刊的论文：由拉扎鲁斯和施坦塔尔主编的《民族心理学和语言学杂志》第 6 期和第 8 期（*Ztschr. f. Völkerpsych. und Sprachwiss.* Bd. VI und Ⅷ）；由泰西莫主编的《国际普通语言学杂志》第 3 期第 100 及以下诸页（*Internat. Ztschr. L allgem. Sprachwissensch.* Bd. III, S. 100 flg.）。——作者注

但是对语序现象终极原因的追究,其实并不属于古生物学研究,我们对语言的探究,要从尚无结构特征的语言形态开始,因为结构化是人类语言的独特属性。我们要研究语言的前综合状态,那时语言的运作还体现为单个的声音表达。因为,那是一切人类话语的起始,或者更确切地说是雏形,就像我们每天都可以看到的儿童话语,我们也完全可以将之视为早期人类话语的雏形。

那些简单的方式虽然并不能表达太多的内容,但是却满足了人类追求朴素目标的需要。我们应该将这些目标总结为一个统一的范畴。

这里,我们不必局限于那些为数不多的所谓自然语音,它们至今仍然十分有限地存在于我们的语言里。我们可以假设,人类祖先的语言资源充分满足了他们信息告知的需要。如果新的目标需要新的手段,人类早先青春般的创造力足以胜任,不至于出现尴尬。早先人的生活条件十分简陋,说者完全可以预期听者的理解。人们因痛苦、恐惧、惊讶、快乐等发出叫声,其声音本身的含义十分明确,同样,人们通过对自然声音的模仿实现了对外部世界事物的称谓,其声音也是含义明确。继而,呼喊、命令、赞同或拒绝性的表达、指示性的语音、说出邻人的名字、对切身需求的称谓,应该还有对"我"或"这里"的称谓以及疑问性喊声,等等,也很快成为普遍常态。这应该就是原始人类语言的概貌。

现在,我们需要将这样的语言转换为结构性的人类话语。有两种可能,或者喊出的声音处于尚未展开的形态,但其中同时包含着主语和谓语,或者它在内容上还不全面,(逻辑)句子的两个必要成分有一个没有得到表达,也就是需要补充。但这也说明,需要补充的内容必定是不言而喻的,否则,那些呼喊的声音就达不到目的。

针对那些表达感受的语音,第一人称无疑是主语,例如德语 au!(哎呀!)=我痛;第二人称当然是命令式的主语,例如德语 he!(嗨!)=(你)过来! st!(嘘!)=(你)安静! 等等。

其实,我们当今在无数情况下仍然还在使用话语碎片来满足我们的需要。下面,我们列举一些情况。

在树林中,我看到有东西在动,用手指着喊:"那儿!"这引起了听者的注意,并使他聚焦于特定的一点。这时,他认为我没有认出那只动物,于是对我说:"一头犀牛。"这样,我被告知。

在跑马比赛中,大家的目光都投向某匹赛马,它正突然以双倍的努力从最后冲向前列,有人喊道:"那穿蓝色衣服的!"另一个也喊:"那匹栗色马!"一个人指向骑手,另一个人指向赛马,但二人所指相同,对此,人人都能够理解。

主人给仆人只需要说出想要的东西的名称,仆人就会明白,他应该把它拿来。同样,仆人给主人的通报也很简短:"X 先生",主人就会知道那被指名的人正在门外,想要进来造访。

最常见的情况是回答和连续进行的对话:谁呀?——X。——另一个呢?——Y。——从哪里来?——从 A。——他们在这儿干什么?——他们在东张西望。——想在这里租房子?——可能吧。

这些例子足以说明,凡是只有简单的(逻辑)句子成分的话语,缺少的部分都可以从其他方面给定,或从对话伙伴的话语,或从对话双方共同或各自的生活境况。因此,双方的关系越密切,他们思想视野的相同度和限定性越高,在具体情况下兴趣的共性越是明显,那么,只言片语、简短省略的话就越能满足目标。这样,再加上生动的表情和动作的补充,早期人类简单的需要应该在很长时间里获得了充分的满足。

这里要顺带讨论一下类似的过程在词汇创造中的表现。现代人用语言称谓其单个认识的办法与古人的思想表达完全相同:点到为止,以部分代表整体。说者在鸟的诸多特征中选取其一,时而称之为"有羽毛的",时而称之为"会飞的"或者"下蛋的"等,并且知道听者会对所描绘的图画进行补充。这样做的优点在于,人们对这样简略的表达习以为常,明白其含义,例如发布命令的口令"站住!""开火!"等。

当然,有时也会连续说出多个这样的单词表达式。一个人对A说"来!",又对B说"去!",又让C同时注意两个对象,并且用手指着说"一头公猪!……一只狼!"这些话语(喊话)在语法上缺乏联系,在逻辑上也没有关联。

但是,无论过去还是现在,也出现另外一种情况,这些在语法上孤立的喊话(其实根本就是不合语法)被一条逻辑纽带相互联系起来。其过程大概是这样:喊话者不满足于第一句喊话,于是补充了第二句、第三句……这里有两种可能。

一种可能是,连续喊出的话代表思想的同一部分,例如谓语"精彩啊!……壮丽啊!",或呼格"卡尔!……兄弟!",或者其他成分。

另一种可能是,多句喊话相互补充,从而使得一个句子的两个成分都得以体现,但二者在语言上仍然没有联系。每一句喊话在喊话者的心里都是一个特殊冲动的结果。但这些冲动相互之间存在因果关联,诸个单句喊话在喊话者和听者的心里形成一个更高层级的单位,并摆脱了片面性。我们用几个例子来说明。某人摔倒,胳膊骨折,喊道"哎哟!"表示他感到了疼痛,至于他感到哪里痛,听者还不知道。这时他又喊"我的胳膊!"然后看到伤情:"骨折了!"。母亲突然看到孩子身上可怕的状况,朝丈夫喊道:"我们的孩子!",当她看清楚孩子的险情,于是又喊道:"痉挛啦!"。A 和 B 在树林里,A 看到远处的鹿,指向那里,并轻声说:"那儿!"B 似乎不明白所指是什么,于是 A 补充道:"鹿!"以上几个例子的结论都是一样的。一组单个认识在听者的心里汇聚成为一幅整体图画,其组织方式当然体现出人获得单个认识的顺序。喊话者大脑里是否一开始就出现整幅图画?或者他是临时才觉得必须补充才能让听者明白?或者他的喊话所引发的新认识是通过后续的观察才获得的?这些问题我们暂不展开讨论。

不难看出,上述现象对于史前的人类语言而言,应该早已出现,而且习以为常。它们是结构化话语的雏形,亦即真正的人类话语的前奏,是句法的前奏。接下来的一步看似微不足道,但却十分关键,而且关键性的本质是内在的,在于人的心理状态。如果喊话所表达的整体认识是由于逐步产生的冲动而一部分一部分被喊出的,那么,情形应该是,说者在话语伊始首先把大脑中浮现的整体思想切分为部分,然后在后续的话语中把这些部分重新组织起来,以整体形态呈现于听者。这里,表象并不说明什么,但如果我们将它们视为连续、连贯的话语,那它们应该算是一种委婉表达。实际上,相比较古时的语言,当今语言的表现并没有多大进步,不过是将"那儿!……鹿!"这样连续的两句喊话并作一句"那儿有一只鹿!"而已。

当然,我们对那时话语成分之间内在连贯的方式还不清楚,类似于现在的儿童语言,"爸爸帽子"可以有两个意思,或者"爸爸的帽子"，或者"爸爸戴上了帽子"。以我们现代的文明语言和训练有素的思维，会对同一个整体认识的不同观点做出明确的区别，我们有时使用句子"狐狸抓兔子"或者句子"兔子被狐狸抓"，有时又使用三个简单的句子成分来表达上句中的三个简单的认识，其中一个认识受到其余两个的限定，例如"抓兔子的狐狸""被狐狸抓的兔子"或"狐狸抓兔子的行动"等。本质上讲，它们所展现的都是浮现在我们大脑里的同一幅图画。对于最朴素的人类话语而言，有多少种语序组合，就有多少种表达的可能性：abc，acb，bac，bca，cab，cba＝"狐狸抓兔子""狐狸兔子抓""抓狐狸兔子"，等等，这样，整幅图画被切分为三个部分，即两种动物和"抓"，说者可以选择将三部分组织起来的方式。

这一选择的自由度可能非常大，但作何选择绝非偶然，而是意图明确。我们必须要问，是什么决定了选择？说者通过特定的选择又想表达什么？

为了便于研究，我们先从听者的心理视角开始。听者在心里感知到第一个词，产生了一个认识 a，他满怀期待地问："a 怎么啦？"随后获知了 b，这时他将 a 和 b 累加为一个单位(a＋b)，再问："(a＋b)是什么？"他得到了回答 c，这是一个新的认识。于是，出现了"兔子狐狸抓"这个句子，其中的第一个词使他产生对兔子的想象，第二个词告诉他兔子与狐狸处于某种关系之中，第三个词向他解释了这种关系的类型。至于兔子是其中受害的一方，我们只能得知于事情的属性。我们观察喃喃而语的儿童，其情形完全一样。我们把听到的一个又一个词拼合成一个单位。我们这时的期待可以用一个问题来表达："这些词要表达什么意思？"有时儿童突然不知道要说什么，愣在那里，我们也会问："(刚才说的)这些词

第三章 话语的内容和形式

是什么意思?"可见,所听到的与所期待的内容之间存在某种关系,类似于主语与谓语之间的关系。此情此景就像是电报机里的那两个纸卷:这边这个纸卷写满了字,越卷越多,那边是平展的纸带,有待写满,并卷到另一卷上去。

我们继续形象描述。说者既知道写满字的那一卷上的内容,也知道还要往空纸带上写什么内容。另外,说者和听者的心理活动应该是平行的。说者要让听者知道的,是基于他自己多次的经验。言说就是要求对方想我之所想,这样,说者已经"半身心"进入到听者的心里。说者说出第一个词,并以此把对方的思想引向一个特定的认识,以此类推,不断引发听者一个又一个新的期待,并随之予以满足。这样,在"我"与"你"之间存在一种自然的、无意识的同感,说者只需听从自己的本能,就会对听者实施相应的影响。

但这一本能是什么呢?整幅图画浮现在我的脑海里,其成分掌握在我的手里,以备重构整体之用。先说哪部分?后说哪部分?需要选择,那么,影响我做出选择的决定性因素是什么呢?显然,我先说出的是引发我思想的东西,是我思考的对象,即我的心理主语,然后再说出的是我对此对象的想法,即我的心理谓语,再后,如有必要,再将二者当做继续思考和言说的对象。

这一切应该归因于事情的本质,但若要运用归纳法进行证明,则必须谨慎选择例证,因为诸种语言的语序并非都是等值的。

第一,语序在大多数语言里比较规则,定语或宾语前置或后置,动词位于主语之后或之前,等等。这里,思想习惯性地行进在一条设定的路径上,但也会发生偏离,例如通过倒装或改变句子结构绕开此既定路径,这说明另一种心理力量的存在,并时而战胜至高无上的现行习惯。这方面,在我们所熟悉的语言中法语的表现特别突出,例子多且富有教义。

第二,这里所讨论的心理需求只有在没有其他干扰因素的条件下才能得以充分满足,最明显的例子当然是告知性话语。但即使告知性话语也必须尽可能孤立和不受其他影响。回答取决于问题,当前话语的延续受到前一段话语的影响。因此,简单判断、事实告知或格言是最为适当的研究材料。且看下例。

我可以说:"3月16日是我的生日。"也可以说:"我的生日是3月16日。"两个句子的区别一目了然,因为主语和谓语都是名词性句子成分,而且它们的角色因位置不同而明显发生转换。

我把"3月16日"替换为"昨天"或"3天前"等,问题就显得复杂了,因为两个句子成分中有一个是副词性的,因此不能充当语法主语,但却无碍于充当心理主语,毕竟我论及的是某一天,并说明它是我的生日。

"Mit Speck fängt man Mäuse"(用肥肉能捉住老鼠)是一句德语谚语,其中,man是语法主语,但它肯定不能充当心理主语,不是话语的话题。这句谚语主要谈论的是手段,意思是说诱惑和恭维是俘虏轻率者的手段。如果倒装过来说:"Mäuse fängt man mit Speck"(老鼠用肥肉捉),那么句子的话题就是轻率之人,并说明俘虏他们的手段是什么。众所周知,句子中的最后三个词fängt man Mäuse(捉、人们、老鼠)的语序不能变,因此无需关注。

"Manus manum lavat"(一只手洗另一只手:同志要互相帮助;要得到就要给予)这句话体现了拉丁语的语序规则,即主语、宾语、动词。也可能出现其他语序,但是,只有一种语序能够表达"同志要互相帮助"这个意思。

莱比锡和德累斯顿之间的距离是115千米,对此,我至少可以

第三章　话语的内容和形式

用以下 4 种方式说明：

莱比锡距离德累斯顿 115 千米，德累斯顿距离莱比锡 115 千米；

距离莱比锡 115 千米是德累斯顿，距离德累斯顿 115 千米是莱比锡；

可见，左侧一栏的话题是莱比锡，右侧一栏话题是德累斯顿，但莱比锡和德累斯顿两个城市在第一行无疑分别是目的地，在第二行分别是出发地。这样并列比对能够非常清楚地说明问题。①

西塞罗反卡提李纳的第一篇演说（cap. Ⅰ §.3）里有一句话：我们针对你，卡提李纳，有一项强力而严格的元老院政令。如果让学生把这句话翻译成拉丁语，结果大概是 Vehemens et grave in te, Catilina, senatusconsultum habemus，这听起来像是怒怼，但西塞罗的做法并非如此，而是类似于几个世纪前的刽子手在动刑前用令人不寒而栗的刑具威慑犯人，好像说：“我这里给你准备了一样东西——habemus（我们有）——，你看，这是一把钳子——senatusconsultum（元老院政令）——我要用它夹你——in te，Catilina（你，卡提李纳）——那会令你非常痛苦——vehemens et grave!（非常残忍!）"与上述学生的译文相比，这会产生何等的神经刺激！

当然，这并非否认在语序灵活的语言中，修辞和诗歌可以运用话语成分的组织来达到某种韵律效果。对此，语法学家早有认识，但却常被误导。②

---

① 此处关于"莱比锡和德累斯顿之间的距离"的论述为 1901 第二版新增。——2016 第三版编者注

② 本段为 1901 第二版新增。——2016 第三版编者注

在法语中，Votre frère, j'ai de ses nouvelles.（你的兄弟，我有他的消息）和 Cette lettre, je l'ai lue.（这封信，我读过）等说法的语言效果非常突出，且非常适合说明我们的问题。这里，心理主语被独立出来，并非附着于语法句子，而是被置于句子之前，然后在句中通过指示词予以重复。同样的用法在汉语里也非常普遍。

有些语言的状语位于动词之前或之后，语序相对固定，但说明时间、地点、原因、事态的状语可以例外，而且例外往往会成为规则。例如汉语"流水式"（chronikalisch）叙述事件的特点是，先出现时间，再出现地点，然后才是主语，构成所谓三个标题，分层次限定说明心理主语：那时发生了什么？那里在那时发生了什么？谁那时在那里发生了什么？

我们经常发现，有些语言的动词一般在主语之后，但也允许相反的语序，这时动词表示的不是一种现象，而是说明现象出现或现象为人所感知的情形。这时，感性印象充当心理主语，而行为主体，即语法主语和逻辑主语，充当述谓。例如汉语"下雨"（hiá iü）、"行雷"（hîng lûi）和拉丁语 descendit pluvia、it tonitrus 表示"下雨""打雷"。闪米特语言在语法上严格区分动词性句子和名词性句子，前者动词谓语位于主语之前，后者名词性或代词性主语位于谓语之前，无论该谓语是名词性或动词性的[①]。这样，区别不在于语法谓语，而在于心理主语，而且动词性谓语一般也可被视为心理

[①] 我这里赞同怀特《〈阿拉伯语语法〉*Arabic Grammar II*，pg. 272》和卡斯帕里《〈阿拉伯语语法〉*Gramm. arabe trad*. par E. Uricoechea，§.478》的观点，认为 Zaidun māta ="赛义德死了"是一个名词性句子。塞西《〈阿拉伯语语法〉*Gramm. arabe*，IIe éd. II, p. 511》持相反的观点，认为动词性句子要求动词性谓语，名词性句子则要求名词性谓语。参看豪威尔《〈古阿拉伯语实用语法〉（*A Practical Gramm. of the Class. Arab. Lang*. I, Introd. p. IV flg.）》。——作者注

主语，例如 Māta Zaidun ＝已经死了的是赛义德。在闪米特人的语感里，这里的第一个词就已经是一个完整的句子："已经死了是他"，"他"是想象中的主语，之后再用名字"赛义德"以同位语方式明确表达出来。最重要的是，只有在特殊情况下主语名词才能位于动词之前。①

值得注意的是，语言都坚持或偏爱某种固定的语序，每一种语言都有一种语序。因为，一个民族的思维习惯决定了人们的单个认识被语言表达出来的特定顺序，限制着其语序的任意性，除此之外难道会是别的什么吗？这里，语言既体现为民族思想的产品，又体现为民族思想的塑造者。对此，我们后文再议。

我认为，我们这里看到的是一切人类语言最古老的语法范畴，可谓语法范畴的胚胎。很长时期，人们强调各种语法范畴，但这里所涉及的范畴非常独特，其一般规律因而显得更加模糊不定。面对逻辑关系的复杂性，该范畴无所作为，因此根本没有逻辑确定性可言。但这并不影响它的范畴属性，而且是一个语法范畴。如果我的推理正确的话，这一范畴存在于每一种语言，而且功能多种多样。

前面，我们简要阐述了黏着理论，然后，我们观察了我们所熟悉的语族的早期状态，揭示了黏着所蕴含的古老的句法结构，结果，我们获得了惊人的发现。早期印度日耳曼语言的动词始终位于逻辑主语之前，亦即类似于闪米特语言和马来语言的情形，动词性谓语充当心理主语，例如 *ed-mi ＝我吃。相反，闪米特人将已

---

① 本段"闪米特语言在语法上严格区分动词性句子和名词性句子……"起为 1901 第二版新增。——2016 第三版编者注

经完成的事实置于主语之前,而将尚未完成的事实置于主语之后,例如阿拉伯语 قتلت(qatal-ta 你杀人了),但 تقتل(ta-qtulu 你将要杀人),换句话说,关于已经完成的事实说明谁是行为主体,但关于行为主体则说明发生了什么事情。这样,在各种语言里,复合和黏着都提供了昭示原始语序规则的活化石①。在这方面,我们应该研究美洲语言独特的变位形式。

四、重音

参照拉丁语法和希腊语法,人们描写了许多不同的语言②,并且由此而获得了一种普遍的认识。对此,我们需要在这里展开深入讨论。人们曾经试图从说者对某个句子成分或多或少强调的角度来解释语序现象,尤其是那些少见的语序。对于话语中重要而意义深远的成分,说者认为需要强调,就置之于句子前部,这样,无需说出另一个重要的句子成分,说者就能达到制造张力、吸引听者聆听完整个句子的目的,因此,人们认为句首和句末是优先强调的位置。

据我所知,这大致就是我们拉丁语和希腊语教科书里的传统观点,且似乎不无道理。因为第一,话语的话题被前置,自然获得某种强调,这时,被强调的就是心理主语。第二,听者的注意力保持到句子末尾,直到心理谓语在句末出现才得满足。第三,也是主

---

① "这样,在各种语言里,复合和黏着都提供了昭示原始语序规则的活化石。"为1901第二版新增。——2016第三版编者注
② "人们描写了许多不同的语言"为1901第二版新增。——2016第三版编者注

要的一点,第一个句子成分在话语中经常明显被重读。对于这些情况,我们需要进一步观察,才能阐明重音这个概念。为了提出可信的语序理论,我们需要厘清归纳法研究所要求的基础,审慎评估那些看似干扰性的因素,并相应地予以排除。①

众所周知,每一个词和每一个音节都可以某种方式得以强调,但是,这里要讨论的主要是如何优先安排重音的问题,亦即,如何强调突出话语的某个部分,并且通过加力使用发音器官,将被强调的部分以较强的声音、升高的语调说出。

有时,整个话语被增大发音力度说出。那么,此事何时发生呢?

我对某人说话,总希望他听到并理解我。他离我比较远或听力不佳,我担心他听不到我,就会大声说。还有人修养较差,与外国人说话粗鲁高声,总以为人家听不懂,而且把对方理解的缺陷也归咎于听力缺陷,所以也会高声。儿童或普通人吵架也很容易高喊。高声表达不仅是愤怒情绪所致,而且,一般人会不自觉地把与自己想法不同的人当作不理解自己的人,因此也会提高声音说话。为了清楚地表达,人们经常不满足于使用肺部,而是充分调动口腔发音器官,提高嗓门,强化发音,对此,粗俗之人或人在激动时一般毫无意识。

我们通过超强使用发音器官的方式说出话语的某个部分,也是出于同样的考虑:我们尤其不希望该部分被听不到、被误解。同理,通过听觉、视觉手段所强调的,或通过印刷排版所突出的,正是

---

① 本段"为了提出可信的语序理论……"起为 1901 第二版新增。——2016 第三版编者注

我们特别在意的，对我们而言最重要的。所谓重要是相对于某种存在的或想象的对立面而言的，例如，争论中的强调所针对的是一个站立于眼前或虚构的对手。对话语每一部分的强调都有其对照，对照物可以是某个特定的对立物或者不同于被强调对象的其他东西。

假设，重读强调是语序的决定性因素，从一个成分可以解释另一个成分，那么，前置的句子成分必然是被强调重读的成分，而位于句子中间或句末的词不可能被重读。此论需要验证。为此，我们可以选用谚语和格言，因为，这些表达的重音取决于所要传达的意义。我们将会发现，每一个句子成分都可以被强调重读。例如在下列句子中第一个成分被强调重读：希腊语 ὕδωρ μὲν ἄριστον（因思考而有思想），拉丁语 Actor sequitur forum rei.（申诉人必须遵守案发地受理法院原则），拉丁语 Negans non excipit.（诉讼撒谎前科输掉本次诉讼），德语 Eines Mannes Rede ist keines Mannes Rede.（单方面的陈词不可信）；也经常有前句的最后一个成分被强调重读，例如法语 On commence par être dúpe, on finit par être fripon.（被骗者终成为流氓），拉丁语 Qualis páter, talis filius.（当局者迷，旁观者清），德语 Wie der Hérr, so's Geschirr.（有其父必有其子），意大利语 Chi a térra, a guerra. Chi va piáno, va sano. 需要补充指出，对仗句的主重音或高音经常与一个低音相对。还有一些例子说明，句子中间的成分、句子中的多个成分也可以被强调重读，例如德语 Wer den Gróschen nicht ehrt, ist des Thàlers nicht werth.（不珍惜小钱亦赚不到大钱）和拉丁语 Qui tácet, consentíre videtur（沉默即是赞同）。希腊语 Tωὐτὸν δ'ἐστι νοεῖν τε καὶ οὕνεκέν ἐστι νόημα 是一句格言，其中 νοεῖν 和

οὕνεκεν 同时被强调,但主重音在 τωὐτόν,亦即对句子所述表面差异进行否定。

我们再看一些反证。根据情况,句子的每一个成分都可以被强调。我们可以变换语序,对调句子成分,比较德语 Heute ist mein Geburtstag(今天是我的生日)和 Mein Geburtstag ist heute(我的生日是今天)这两个句子,它们都由四个词构成,问题是,何时强调四个词中的这个或者那个？我们最好将两个句子交替说四次,每次通过声音强调两句中同一个词,我们会清楚地看到,这样的重读强调总是产生相同的效果,并且与语序无关,因为每次都表达了一个对照,像是在论战:"今天",不是"昨天"或"明天",现在"是",不是将来"是"或过去"是",等等,对此,我们的语感非常细腻敏感。为了突出对照,我们甚至可以改变词的音节重音,例如德语 nationale Kundgebung(国家声明)和 internationaler Handel(国际贸易)与 nationales Recht(国家法)和 internationales Recht(国际法)形成对照。

应该承认,错误的理论必有其特征标记,上述错误的重音理论一定也不会例外。但实际上,句子主重音的确经常落在第一个句子成分上,这又该怎么解释呢？我认为原因有三。

第一,在情绪激动时,我们在话语一开始就对我们思想的敌对面展开攻击,这时,我们可以直接肯定性地强调我方的观点,例如德语 **Dir** gilt das.(对**你**来说是这样的),法语 **C'est à vous** que je parle.(我在给**你**说话),或者用否定形式这种间接的方式,例如德语 Nicht **morgen**, sondern heute noch muss es fertig werden.(不是**明天**,今天就必须完成)。

第二,可以在自己的话语中自发提出对照,我选择塔西佗《日耳曼尼亚志》第 15 章(*Tacitus Germania*, cap. XV)中的一个例子来说明：Quotiens bella non ineunt, non multum venatibus, plus per otium transigunt, dediti somno ciboque. Fortissimus quisque ac bellicosissimus nihil agens. delegata domus et penatium et agrorum cura feminis senibusque … ipsi hebent.

　　第三个原因在于，说者经常用第一个句子成分就已经把当前情况下该说的一切都说了，只是为了说得更清楚，才以同位语的方式，用完整的句子把思想表达出来，例如在回答中，尤其是固执己见或者恼怒不悦的时候做出的回答；德语 Wo warst du gestern Abend? -**Zu Hause** war ich. (昨晚你在哪儿？昨晚我**在家**)，还有自顾自说：Ich wollte ihn belohnen; auszeichnen wollte ich ihn. (我想奖励他，我想奖赏他)。还有时，外部环境已经能够说明句子的其余内容，但人还是喜欢把整个句子说出来。有时说者和听者双方感知到的是同一个对象，例如双方都在观看同一幅画，这时，只需一个简单的谓语即可沟通："大作呀！"补充成分"这幅画是"可有可无，因此不被重读强调。以上所述又一次说明，以怎样的语序组织句子成分，其决定因素不是重音，而是心理主语和心理谓语的关系，而且，重音所表达的心理态度，与二者的关系无关。

　　但同样可以肯定的是，无论是自由重音还是规则重音，无论是词重音还是句子重音，都是体现语言和具体话语的心理学基础的最为重要的标记。对于一个民族而言，重音位于物质词的词干音节或者形式后缀，或者根据某种机械的规则重音位于第一个、最后一个或倒数第二个音节，是采用句子重音或词重音，以及如何安排句子重音或词重音，这些都不是无足轻重的问题。对语言的评价要全面关注这些因素，要揭示其中每一种规则的思想基础。

五、发音方式或语音表情

前面讨论了重读或强调，其实它们都只是运用发音器官表达各种意涵的诸多方法之一。下面，我们要进一步观察发音器官的运用。我从发音不仅发现了话语成分的组织顺序，而且还发现了语言形式化的第二种原始手段。与语序一样，发音也直接实施描述，对于听觉印象而言也是显见、直观的，因此，二者也都是原始的。说者和听者心理认识的顺序与句子成分的组织相对应，而说话声音的不同变化所表达的，是伴随单个认识或者整体认识的各种心理情绪。这些情绪及其表现程度取决于客观世界，所以，对情绪的表达应该同时也间接地具备客观意义，例如，使我感到惊恐的东西应该也是恐怖的，使我迟疑的东西应该还处于摇摆不定的状态。而无论我的声调是疑问的、请求的、命令的，都必然成为句法范畴的直接表达。

面对我们这里所讨论的对象，科学研究还缺乏准备。在每一种语言中，人们使用语音和语调都有一定的自由空间，但也遵守一定的限制，在可理解的情况下利用自由就是正确的言说，因为，自由并非无度。自由意味着语言对说者的个体特点和情绪的认可，涉及说者的言语风格和语音语调。后一种情况就是我所说的发音方式或者语音表情。这里所谓的表情不同于那种模仿外在事和物并在语言中形成拟声词的面部表现。其中，发音方式为外在现象，表情则是该现象的意义和影响。

发音自由的界限及其所允许的表现形式因语言和方言而差异很大，一般情况下，相应的表现比较方便于口头模仿和听觉感知，但较难于书面描述。人们对法语词 accent 的全部理解,包括音高和音调、节奏和发音的方式等,其实它们的否定形式,即停顿,同样也非常重要。①

有人曾经想用音符记录话语的音调,并且也确实有"吟诵"之说,但是,记谱符号不能充分体现任何一种语言或者方言的吟诵。如果要用一件弦乐器准确再现一位图林根人、瑞士人或者意大利人的语音语调,那会出现无穷无尽莫名而不纯的中间音,意大利语的优美语调恐怕也会消失殆尽。另外,有些毫无乐感的人经常最多能根据节奏来区分圣歌和华尔兹,但其听觉对于语音音调却非常灵敏,对一种陌生方言的语音语调可以模仿得以假乱真,这绝非偶然。无论哪一种汉语方言,每一个词都有一个特定的声调,平声、上声或去声、阴平或阳平,这样,修辞重音的使用就受到严格限制,但是,说者情绪激动及其程度和方式却仍然清晰可辨,有时通过语速,有时通过语音的清晰度,甚至通过尖声重音。但唱歌要求词音准确,这也说明字音相对于乐音的独立性,因为,这样字正腔圆唱歌才不致被听错。

用语调来表现情绪,这一点人和善用声音的动物完全相同,所以,语调自然属于语言中广泛使用的表达手段。我们经常说某地方的语言听起来像吵架、像叫骂,很轻狂、很冷淡、很伤感,我们发现某种语言的语调体现出特定的声调顺序和节奏,但同时,我们也明显感觉到其中各不相同的修辞效果。可以说,人的情绪表达有一种专门的、具备普遍意义的语言,并且存在于每一种民族语言之中。

---

① "其实它们的否定形式,即停顿,同样也非常重要"为 1901 第二版新增。——2016 第三版编者注

有时，语调的表现非常灵活，例如在上萨克森方言里，硬字母 p、t 与软字母 b、d 不分，有时 k 和 g 也不分，ö、ü 和 eu 听起来像 e、i 和 ei(ai)，其中的 u 似乎被吞掉了，只有在特定的感叹和呼喊中才被完全地发音。萨克森人说话绘声绘色，谈论沉重的话题时声音低沉，例如 schröcklüchen，tüfen Fünsternüss（可怕的、深重的黑暗），但表现坚决的态度时声音铿锵，例如 festen Kruntsätzen（坚定的原则），谈论娇小的对象时声音很柔，例如 gleenen Gnespichen（小芽儿）。

如此看来，说者情绪的波动可以表现于方言语音的任何细节，这一点不可小瞧。通过语音表达情绪，其动因根本上具备真正的形式属性，所以说者的情绪无疑具备形式化的力量。从动因看，情绪的语音表达与声音模仿（拟声构词）具有可比性，只不过后者是根据听觉印象来表现外在的客观存在。而我们这里所讨论的语音和语调与之不同，它们象征性地表现的是说者面对话语对象的内心态度和情绪。在理论上我们要将这些因素区别对待，但在实践中它们相互深度融合，因为，情绪取决于印象，印象刺激了情绪，所以，情绪取决于刺激源本身。同时，人在大脑中经常将刺激 A 引申迁移于刺激 B，或者相反，A 和 B 就像方程式的两端。例如，一个客体弄痛了孩子，于是，孩子称该客体为"痛"。我们可以设想相反的认识方式，例如良心里的"蠕虫"，蠕虫到处啃咬、钻洞，而负疚的良心痛苦不堪，就像被啃咬，十分钻心。然而，刺激源 A 具有诸多不同的典型特征，因此也会使我们产生不同的感受：狗不仅吠叫，而且咬人。同时，同一种特征 B 可以对应于不同的主体：猫头鹰"叫"，而风也"叫"，感觉痛苦不堪的人也"叫"。这样，大脑就会浮想联翩，将对"咬人"的认识与对"吠叫"的认识联系起来，将对"风"的认识与对"猫头鹰"的认识相关联。一个庞大的客体，例如一颗倒下的大树,一头吼叫的公牛,发出一种低沉的声音,于是,在我的认识中这种声音与一切庞大的东西被相互联系起来;我的对手越高大,就越可怕,于是,在我的认识中恐惧与一切体形高大、声音低沉的客体相互联系,进而,在谈论可怕的东西时便声音低沉,而谈论某种娇小的东西时声音柔细。内心温柔,其言也柔。所有这些都可能是个体的、瞬间的,但却可以构成语言结构的一种基本要素。①

在智利语中,弱化体通过辅音的软化而构成,哈佛施塔德在其《Chilidugu》②第一卷135页列举了下面的例子:cuchani pro cutani, aegrotat;amochuiu pro amotuiu, eamus nos duo;cuse pro cuye, anus;vochum pro votm, filiolus;siu pro riu, carduelis。我们之前列举过一些例子说明元音系统的象征性,这里再补充几个,例如,德语 quaken(鸭/蛙呱呱叫)、quäken(呱呱的啼哭声)、quieken(吱吱尖叫声)、trappeln(踢踢踏踏的脚步声)、trippeln(小步奔跑)、knarren(咯吱嘎吱声)、knurren(咕嘟声)、knirschen(牙齿摩擦的嘎吱声);巴塔语 džarar、džirir、džurur ＝ 爬行,其中,džarar 用于一般动物,džirir 用于小动物,džurur 用于大或可怕的动物(参看 V. D. 图克《多巴语》*Tobasche Spraakkunst*,88 页);在库纳马语中,a 表示第一人称,e 表示第二人称,i 表示第三人称(参看莱尼

---

① 本段"在理论上我们要将这些因素区别对待……"起为 1901 第二版新增。——2016 第三版编者注

② 伯恩哈特·哈佛施塔德(Bernhard Havestadt),德国传教士和语言学家,对智利和阿根廷地区的马普切语(也称阿劳坎语)颇有研究,著有三卷本 *Chilidugu sive traetatus de lingua seu idiomate Indo-Chilensi. Hispanice et Latine conscriptus,* Köln 1775,深得洪堡特赞赏。该著书名没有译出。甲柏连孜《普通语言学》涉及语言近 200 种,对其中的著作名本汉译本尽量译出,但时常力不能逮,尚有一些著作名未能译出。——译者注

施《库纳马语》Kunama-Sprache,17 和 18 页）。在格雷波语或克鲁语中,代词第一人称和第二人称的区别仅仅在于重音不同（参看佩恩《格雷波语语法》*Grebo Grammar*,19 及以下诸页；奥尔《格雷波语基础》*Elements of the Gědebo Language*,14 及以下诸页；克里斯塔勒刊载于《非洲语言》第 3 期 5 和 6 页的论文,Ztschr. f. afrik. Spr. Ⅲ）。

这里,我们再一次看到通过语音表达情绪的象征性,这是一种具备创造性和形式化的力量。可以认为,根据语言在使用的过程中逐渐固化的程度和方式,这一力量在有的语言里逐渐枯萎,而在有的语言里则根据特定的类推原则而被规则性地用于词干构词和语法形式化。在原始语言中,这种力量应该拥有很大的自由度,在具体语境下往往呈现出吉卜赛式的野性和自由。

语音象征性的历史痕迹应该俯拾皆是。我认为印度日耳曼语言的重音现象即属此列,例如,希腊语中被重读的 ἔστιν 相对于被后附读的 ἐστιν、ἄπο、ἄνα、ἐπι 等副词相对于尾重音介词,主动式θεοτόκος(生育上帝的)相对于被动式 θεότοκος(被上帝生育的),法语 a présent 相对于 top resént。在日语中,重音能够说明两个复合起来的名词处于定语关系还是并列关系,在汉语中,具有名词意义的词可以用作中性及物,表示相对于宾语"是什么"或"成为什么",一般用去声说出,被称为尖音,例如"好"haó(美,好,善)和 haò(对某人好、爱某人),"先"siēn(时间在前、位置在前)和 sién(行走在先),"王"wāng(国王)和 wáng(以国王身份统治)。根据推测,这些现象并非原始如此,而是某种词缀规则曾经存在的痕迹。它们是某种原始现象的回归。

实际上,激动是人类的普遍共性,而且人表现激动的方式与吠叫或者嚎叫的狗的表现方式也存在共性,其中蕴含着一种最原始的机制。现在,我们应该再回顾一下黏着理论。不可能有一种语言至今还保持完全未变的所谓词根词,至于以前是否曾经有过一种或多种这样的语言,就我所知,目前既无法证实也无法证伪,但是,至于说这种语言曾经体现了人类话语最古老的形式,则完全没有可能,除非抽象掉语言所蕴含的情感,认为生命只不过是纯粹的新陈代谢而已。①

六、语序规则和语音表情的共同影响

现在,我们讨论原始语言上述两种形式化手段的共同作用,可以获得惊人的发现。话语的出现总是呈现出线性,认识的表达也是相继而出,可以累积,但不可同时涌出,与之不同,一幅画的呈现是同时的。而且,所谓线性也并非均匀、直线、不间断,语音和语调的变化,音强和音高的变化,突然或舒缓的形式变化,节奏的快或慢、流畅或断续,长短不一的间歇,等等,都可以说明话语成分相互关联或分隔的程度。虽然,上述诸种独特的表达手段享有充分的自由,我们前文称之为吉卜赛式的自由,而且功能强大,但是,它们传递的都是关于情绪激动之人和善感之人丰富的信息,即使听者看不见说者的表情和动作。起初,语法范畴的数量非常有限:几种形式词,心理主语和心理谓语,告知性、感叹性、疑问性话语,句子成分的联系或分隔,每一种句子成分的主要功能,其余因素都还很不确定,但是,形式被固化的可能性已经存在,而且语言从来都不缺乏形式固化的本能,只是这种本能的程度和方向因语言而有别。

---

① 本段为1901第二版新增。——2016第三版编者注。

充分而系统地揭示这一差异性,应该是普通语法研究的任务。

还有另一个事实应该也很能说明问题,但尚需得到证实。卡尔·阿贝尔观察了埃及语的情况,认为在最古老的人类话语中,同样的语音经常同时具有正反两种含义(亦即"对立义")。果真如此,则意味着那种语言或者无法实现告知功能,或者必须依赖面部表情、肢体动作或语音、语调和节奏的变化等补充手段。如果后一种情形属实,则埃及学者需要说明,古埃及象形文字中那些所谓的表意元素是否也是体现话语风格的重要手段,类似于我们的标点符号,当然意涵不同。另外,讽刺话语形式无疑自古有之,问题是,讽刺是否曾经是上述那种对立义同体存在的基础。

我们认为,一种语言越是接近原始状态,就越是野蛮,不管这种野蛮状态是归因于发展落后还是倒退。然而,这种所谓野蛮状态却伴随着丰富的感性直观、诗性深邃和热情奔放等特点,体现出天真淳朴的一切优点,只是,这种野性的语言中唯独不见文明规范的思维方式。问题是,语言何以被驯化?思维何以被文明规范?

七、词汇的概念范畴,话语的语法成分

这里,我们无需考虑思想天赋的问题。用天赋论解释思想的起源意味着,思想的起源是无法解释的。如果原始先民对正确与错误的认识不是与生俱来,那么,它们要么永远处于动物般的无序状态,要么感受到这种状态之苦,并且懂得要创造一种社会组织来摆脱之。如果我们的祖先对逻辑范畴的认识不是先天的,那么,他们或者永远处于动物般的愚昧状态,或者掌握从世界获取关于世界的概念的本领。我们可能不知道事物从何而来,但却知道事物

是怎样产生的。每一种行为都证明了一种能力,而人类通过行为不仅证明了自己的法律-道德能力、宗教能力、审美能力,也证明了自己的逻辑能力。当然,这些能力因人种和民族而高低有别。

人根据事物的某个突出特征对其命名,亦即,用一个谓词代替主语,在这方面,儿童语言中那些动物的名字就是显见的例子。例如谓词可以表示一个行为,如声音模仿,"喵"=猫。这说明,这样的谓词把某种临时性的东西当作某种永久性的东西。同一只猫,刚才在叫,现在却在抓一只老鼠,之后又去睡觉。谓词也可以是形容词性的,例如表示颜色、形状、大小,等等,这时,同一个谓词可以被用于不同的对象,而且,有些通常非常近似的东西可能在某一相关方面非常不同,例如秃鼻乌鸦、鼹鼠、人的头发等都是黑色的,煤炭和没有星星的夜晚也是黑色的;黑色的秃鼻乌鸦与灰色的小嘴乌鸦非常相似,只是颜色不同,黑色的头发随着岁月也会变白。人长大后会回想起自己小时候的样子,这时,人不仅看到自己的成长,而且也观察到动物和植物的生长。总而言之,人只需要观察世界,就能够认识到事物、特征和行为之间的区别。

对于语言而言,区别起初仅仅是物质的,因而微不足道。人们有时谈论卵石,说它是白色的,谈论猫头鹰,说它在尖叫,有时又谈论白色的东西,说那是块卵石,谈论尖叫着的东西,说那是只猫头鹰。但是,不同的思维习惯会因此而迅速形成,结果,此处人们喜欢把对象、东西当作心理主语,彼处人们却经常把行为或者特征视为心理主语,此处关注的是实体,彼处关注的却是其定语。针对静态的东西或其特征和瞬间行为,语音结构和重音会发生不同的变化,都可能源自于不同的心理,都可能对听者产生不同的影响。但是,形式词所体现的内容,天然地与某个特定的词汇范畴关系紧

第三章 话语的内容和形式

密,而与其他词汇范畴的关系较为疏远,例如"向这里""朝那里"就要求一个相应的动词性补充成分。另外,自古以来,人的惰性要求习惯成为规则,对待例外,或予以保留以备紧急情况之需,或任其消失,这样,材料需要形式,并在形式中得以表达,同样,逻辑范畴需要归属于不同的语法类型和话语成分。

这种分类并非在所有语言中都同样的清晰和彻底,这很正常,但有人可能会感到费解,因为现有的区分并没有遵循同样的界定标准,而逻辑的要求似乎随时随地都是统一的。这一矛盾其实非常易解。

首先,存在名词性和动词性两种不同的认识方式,选择何种方式经常取决于事物的自然属性,例如,行为永远属于事物的本质,而所谓"有生命",无论人或动物,就只能是活着的,"活着"就是"有生命",而且习惯上排除了植物生命,反之亦然。"国王"这个称谓要求权力,权力要求被行使,一个与另一个如影随形,同生共灭。一个不行使统治权的国王就不再是国王。与之不同,事物的许多特征其实是以不同程度作用于我们感官的影响:酸给人以刺激,明亮的东西会耀眼,声大震耳欲聋,美丽赏心悦目,等等,另外,强大者强迫我们,狡猾者欺骗我们,等等。另一些特征则包含着主体的临时性状态,而且也需要表达,于是,病了、饿了、安静、高兴等许多形容词应运而生,而且,它们都可以根据内在语言形式的要求,被替换为同义的动词。

但是,第二,内在语言形式还遵循一条原理:习惯总是追求不断扩张其适用的领域,其理想是成为唯一可行的规则,因此,有些语言主要体现出名词观,有些则主要体现出动词观。另外,动词观本质上也有两种理解方式,其一,动词性谓语更多是瞬间的、有限的,受制于时间和情境,所以,在有时态形式和情态形式的语言中成为时态和情态形式的主要载体。名词性谓语则与之相反。其二,动词性谓语表达主语的一种行为,一种主体行为。可想而知,在此视角下,无论行为主体是否具备意愿、意愿强弱,无论其表现是否主观所愿,其行为都具备个性力量和意愿。这方面名词性谓语也与之不同。如果某种无生命的东西猛烈触及我们,例如一颗坚果从树上落下,砸到我们头上,给我们的感受近似于一个人把我们的头打了个包,这时,我们会朴素地将无生命的东西拟人化。为什么在许多语言中动词性谓语与主语代词元素相互搭配,为什么有些语言的第三人称没有所指,就是这个道理。因为,首先第三人称主语一般情况下必须出现(一个名词),第二,该主语经常是一个无生命的东西,而"我"和"你"却只指称有生命的个体。这似乎是对第三人称的歧视,出现于许多语言,例如巴斯克语、土耳其语、布里亚特语、科蒂语、阿留申语、塞里语和纳瓦特尔语(墨西哥语)。因此,有的语言,尤其是美洲语言,喜欢动词观,甚至在我们认为谓语只能是名词性的情况下也使用动词性谓语。"我是你儿子"这句话,用玛雅语说就是

a-meχen-en(你的-儿子-我),

用纳瓦特尔语说是 ni-mo-piltzin(我-你的-儿子),

在几乎所有西半球的语言中,谓语形容词都可以变为变位动词。

但是,除了临时性和有限性,动词观还有另一面表现,并且在语言世界占据主导地位。情态形式和时态形式,虽然有时表现微弱,但经常数量非常庞大,形态非常丰富多样,属于最为常见的语法形式。在这方面,有些语言虽然没有代词变位,但名词性谓语和动词性谓语非常接近,例如在日语和朝鲜语中,形容词变位和动词

变位并行不悖。

另一种倾向是动词性（施动性）谓语的名词观，而且也有两种表现方式，即将行为视为一种特征或者干脆视为主语的一种占有物。在前一种情况下，表达方式是形容词性的，用德语人们会说 Er（ist）kommend＝他（是）来的＝他在来的路上，后一种情况是名词性的，用德语人们会说 Sein Kommen＝他的来。针对前一种情况，我们印欧语言的动词变位有大量变体形式，例如梵语 dātā-ʹsmi（给予者是我＝我将要给予）、dātā（给予者＝他将要给予）、拉丁语 amamini（你们被爱）（从形式看＝φιλούμενοι，"被爱的人们"）、斯拉夫语 dalǔ/dala/dalo（他/她/它给了，本义应为"已经给予的人"）、英语 I am reading，等等。在我们印欧语言使用助动词 haben 的地方，例如有些语言的完成时和现代罗曼语的将来时，这种视角体现出与另一种视角的交集。而这种交集更突出地体现于物主元素代替代词变位的情况下，马来语系在这方面就有很经典的例子。这类语言形式丰富，喜欢使用被动态表达，例如不说"我抓住了你"，而说"你（是）我的被抓者"。其实，在其他许多语言中都或隐或显表现出使用物主变位的痕迹，例如马扎尔语的宾语变位与闪米特和哈米特语言的完成时变位就是显见的例子。但是，这里要提醒人们谨防错误的推论。主语代词元素与名词的物主词缀经常相似，有人便视之为物主变位，认为行为不是主体的力量表达，而是为主语所占有的某种东西，反映出人们对于施动和主观性的认识缺失。但其实，属格虽然经常替代物主代词，但并非必然表达物主关系，例如德语 meine Bilder（我的画）可以是为我所占有的画，也可以是我画的画，但也许已经为他人所占有，更何况还有第三种可能，即我是那被描绘的客体。因此，问题的核心在于动词的名观,它体现了一种静态的认识,或与静态的名词在形式上没有区别,这时,时态符号和式的符号足以凸显"生命词"(Lebewort,汉语所谓"动词")与"僵死的"名词的不同。这里,需要根据情况具体判断所谓的属格在相关语言中是否必然是一种修饰名词的形名格。[①]

从名词、形容词和动词等范畴大概可以穷尽物质词的原始资源。数词的起源几乎在所有的语言中都模糊不清,根据猜测以及少量确证的事实,都无法说明它们曾经是一种特别的词类。部分副词,尤其是那些指示性和提问性副词,可能属于最古老的形式词,而其余的副词却更多是描述性的,属于纯粹的物质词。我们印欧语言意义上的前置词和后置词表达特定的关系,也都属于物质词,当然还有连词也如此。这方面的例子俯拾皆是。

八、可能,规则,原理

前面,我们讨论了语言的一系列心理因素和物理手段,它们都是语言所固有和自发的。我们也阐述了它们相互之间发生联系的维度及其影响。上述表明,它们相互之间发生联系一方面通过语序,另一方面通过语音和语调的变化。我们还讨论了外部世界怎样引导人对自己的认识和概念进行分类及其对人的话语结构所产生的影响。在有些方面,人可支配的手段还非常有限,使用这些手段的心理需求也很朴素而贫乏,但是可喜的是,大部分因素始终能够以无限的丰富性相互联系。唯有需求才是决定性的因素,唯有

[①] 本段"但是,这里要提醒人们谨防错误的推论……"起为1901第二版新增。——2016第三版编者注

事情的本质才能决定可能性的程度和方向。如果认为语法只是规则和禁忌的有机集合，那么，上述状态就是一种无语法的状态。与之不同，我认为每一种语言都将其材料置于形式之中，哪怕只是句法形式和语音模仿形式；同时，所有这些形式都有其独特的影响范围和意义域，尽管人们对这一范围的认识还非常宽泛和模糊；所有这些形式共同构成一个系统，无论这个系统多么简单；在我看来，这一系统就是语法。显而易见，一切皆有可能，形式化的每一种方式都有自身特殊的意义，而且，没有哪两种形式是完全等值的，所以，每一种形式的必要性都有其局限性。表达形式取决于所要表达的内容，表达形式不同则意味着表达的意义不同。这种语法哪怕只有一页纸的篇幅，也仍然是一种语法。

即使形式最贫乏的语言都给话语组织留有一定的自由空间，说者可以选择以这种或那种形式表达浮现于脑海的思想。话语所涉及的内容应该是某种生活常态，因此，一般比较容易形成规则性的表达形式与之对应。所谓说者的选择自由，其实很难说是他在选择，因为他不假思索，以本能的自信使用自己的母语。虽然是不假思索，但是每次选择都符合自己的思想禀赋、习惯和当前情绪的要求。这样，就有三种力量在此发挥决定性的影响：两种是常规性的，即习惯和个体禀赋，一种是临时性的，即当前的情绪。其中，只有个体禀赋和当前情绪属于个体，而习惯则主要取决于经常性的话语伙伴们，即周围的语言同伴。习惯因素的影响具有限制性。因为习惯一般会被优先使用，久而久之，优先权会演变成为独立统治，否则，就意味着个体力量和临时性力量突破了语言河床的局限。它们突破常规的局限，在常规之中创造出例外和超常的产品——不仅仅是语法方面的——因此，例外可能具备双重的影响：

一方面从语言获得既有的自由,同时又创造新的自由。关于这一点,我们既可以从当下语言实证观察,也可以从语言的远古历史中获得可靠的推测。①

我们暂且不去追问人类原始语言的单一性或多样性,但是,我们假设一切语言皆产生于地球的某一个角落,产生于原始人类的某一个部落,这样,无需巴比伦塔也可以解释语言根深蒂固的多样性。诸多语言的共性非常之少,而个性化发展的空间则无限广阔。随着部落的分裂,单个族群内部的语言交往无以为继,人们不断迁徙,获得新的家园、新的启发和新的任务,并且由此而形成新的思维习惯和生活习惯。同时,人们赖以解决所有这些问题的语言却是软骨多于骨骼,而且,文明程度越低,则语言的可塑性越强。这时,那些体现亲缘关系的语言特点大多会迅速钝化,可见语言共性根本之薄弱。现在,人们可以想象,原始人类是何等地依赖于他们的自然环境,各个部落之间的差异何等之大。而在部落之内,所有同伴在那样的生活学校获得同样的教化。但诸部落所面对的生活环境相差极大,有的环境使得部落生活成为宁静怡然的享受,有的环境则使部落成员倍感缺憾,要求付出艰辛的劳动和不懈的抗争。可想而知,诸民族世界观的形成该是何等多样,反映这些世界观的语言该是何等多样。②

有人认为,我们祖先的状态可以与当今所谓土著民族的状态相比较,并且指出,先民的状态虽则幼稚却前途无限,而现代土著

---

① 显而易见,哪些力量推动了语言的发展和语法的不断丰富。首先是精神生活水平的提高给语言不断提出新的、更高的任务,其次是习惯要求成为规则这一众所周知的趋势守护着语言的河床。——作者注

② 以上两段为1901第二版新增。——2016第三版编者注

民族的状态衰落且毫无希望,因为它们不是儿童,已是老者,是幼稚的老者。我们认为如此比喻不失恰当,但反对之声也不绝于耳。

其实,无论原始先民还是幼稚的儿童都不是自由的,都喜欢自己发明各种强制性形式,以规制自我意愿的表达,从而,优劣不同的外部环境所赋予的自由被进一步局限。这些形式都遵守严格的规范,包括游戏、节日、格言、歌曲、习俗、礼仪,简而言之,涉及一切形式的戒律和禁忌,许多甚至怪异至极。这些形式类似于矫形外科的夹板和绷带,支撑着一个骨弱的躯体。它们本身就是这样的夹板和绷带,不仅支撑着思想孱弱之人,而且人们在思想发展强大之后也喜欢继续使用,因为习惯已然养成,得心应手。因此,在使用语言的过程中,常规、喜好、戒律等限制着自然的野性,每一个语言社团都形成自己独特的习俗,所以,纵使一切人类语言源自于同一种语言,该单一性也会很快消失,踪迹模糊难辨。

同时,自然环境给人的启发也对语言多样性的发展发挥着积极促进的作用。它们指引方向,开辟道路,人们思想交往的需要不断得以满足。这样,自然环境和思想交往两种力量相互吸引,相互促进,同时,语言成为民族思想的教化者(Erzieherin),而民族思想又是语言的创造者。这是一种相互影响,二者必然相互参照,相互交融。这是我们研究语言和民族思想必须始终坚持的观点。

第四章　语言评价，语言价值评价的视角

一、绪论

　　下面,我将尝试阐述语言学任务何以完成的问题。据我所知,首先提出语言学任务的是威廉·冯·洪堡特。语言不仅是民族思想最直接的表现,还始终是它的教化者。语言不仅是民族思想最重要、最深刻的结果之一,而且还是影响民族思想最强大而持久的力量。因此,排除外来力量的干扰,我们可以将语言的历史发展视为自发的运动:语言推动思想朝着一定的方向不断发展。语言习惯就是思维习惯。① 一个民族对思想表达的追求也体现于其语言之中。反之亦然,我们反复听到的语言内容,必然成为我们思维习惯的构成部分。因此,语言和民族思想是相互参照的标准:一种语言的丰富性、结构性及其所体现的思想倾向,都可资追溯该民族的思想特质。另一方面,一个民族的思想禀赋越高,教育越是和谐,思想越是清晰和深刻,感知越是内化细腻,他们语言的价值就越

---

① "因此,排除外来力量的干扰,我们可以将语言的历史发展视为自发的运动:语言推动思想朝着一定的方向不断发展。语言习惯就是思维习惯。"为1901第二版新增。——2016第三版编者注

高。对此,洪堡特的语言哲学值得借鉴。①

二、归纳法基础

如果前述比较是正确的,其实那一定是正确的,则直接的结论便是,决定语言价值高低的特征可以运用归纳法分析而得。语言的文明价值源自于民族的文明价值。那么,哪些民族是文明化程度最高的民族?这些民族的语言有哪些共同的特点?这些特征对应于民族思想禀赋的哪些方面?文明民族与欠文明民族的语言的根本区别何在?对于这些问题,只有对诸语言进行比较分析才能得出回答。洪堡特所进行的就是这种比较研究,见解深刻,屡试不爽。施坦塔尔(参看《论最主要语言类型结构的特点》和关于曼德黑人语言的论述)进一步从心理学的视角开展了极其敏锐的分析,提出了形式语言和非形式语言二分的观点。在他们二人看来,只有印度日耳曼语言、(哈米特)闪米特语言、汉语属于文明语言或形式语言,墨西哥语某种程度上也属此列。他们将这些语言与思想禀赋欠佳民族的语言进行了比较研究,认为这些语言所体现出的特点就是民族思想禀赋相对较高的特点,并将这些语言的特点总结为形式,而且是真正的、纯粹的形式。相比之下,有些民族运气欠佳,其语言结构体现出另样的风格,语言缺乏形式意识,民族思

---

① 《论人类语言结构的差异性》(219页)写道:"一种语言的真正优势在于促进思想的发展,进而通过思想的长期发展养成行为的规律性和各种能力,或者从思想影响的角度看,使得思想具备纯粹、规律性和生机勃勃的力量。"此注释为1901第二版新增。——2016第三版编者注

想乏善可陈。①

显然,条件发生变化则导致结论不同,而条件的确已经发生了变化。

现在已经不是洪堡特甚或施莱谢尔的时代,人们对印度日耳曼语言屈折的本质已经有了新的认识。人们比较研究了屈折语言和其他有后缀结构的语言,不再认为其间的区别为类型区别,而只是程度差异。

相反,人们对埃及语进行了深入的语法研究,如果我没有弄错的话,也对汉语进行了深入的研究,并且获得了许多有益的认识。据此,一大批开化和半开化的语言应该属于汉语的同族语言。

在中南美洲有一片陡峭的山地,分成气候特殊的几个区域,诸多民族先后汇聚于此。他们使用不同的语言,但都创造了较为高级的文明,例如中美洲的玛雅文明以及与之相近的瓦斯特克文明、米兹特克文明、萨巴特克文明、托尔特克文明和阿兹特克文明,在南美洲有使用艾玛拉语和克丘亚语的印加秘鲁文明。他们中谁创造了最优秀的文明?人们凭什么对纳瓦特尔语另眼相看?我们尚不得知。②

苏美尔阿卡德人属于最古老文明的创造者,但他们的语言却很难满足洪堡特和施坦塔尔提出的形式标准。众所周知,哈雷维和古雅德进行过细致的研究,试图证明该语言是闪米特人的艺术创造,但是,我坚信此论在语言学界几无共鸣。至少存在一种可能,"迦勒底智慧"(chaldäische Weisheit)大部分起源于某个使用黏着语的民族。但是,如果论及民族思想的敏感性和民族自主发

---

① 本段"他们将这些语言与思想禀赋欠佳民族的语言进行了比较研究……"起为 1901 第二版新增。——2016 第三版编者注

② 本段为 1901 第二版新增。——2016 第三版编者注

展的能力,那么,根据迄今的经验判断,日本人、满族人、芬兰人、爱沙尼亚人和马扎尔人与某些使用印度日耳曼语言和闪米特语言的民族一样,都属于高等民族,甚至更高。另外,[1]有人主张考察某个人种和民族出了哪些最优秀的儿子,并以此来评价该人种和民族,但问题是:我们知道有多少印度日耳曼血液流淌在那些托斯卡纳名人和西班牙大师的血管里？还有伊特拉斯坎人和伊比利亚人的优秀儿女的情形又是怎样呢？或者,罗曼语真的改造了外族人种的思想特质吗？果如此,罗曼语至少应该不再体现任何罗马元素——马基雅维利应该例外。[2]

三、语言方面的标准

人们喜欢将语言有机体与动物有机体相比较,认为,针对不同功能具有不同的器官,这是高级有机体的标记。此论可谓入木三分。不过,区别某种外语的不同"器官"并非区别一只动物的器官那样容易。面对动物器官,我们遇到的是可视的东西,而语言机制经常必须凭借内心感受才能辨别,所涉及的是相关民族鲜活的语感以及他们思想世界中的现实存在。另外,对死的躯体的外部观察具有欺骗性,可能误导人们将人的双手仅仅视为前蹄。

在世人的眼里,炫耀性地挂在胸前的冠军奖章其实没有什么

---

[1] 本段"另外,有人主张考察某个人种和民族出了哪些最优秀的儿子……"起为1901第二版新增。——2016第三版编者注

[2] 尼可罗·马基亚维利(Niccolò Machiavelli, 1469—1527),意大利政治思想家和历史学家,是意大利文艺复兴时期的重要人物,其思想常被概括为马基雅维利主义。——译者注

价值，语言的情形也大致如此，有些语言华丽的装饰曾经令我们陶醉不已，然而盛名之下其实难副。

  一致性原则在班图语言里表现最为丰富，也因此成为该语族的名片。思想上相互联系的东西经常在语言形式上也相互联系，这不仅是该一致性原则的心理学基础，而且也表现在语言世界的方方面面，手段丰富多样，或通过谓语关系、定语关系或宾语关系，或涉及人称、词性或词类，亦或涉及名词的单数或复数。① 但是，英国人几个世纪以来却致力于清除一致性原则的一切痕迹。如果他们将来果真达此目的，一定会悔恨不已。

  语法性别的形式同样属于语言中华丽奢侈的现象，也出现于许多语言，例如美洲的瓜希拉和阿拉瓦克、加勒比岛、包鲁、莫萨和奇基托斯以及叶尼塞凯特等人种的语言的语法性别形式非常奢华繁复，甚至形式贫乏的霍屯督语言和阿萨姆非常原始的卡西亚语也如此。在新加勒多尼亚东北部的哇嘎人的语言中，名词单数有阳中性和阴性之分，例如 a nae（儿子）、è nae（女儿）、è tomua（女人）、a deot（火焰）、a pulut（床），但奇怪的是也有 a ña（母亲）（参看 le P. A. C.《法语哇嘎语英语词典》*Dictionnaire français-waga-anglais etc.* Paris 1891）。值得注意的是，名词普遍被二分为"有生命"和"无生命"，而且颇具审美价值。在桑塔利语中，第三人称代词、表示直接宾语和间接宾语的中缀就是如此（参看 E. 豪曼《桑塔利语语法》*Grammatisk studie öfver Santal-Språket*, Köbenhavn

---

  ① 本段"思想上相互联系的东西经常在语言形式上也相互联系，这不仅是该一致性原则的心理学基础，而且也表现在语言世界的方方面面，手段丰富多样，或通过谓语关系、定语关系或宾语关系，或涉及人称、词性或词类，亦或涉及名词的单数或复数。"为 1901 第二版新增。——2016 第三版编者注

1892,p.20—21)。阿尔冈昆语族的许多语言甚至将这一特点贯彻到变位系统之中,还有其他一些美洲语言也不同程度体现出这一特点,例如托托纳克语和塔拉斯科语。与此不同,狭义的易洛魁语言(莫霍克语、塞内卡尔语、奥奈达语、奥依达加语、塔斯卡洛拉语、卡尤加语)则区分高级生命和低级生命,高级生命只涵盖上帝和其他神以及男人,而女人和动物以及东西都属于低级生命。①美洲语言至少将名词区分为高级和低级、有生命和无生命、理性和非理性,有些作家还将死的东西视为生命体。

克里语是一种阿尔冈昆语言,也存在词干元音的变化,而且十分重要。在拉普兰语中,词干的元音和辅音会根据不同的变位形式或变格形式而发生变换。哈马黑拉岛北部的加莱拉语通过首音硬化而从名词派生出动词,例如 boossu(坟墓):poossu(埋葬)、bĕrikki(白发老人):pĕrikki(是老的)、dorro(花园):torro(修一个花园)、galalla(嗓声):kalalla(吵闹)、nabo(伤):dabo(弄伤)(参看范·巴达《加莱拉语概论》Bekn. Spraakkunst van de Galillareesche Taal,26 页)。② 下面,试列举几个藏语动词词干的变化:

	完成时	将来时	命令式
₀debs-pa(扔)	btab	gtab	t'ob
₀bebs-pa(扔到地上)	p'ab	dbab	p'ob
ldag-pa(舔)	bldags	bldag	ldog
₀džal-ba(称重)	bčal	gžal	₀džol
₀džig-pa(破坏)	bžig	gžig	bšig

---

① 本段至此为 1901 第二版新增。——2016 第三版编者注
② 本段关于"哈马黑拉岛北部的加莱拉语"的论述为 1901 第二版新增。——2016 第三版编者注

这恐怕是我们看到的最为灵活的变化，也是最不规则的变化。独特的语音变化也发生于普尔语的名词和体现一致性的形容词，但相对比较规则。格雷波语（哥德堡语）动词的变位遵循元音变化规则，但其形式完全不同于黏着。另一方面，闪米特语言的元音系统令人称奇，但主要功能不在于形式化，而主要发挥词干建构的功能，真正的形式元素则附着和嵌入词干，其情形与他加禄语近似。

　　变位所体现的代词元素与动词词干的联系不是物主的，而是谓语的，人们对此十分看重。但在闪米特语言中——尤其相比较埃塞俄比亚语而言——完成时变位原本反映的似乎就是物主关系。马扎尔语的情形有所不同，物主变位序列和非物主变位序列皆有。关于古印度日耳曼语言代词词缀的情形，我们大概只有如下认识：第一人称的-mi、-m 多体现代词的属格，而-ō 多体现代词的主格，这似乎可视为一种二元对立。相反，新几内亚的马福尔语（奴福尔语）和哈马黑拉岛的加莱拉语①的变位无疑都只具备谓语属性。但是，有些乌拉尔阿尔泰语言也存在代词变位，且同样也体现谓语属性，如同我们印欧语言那样。这一点，所有亲身经历和感受过那些语言的人都可以证明。

　　有人责备这样的变位缺乏第三人称后缀，但是，闪米特语言的完成时变位也是如此，相反，倒是许多黑人-印第安语言和科拉里桑塔利语的第三人称形式反而较为丰富。

　　主语代词元素备受褒赞，而谓语代词元素则相反，但凡出现必

---

　　① 本段"和哈马黑拉岛的加莱拉语"为 1901 第二版新增。——2016 第三版编者注

为千夫所指,因为它模糊了句子和词的区别,催生了一种"双性怪物",即句子词。可是,这种句子词在我们印欧语言里也有,如拉丁语 rideo、taces、dormit、effugerunt 等中性动词形式。另外,宾语变位也出现于闪米特语言,那里,除了一种例外,物主后缀都表示宾语,似乎动词根本就具备名词性,这一点只能使得问题变得更为复杂。需要顺带指出的是,相比较主语词缀,宾语后缀与其他词在语音方面相互联系的程度并没有什么不同。不过,这里要讨论的只是宾语变位是否像主语变位那样也具备合理性的问题,问题是:既然需要一个,为什么会不需要另一个?难道及物动词的受动部分不如施动部分那么必要?如果及物动词没有宾语,它就只能空击。然而,这正是释解疑惑的理想视角,因为没有对象的空击也是一击,而且是真正的施动表现,施动的力量在其中得以释放。对施动的这一认识和使用偏好也出现在我们印欧语言中,不过是在其他完全不同的方面。行为是人性的,不是物性的,因此,阳性和阴性有一个形式化的主格,相反,中性作为主语要么根本没有格标记,要么带有宾格标记,例如在零变格形式中。但是,只有在行为中,只有作为语法主语,人性才优先于物性,所以,只能用主格说 ὁ ἀνήρ, ἡ γυνή, οἵ ἵπποι, αἱ δυνάμεις,但需要中性的首音,例如 τοῦ ἀνδρός, τὴν σοφίαν, τοῖς λύκοις 等,这样,"我"的主格形式与所有其他格的形式都不同,例如 ἐγώ,但也有 μου, μοι, με 这样的说法。——对此只附带提过。①

其实,乌拉尔阿尔泰语言和其他许多语言的主格也缺乏形式标记。根据印度日耳曼语言和闪米特语言的历史去推测,这

---

① 本段为 1901 第二版新增。——2016 第三版编者注

种形式不属于文明语言特别希望保持的内容。另外,拉普兰语等语言的主格在语音上与其他格严格区分,而且可能也是语音减省的结果,如同拉丁语 leo 和希腊语 gāla 的情形。据此,我们印欧语言的主格融主语格和谓语格这两种不同的功能于一体其实无可厚非,而芬兰语诸民族将这一区分形式外化也无需炫耀。

对于我们印欧语言明显的缺陷,例如我们印欧语言和闪米特语言代词第一人称复数,人们的态度出奇地温和。许多语言存在排他性和包含性"我们"之别,话语伙伴被排除在外或被包含在内,尤其现代罗曼语言表现突出:法语有 nous autres,西班牙语不仅有 nous 和 nos,还有 nos otros,对此,有人认为非常重要。但这其实并非印度日耳曼语言的普遍现象。如此评价态度背后的逻辑简单明了:因为我们没有,所以它不重要。

我们印欧语言的双数本来早已被弃为废品,但却被誉为一颗明珠。难道认为美拉尼西亚语的三数、马绍尔群岛语言的四数也充满美感吗?何况四数给人印象往往更为突出:身体的四肢,许多简陋小屋的四面和四边,织物上朴素的四角图形,等等。

正确评价一门外语的词汇显得非常困难,其责任不仅仅在于我们所依赖的文献资源有限,而且还在于我们自己,在于我们囿于自家的言语习惯和思维习惯。这时,容易出现自以为是的双重标准:先是自诩本家的抽象能力和自己语言中的普遍性概念,诟病那些可怜的野蛮和半野蛮人"止步于特例",随后角色发生变换,又称赞本家区分之精细,诟病别人的认识充满"不确定性"。①

---

① 以上三段为1901第二版新增。——2016第三版编者注

有人说,屈折语是最高级的语言,材料和形式在其中相互交融,没有未经形式化的材料,心理也不允许那样材料的存在,因此,像黏着型语言只在第一个或最末一个词对多个并列词之间的共同关系做出形式标记,即是形式意识薄弱的标记。但是,对于我们现代欧洲语言用助词代替词汇形式,他们又用同样的标准进行评价,认为名词的格和动词的人称只需一次语音标记即可。这些语言体现出明显的趋势,要摆脱形式原则的负担,趋向于孤立型语言。英语在这方面进步最大,因此备受雅各布·格林称赞,但却被施坦塔尔诟病。我支持格林的观点,因为,一种语言既然已经证明自己是最优秀文学的载体,我们就不能认为它衰败了,而一个民族的思想光辉如旧,他们的语言就不会中落。汉语就是这种发展趋势最终状态的一个样板。

每一种语言都是相对完善的,亦即,语言为每一个符合民族特质的目的都准备了一种相应的手段,因此,我们从手段可以追溯到目的:有怎样的手段储备,就有怎样的需求,有怎样的工具,就有怎样的功效,这是起码的逻辑。但是,我认为还应该考虑到另一种因素:除了表达的能力还有表达的需求,除了工具的数量和类型,还有其使用的频率,因为,显而易见,要正确认识一个个人和一个民族,必须同时认识二者:一方面是现有力量的偶然表现,另一方面是主导普罗大众日常生活和人格发展的普遍偏好和习惯。一方面,那些或善或恶的名人是民族特质的突出代表,另一方面,普罗大众则是构成民族普遍性的主体,二者都是民族特质的根基,因此对于评价一个民族而言同等重要。对语言的评价也是如此:语言所能达到的最高发展水平说明该民族思想所能达到的高度,而语言最日常的使用则体现该民族思想最为活跃的方面。很遗憾,我们极少掌握这方面的统计数据。

借此观点,我们印度日耳曼语言的所谓屈折变化被赋予非常重要的意义。但我们知道,从起源看,屈折其实也只是一种黏着。真正的黏着型语言根据具体需要而自由构成和省略其形式,相反,印度日耳曼语言却要求所有情况下都只使用某些特定的形式。这一强制性要求只能基于某种习惯,而习惯又只能基于洪堡特以降所谓的形式化本能,基于鲜活地存在于我们印欧语言中的形式意识。这种本能和意识无处不在,但是,无论哪里都不如在我们印欧语言发展水平之高。而且,这不仅仅涉及语言,也涉及我们种族的整个审美禀赋。[①]

要评价一种语言,不应该只看其中某些单个特征,而要整体评价,洪堡特、施坦塔尔和米斯特里就是这样做的。但是,他们对语言的称赞和指责其实却是针对个别特征而提出的。这启发我去分析一系列例子,看看他们的分析是否真的揭示了相关语言的关键性特点。所谓关键性,是指其中某个特点的存在或缺失能够说明某种语言的文化价值的高低。

我的分析所得结论是否定性的,而且,如果继续检验其他特征,我不相信该结论会有所变化。那些所谓组织程度较高的语言拥有一些令人自豪的特点,而这些特点有的也出现于某些思想禀赋欠佳民族的语言,同时,人们所诟病后者的某些特点,其中有的应该也存在于前者。

---

① 以上两段为1901第二版新增。——2016第三版编者注

四、历史的影响

然而,有一点是不变的:民族的文明或野蛮取决于他们的思想禀赋,也必然与其语言价值的高低相吻合。

如同在其他方面一样,这里的前提条件也已经发生了变化。人们今天普遍承认原始人类的统一性,而对于各民族身体和思想方面的差异性,则试图归结为外在的、地理的和历史的影响。果真如此,则假如数千年前我们的祖先被发配到澳大利亚,他们的语言可能仍然是印度日耳曼语言,但他们的文明应该不会比今天的澳大利亚黑人更好。另外,人们也许不愿意承认,人类从其发迹的草原出发流散到世界各地的时候还没有语言,但可能愿意接受一切语言原本可能同宗的观点。这些都是目前既无法证实也无法反驳的事情。相反,能够历史明确证明的是不同种族思想禀赋的差异性。外来的欧洲人以自己的标准改造了北美原始部落的自然条件,并且从家乡带来了学校教育,否则,北美印第安人的发展可能会打上其部落自然条件的烙印,不会发现成就自身高等文明的途径。但是,语言如人,同样也是在儿童时期比后期年龄更具可塑性,儿童时期所得成功或失败的教育会转变为遗传基因,持久发挥影响。

五、词源的价值

对语言的评价,除了现实因素,其他一切因素最多只具备间接标记的价值。① 假如,语言的某些特性总是与民族的理解能力和

---

① 1891:将这样的研究视为词源问题实是强人所难。

性格特点或者生活条件相吻合,这样,运用归纳法就有了一个很好的基础。但也仅仅是一种基础,因为有个问题始终没有解决:如此相互吻合从何而来?民族特性怎么能够转换为语言特点?转换的必然性何在?或者从相反的思路设问:既然语言是民族思想特质的直接表达,语言的整体结构和每一个表层特征对于民族思想而言又意味着什么呢?

在上述两种情况下,人们所要追问的对象都是语言本身,而且只能是它,我们要具体深入到词和字母本身,要坚定不移、循序渐进地不断探究,透过外部形式揭示内在形式:为什么你是这样想的,却以那样的形式说?难道那就是你的思维形式吗?那是否也是你的思想特质?这样的追问是分析性的,因为,为了透过应该表达的内容去探究实际表达的内容,必须将话语切分为组成部分,并研究其中每一个部分原本的独立的意义,为此,词源似乎是唯一可靠的抓手,不过,对此说我有所保留。①

首先,太阳和风的分配非常不均,在语言历史研究方面,没有哪个语系能达到印度日耳曼语言的水平,另外,只有非常少数的语言留有吠陀或荷马那样古老的文物古迹。

第二,如果针对先民们在某个历史时期活生生的话语,我们不掌握任何文献资料,那么,词源最多只能说明先民们的认识和概念在其大脑里是如何构成和相互关联的。随着时间的推移,各民族的词源意识会变得暗淡模糊,对词汇和形式之间亲缘关系的词源认识也会发生迁移,这时,语言之间的亲和力经常取代了历史渊源,同化取代了自然的族群关系,而且,正如诗人所说,生者为大,

---

① 以上两段为1901第二版新增。——2016第三版编者注

一切以现实存在为准。如果从印度日耳曼语言的词源来评价希腊语,就可能犯时代错位的严重错误,会误将早已从语感中消失的东西视为语感。

第三,即使在印度日耳曼语言的词源中,有些非常重要的方面也存在争议,在过去人们对有些观点深信无疑,而现在却提出质疑,例如,将词根二分为代词性或形式词根和动词性或物质词根,即是如此。假如这一区分在古时果真曾经存在,我就必须重申一个事实:罗马人既不认为 trans(到那边去)具备动词性,也不认为 in(进去)、ab(离开)、ex(出来)具备代词性,它们都被视为介词,同样,现代西班牙人眼里的 Usted＝vuestra merced(仁慈的陛下)无异于法国人眼里的 vous(您)。

无论如何应该用同样的尺子来衡量,在贬低外国人的某种语言机制之前,应该问一问自己是否有时也同他们完全一样,只是没有"野蛮、非形态化、不靠谱的物质性"等愧疚感罢了。拉丁语 dātā-smi、habe-bam,意大利语 dir-ebbe、vera-mente,德语 begreiflich(可以理解的)、Reichthum(财富)、Bosheit(恶毒)等表达式,都纯粹由物质词复合而成,而且,应该在形成之后也长期被用作物质复合词,只不过如人们所说,已经演变成了"真正的形式"。为了不被指责为伪黏着主义者,我需要补充指出,如果形式体系因此得以简化统一,例如拉丁语中带不定式的助动词 habere 代替了不同形式的将来时(ero 我将是,habebo 我将有,dicam 我将说),我们应该为之庆幸。同一个语法范畴有时表现为这种语音形式,有时又表现为那种语音形式,有人认为这体现出特殊的形式意识,我对此不以为然。至少在古典后期,印度人规则性地通过重读-yá-表示动词的被动态变位,这说明被动在那时是一个统一的范畴,当然,史前时期的复合无疑也为之奠定了一定的基础。人们对黏着语言的考证比较成功，能大致说明材料元素演变为词缀的过程，面对"犯罪的证据"(Corpora delicti)这样的指责可用下面这句话为之辩护："两个人犯事相同，但性质不同！"(Duo si faciunt idem, non est idem!)

这里，我们对词源概念仍然做宽泛理解，它涵盖俗语和委婉表达形式，这样，可以套用那个理所当然的原理，即一个词的意义方式和意义辖域取决于它的使用。用卢安果海滩的菲奥特语说 čioze, mpuila, nčienzo, nzala, boma i mmona ＝ 我看见冷、渴、痛、饿、怕 ＝ 我冷、渴、痛、饿、怕（参看于塞尔《贝蒂语法》*Petite gramm. de la l. Fiote*, Loango 1888, p. 85），显然，"看见"在这里涵盖了广义的"感觉"。古汉语也有近似的情况，如"见"(kién)＝看见，被动态"见辱"(kién žuk)＝受辱。非常值得注意的是，视觉在这里被泛化。同理，在其他情况下人们也可能将触觉和味觉泛化使用。另外，方位概念经常被扩大用作宾语。在德国南部会听到说 Der Mann, wo ich gesehen habe（我看见那个男人的地方），这与古汉语的表达完全相似。其他语言有"看见东西的地方""说话的地方"的说法＝看见的东西、言说的东西，例如日语 miru tokoro（我看到的地方），ifu tokoro（说话的地方），满语 tuwara ba, sere ba。但是，正是通过扩大意义的涵盖范围，概念也变得更加抽象和形式化。本质上，我这里"字译"说明的内容可被解读为"漫画"式的描述(Zerrbilder)。[①]

如同对待语法一样，一般人对词源也没有什么研究。人们的

[①] 本段为 1901 第二版新增。——2016 第三版编者注

认识非常朴素，认为意义相似的则语音也经常相似，仅此而已。据此，人们把德语 finden、fand、gefunden、fund 相关联，同理，把 binden、band、gebunden、bund 也联系在一起，进而，联想到 zucken 和 zupfen、zucken 和 rucken、zupfen 和 rupfen 之间的关联。人们对词源问题的思考总是从最明显的地方下手。德国人通常说 etwas，而萨克森人说 äwas，有时也会说 einwas，而且后一种说法显得更像个文化人。如果我没有搞错的话，早先英国作家将 the kingis (king's) daughter 写成 the king his daughter。以这种朴素的认识处理词汇形式往往令人瞠目结舌，但人们却自以为是。请看下例中部德语方言的连词变位：①

    ob ich gehe 是否-我-去＝我是否去
    obs Du gehst 是否-你-去＝你是否去
    ob er geht 是否-他-去＝他是否去
    obben wir gehen 是否-我们-去＝我们是否去
    obt ihr geht 是否-你们-去＝你们是否去
    obbent sie gehen 是否-他们-去＝他们是否去

  对于我们的目标而言，词源的意义永远仅限于它在当前语言意识中的现实存在，除此之外再无所谓词源意义。拉丁语 offere 清楚地呈现为一个复合词，而法语 offrir 则是一个不可切分的根词。如果词源发生了迁移，则以现存为准，如同民间词源规则一样。这一认识尊重语言表达构成的心理学基础，对此，人们只需用同义反复式的定义予以解释，运用一种字面翻译式的转写或语法

----

① 德语有动词变位，没有连词变位，这里是连词 ob(是否)套用了动词变位规则。——译者注

定义，便可理解，例如，conjicere＝zusammenwerfen（扔到一堆），Schreibfeder＝Feder zum Schreiben（写字的水笔），这样，问题大概就只有一个：相关表达为什么会有那样的意义？我们的任务要求我们继续深入研究。

这里也许应该做一个更具普遍性的说明。针对我们所讨论的问题，人们高估了语言历史问题的意义。人们过于自负，自以为知道什么是原本有之，什么是后来出现的，而且可能是因为歪打正着或某种错误的类推所致。类推的需要的确无处不在，但是，在哪个方面类推的需要会作用持久，则取决于相关民族的思想特质，并反过来不断强化和影响该思想特质。①

六、印度日耳曼语言屈折的本质

印度日耳曼语言最突出的特点，是规避词汇形式的随意性。若要用一个词来总结这种形式的本质，"屈折"这个表达非常空洞苍白，我认为用"不完全变化"语言这个概念更为贴切，例如德语 essen（吃饭）、希腊语 λέγειν 之类的动词即可被称为不完全变化动词。这类动词变化允许一种词干替换，例如 est（拉丁语现在时"我说"）、fuit（拉丁语过去时"我说"）、λέγω（希腊语现在时"我说"）、εἶπον（希腊语过去时"我说"）。在我们印欧语言中，这属于不规则变化。一般情况下是意义相同的形式之间的替换，它们语音相异，在使用中形成互补，例如 vir（主格单数"男人"）：viri（属格单数"男人"），qui（主格单数阳性关系代词）：cuius（属格单数三性关系代

---

① 以上两段为1901第二版新增。——2016第三版编者注

词），stellae（属格单数"星星"）：stellarum（属格复数"星星"），等等。假设，在我们印欧语言历史的某个阶段，我们的祖先在四五千年之前也使用黏着语言，就像萨摩耶人或印加秘鲁人，而再过三四千年，我们的子孙同样也会使用孤立型语言，就像中国人或越南人，这意味着什么呢？我们欧洲历史发展的关键阶段，亦即促使我们现在的主导思想形成的那个阶段，其实就是我们称之为屈折的那个语言历史时期。我们若要比较人种禀赋和语言结构的关系，尤其是那些最具古风的语言，就应该关注这种关键时期。所谓关键时期就是民族和语言发展的特定时期，我称之为"青少年时期"。问题是，相关人种的思想禀赋当时在相关语言中是怎样得以反映的？

我们再回到上述形式规则中的那种不完全变化系统。这里存在两种可能：那些同义形式原本同义或者异义。据此可以设想，在历史上某个黏着阶段，原本同义或者异义的形式都有可能根据需要或偏好而附着于任意词干，直至后来，同义的格后缀形式才根据变格要求而被分配于不同的词干。我认为后一种情形更为可信。据此来看，我们的祖先所使用格的数量就应该堪比某些芬兰民族和高加索民族。此情此景后来的命运如何，从希腊语、拉丁语和某些比梵语较为年轻的语言可见一斑：语音相近的形式趋于统一，而语义相近的形式则趋于同义，其使用不再遵循逻辑原则，而完全遵循语法原则。如果说自由黏着发生于语言的儿童期，那么，不完全变化系统的创造则发生于语言的青少年时期。

那其实并非什么值得我们骄傲的创造。我注意到某种乌拉尔阿尔泰语言或菲律宾语言拥有自由而无限丰富的可塑性，也注意到桑塔利语的变位形式数量庞大，意义区分细致，同时，实现的手段却又非常简单,这似乎意味着,我们费力巨大却收获平平。用力越小、成效越大,所取得成就的创造性就越大,如此看来,人类语言中最具创造性的语言非汉语莫属。

其实,评价年轻人的行为不应该只看他的产品,而要看其产品所体现出的力量。一个小伙子在斗牛和爬树时弄破了衣服,其成绩看起来不如一位缝缝补补的小裁缝,小裁缝会把破损的衣服重新缝补好,遑论缝制新衣服的师傅。然而,小伙子鲁莽的游戏可能造就一个未来的男人,而裁缝在作坊制作的只是一件未来的衣服。思想的训练亦是如此。聪明的孩子喜欢某些内容空洞的智力游戏和记忆游戏,其结果至少有一个:高强的、敏锐的、深刻的理解力。有人对塔木德经和犹太神秘教学者苦思冥想的工作不以为然,但不要忘记,斯宾诺莎和所罗门·迈蒙的理解力就是经他们才磨砺出来的。我们大概很难理解我们的祖先是怎样创造出如此复杂的语言的,但有一点非常清楚:学习和掌握这样一种语言的过程本身蕴藏着强大而持久的教化力量,促进着人的思想发展。

相比较理解力和幻想力,不完全变化系统似乎对记忆力提出了更高的要求,当然也一定对幻想力产生积极的影响。该系统就像一道防洪大坝,防止人们将同一种形式元素应用于不同的词。这在我看来非常重要。相比较在满语等语言中的情形,拉丁语Corpore et animo(在身体和灵魂中)、in pari causa(在同一事情中)和veni vidi vici(我来了,我看见,我征服)所体现的形式化力量其实更为强大。请看满语:

fuhali   emu   ajige   abka   na-i   adali.
omnino   unius   parvi   coeliet terraen. (n. gen.) ad-instar.
对应拉丁语=俨然一个缩微宇宙。

显然，满语省力高效的优势更为突出。不过，省力的反面不仅仅是力量的浪费，而且也涵盖力量的训练(Kraftübung)。我们印欧语言在形成了先进的分析性形式的时候，满族人其实也在追求类似的简化。乌拉尔阿尔泰人的祖先数千年前是怎么说话的，我们知之甚少。但我们知道，在比较古老的马来语言中，动词形式在并列结构中会重复出现，很像我们印欧语的分词形式在下句中的表现：Sie sind gestorben, verdorben（他们死了，没了）。

这里，为什么同一个形式概念却有不同的语音表现？目的何在？很奇怪，非理性的东西在我们印欧语系中反倒被视为荣耀。还有，如果自然本身形成了性别或者根本没有性别，为什么需要语法的性？既然主语必然出现，为什么动词第三人称还需要一个后缀？我们还可以提出其他许多疑问，而回答却只有一个：在所有这些方面都体现出一种过剩的力量，其中，强大的形式化本能得以满足，一种较高的思想禀赋得以体现。人们可以接受这样的赞誉，但是，如果罔顾甚至打压其他民族的语言创造所蕴含的丰富而细致的思想，标榜印度日耳曼语言形式化方式的唯一正确性，那就有失公允了。

我们暂且搁置我们印欧语言屈折系统的起源问题，集中关注其成果，可以发现该系统的最大优势在于句法-修辞方面。复合词的情形表明，早先我们印欧语的语序原则与乌拉尔阿尔泰语言的语序原则有相似之处，都是定语前置，动词紧随其所辖成分之后。这种限制就像牵引孩子的襻带，舒适怡人。我们现代欧洲语言证明，这种限制并不一定妨碍人的思想放飞和艺术创造。但是，我们种族在青年时期已经很光荣地突破了这种限制。如上所述，它的确曾经是很怡人的限制，是一条铺就的道路，但是，突破性力量总是要求完全自由的运动，希望寻找自己的道路。如果说我们的祖先放弃了用黏着方式造词和进行形式化的自由，那么，他们在话语的句法结构方面却获得了更高的自由。话语成分的组织因说者当前的情绪而变，但总会体现成分之间的关系。同时，对话语结构的满足非但不会伤及理解，而且还会产生直观性和说服力的积极效果。能够创造这样一种语言的，必然是一个思想家、发明家和艺术家辈出的种族。①

七、语音原则（连读音变及其他）

相比较备受褒赞的形式化本能，我更推崇我们印欧语言的另一种倾向，对此，我依然要选择一些看似诟病的措辞：过急、抢先、草率。它不仅是这类语言的一大特点，也是相关人种的主要特点：人们总是匆匆前赶，对未来的渴望多于对历史的回顾。我们印欧语言的连读音变原则就主要基于这一性格特点：随后的音决定前面的音，不是相反，例如德语和古北欧语的变音、古巴克特里亚语的插音都是所述倾向的突出表现。定语形容词规则性地位于其所限定的名词之前，并且其形式相应体现该名词的性、格和数。对此如何评价，我们需要慎之又慎。斯拉夫人和立陶宛人在计数时依照"十"的形式构成"九"(devetĭ：desetĭ；devyni：deszimtis)，这才是典型的草率之举；而印欧语也有依照 zehnen(十)的模式而草率构词的现象，如梵语 ūnaviçati、拉丁语 duodeviginti(18)和 undeviginti(19)，甚至德语 dritthalb＝2½（两点半钟）和 ein Viertel auf

---

① 以上两段为1901第二版新增。——2016第三版编者注

sechs＝5¼（五点一刻），英语 a quarter to ten o'clock＝9¾（九点三刻），等等。我们必须始终明白，语言中凡是深刻反映人种和民族本质的东西，都会在具体细微之处体现出来。①

我们可以比较一下乌拉尔阿尔泰语言的语音原则，即所谓元音和谐。众所周知，根据这一原则，一个词的第一个（词干）元音对词中其他元音有着决定性的影响，根据语言不同，最多可有4个和谐序列，相应地，每一个后缀也有4个对应形式，它们相互之间以元音相区别。雅库特语在这方面非常典型，其和谐系统如下图所示：

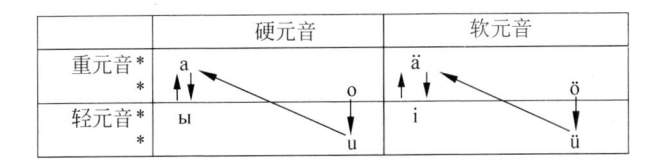

	硬元音		软元音	
重元音* *	a	o	ä	ö
轻元音* *	ы	u	i	ü

如图，每一个元音后面只能跟随同一个元音或者箭头所示的元音，这样，每一个后缀都构成一个重元音序列或者一个轻元音序列，例如，夺格后缀即属于重元音序列：tan、tän、ton、tön，而宾格后缀则属于轻元音序列：ы、i、u、ü。

该系统的规则性和逻辑性着实令人称奇，同时必须承认，追求词的统一性的意识也达到了登峰造极的高度。但是，其中的心理学基础是什么呢？正如施坦塔尔所强调的，它说明人们倾向于接受历史机制的影响，而非对新目标的不断追求。在这种心理之下，系统中现行的力量会继续推进目标的实现，除非现行的力量摇摇

---

① 本段"甚至德语 dritthalb……"起为1901第二版新增。——2016第三版编者注

欲坠，并且出现了指向新方向的新动力。由于其黏着系统巨大的可塑性，这样一个新构词的出现可能会遥遥无期。这形象地说明了乌拉尔阿尔泰民族的历史进入到匈奴、蒙古、土耳其等民族历史的情形，以强劲之势开始，以蓬头垢面疲惫不堪落幕。与之不同，在达罗毗荼语言中存在正向的元音和谐现象，日语在某种程度上也如此。这给我一种吉祥的预兆。类似的还有西芬兰语言中存在的插音现象，规则整齐，如同阿维斯陀经的注解（参看威斯克《芬兰语族比较语法研究》*Untersuchungen zur vergleichenden Grammatik des finnischen Sprachstammes*, Leipzig 1873, §.5)。[①] 我相信，如果要研究一种语言的心理学基础，则语音相互影响的方向至关重要，需要特别关注。

这里，至少事实非常清楚，而且也非常重要，完全不同于对语法形式的词源观察。[②] 关于语法形式我后文还要深入讨论。

八、黏着

大多数所谓黏着型语言的形式元素可以轻易切分，而且其形式元素的基础经常具有明显的材料属性。这一点颇具误导性。问题是，我们怎么保证所发现的词源就是历史真相？语音演变极易

[①] 本段论述"西芬兰语言"一句为 1901 第二版新增。——2016 第三版编者注

[②] 为了避免误解，这里需要指出，乌拉尔阿尔泰语言的元音和谐并非均匀分布于其中所有语言，所述现象在齐良语中根本就没有，在爱沙尼亚语中也只出现于威罗什方言，而在卡尔梅克语中则存在元音被逆向同化的现象，例如 šira(黄色)：šara，这一点有别于更为古老的东蒙古语。类似现象也存在于布里亚特语和现代蒙古语日常口语。据考证，马扎尔语在历史上元音和谐曾经很发达。但是，整个语族是否表现出共同的思想禀赋，这是问题的关键。——作者注

导致词源关系发生迁移,模糊难辨。我这里无意深究狭义的民间词源问题,但是,民间词源的心理学基础能够产生极其深远的影响,而且非常易于满足。我们印度日耳曼人对印欧语言的某些语法形式已经缺乏词源认识,而且欣然接受这一现实。但是,对于形式陌生的物质词,无论是外来的或者只是我们感觉陌生了,我们都喜欢加以改造,以使其语音最终获得合理的解释,或听起来像是我们母语常见的产品。显然,黏着型语言的形式系统结构清晰、易于分析,与词源要求的互动更为深刻。形式系统之所以能够一目了然正是源自于这一词源要求,同时,词源信息的现实活力又因此得以保持。词源要求不会阻止机械的语音脱落,最多可能迟滞之,因为词源传统要求人们谨慎对待形式元素的发音。但是,如果语音演变最终导致词源线索模糊难觅,则需要从其他可能的方面寻求词源联系,理清词源关系。这一工作与处理民间词源问题一样,琐碎平淡。

这仅仅是一种可能,我当然不能提供例证,因为,黏着型语言的文献古迹最多只能追溯到区区几百年之前。但是我认为这种可能性很大,可视为一种先验必然性。那么,应该做何判断呢?人们只能说:语言通过其特定的语法范畴将人们对诸事物的认识联系起来。但人们在这方面需要谨防武断。我读过一个资料,断言在德语中存在 Bauch des Hauses(房子的肚子)的说法,但已经记不清出处了。事情很可能原本就要求这样的说法,只是很难证实,也很难证伪。我只想说,在被用于表达内格之前,"肚子"这个概念可能就曾经被普遍化为"内部",或者原本的确存在一种诗性描述,后来,该表达被广泛使用,而且在人们的语言意识中也失去了原有的形象性特点。这样,角色就发生了转换:不再是"内部"叫"肚子",

而是"肚子"叫做"内部"。词和词汇形式的关系发生了转变,因为,有诗性的使用,就有诗性的内容。

九、词源意识

显然,一方面形式元素(词汇形式和助词)的词源信息清晰,词缀系统易于分析,但另一方面词源线索模糊难觅,这是许多语言和语系的典型特点,很难说这意味着什么。有人认为,清晰的词源传统体现出对逻辑统一性的某种追求,而我们印度日耳曼语言的不完全变化系统形式多样,则更多体现出某种幻想型思维特点。

果真如此,我们可以设想,经过数百年的博弈,印度日耳曼语言所蕴含的逻辑力量最终创造出近代分析型语言,并且达到了某种程度的明确性和统一性。这里出现了一种电镀层现象:最底层是炽热的、传奇式的想象力,其上是清晰而敏锐的科学思想,该思想又因天才般的幻想而得以深化——该电镀层孕育了强大的洪流,构成了印度日耳曼民族和语言的血脉。语言有机体中的一切皆相互关联,同样,上述幻想型思维和语音系统所呈现出的草率态度也应该相互关联。我想,如果有朝一日乌拉尔阿尔泰民族与我们并驾齐驱,那么这一竞争可能是在科学方面,而非艺术方面。

根据珀蒂托(参看《戴奈定吉词典》*Dictionnaire de la l. Dènè Dindjié*, p. XLIX)的观点,在加拿大的阿萨巴斯卡语言中,辅音象征系统占据主导地位,涉及词干元素和构词元素,而且词源意识特别活跃。在此辅音象征系统中,辅音和辅音组合分为4种主要类型和9种次级类型,各自表达特定的概念范畴。这些次级类型的辖项可以相互替换,原本的意思由此也变为不同、相近或相反的意思，因为，每个范畴总是同时包含着命题和反命题，例如"看见"和"隐藏"、"硬"和"软"、"统一"和"分离"，构成了真正的反义。这种情形似乎很令人困惑。那些范畴有时会很难界定，而珀蒂托又没有列举丰富的例子来证明他提出的定理。他绝非信口雌黄之辈，对该类语言的语感也完全达到了母语者的水平。[①]

十、错误的分析和评价

评价一种外语，最可怕的错误是望文生义式的翻译和分析，那是一种棱镜式的观察，一厢情愿地将自己的外衣套到陌生的身体上，自以为是地将左脚的靴子穿到人家右脚上，然后大肆嘲讽和指责。这种做法非常肤浅，最多具有临时性价值，用于教学无可厚非，但用来评价一种外语却可能后患无穷。我们可以大胆指出，不同语言的两种语法形式的意义不可能完全相等。德语的属格与拉丁语和希腊语的属格非常不同，其他格、性、时态和动词的式也是如此。名词对事物的描述与事物的本质只是近似，只能被视为复杂而宽泛定义的权宜手段，虽然使用方便，但缺陷明显。助词及其传统的翻译借用也是如此。语言的语法范畴极其丰富、区别细微，即使是那些所谓的野蛮语言也是如此，所以，走马观花根本无法认识，同样，凭借对现行语法著述的研读也根本无法认识。这些语法著述只有少数见解可资利用，并且需要运用先进的语言哲学认识加以改造，才能做出自己的判断。更好的路径是，努力亲身经历相关外语，对之达到起码的熟悉程度。即使如此，也不应该对自己的

---

① 本段为1901第二版新增。——2016第三版编者注

判断过于自信。所谓熟悉一种语言,往往体现为准确运用,但对其中的元素却缺乏清醒的认识。为了获得清醒的认识,仅靠常见的语法分析是不够的,还需要大量源自于语言生活的读书笔记,以及归纳运用这些笔记的能力,简而言之,需要在头脑中或者笔记中掌握尽可能详细和完整的语法。但是,有多少时候、对多少种语言我们达到了如此程度的认识呢?

以上所述,只是要告诫人们不要只看到一种外语简单和贫乏的表面就妄下结论,误解其中的思想蕴含。不可否认,的确存在贫乏和欠文明的语言,问题是,这样的语言是否永远和必然对应于思想禀赋较低的民族?

直到近期,我们的科学才把混合语言纳入研究范围。凡是两个民族相互频繁接触,其中一个民族就会学说另一个民族的语言,这时就会产生一种默契,双方都不接受的东西会被摒弃,而这样的内容往往很多。其余未被摒弃的部分则通过使用而成为一种新的语言,当然,这种语言往往非常贫乏和原始,只能满足跨民族交往的基本需要——语言大花园里来了一个苦力,还是混血,额头上带有混合型出身的印记。但是,苦力可以奋斗向上,混血儿也可能成为贵族,只需要假以时日和好运。混合语言也会成为相关民族唯一使用的语言,会随着更高的目标而不断发展,同时,对相关两种语言的来源都保持开放,从而获得双倍的丰富性。英语就是成功的例子,而且成就卓著。

现在,人们觉得对语言混合有所了解,甚至能够证明一些现象,而之前只是将这些现象称为"借用"。我已故的父亲对马拉尼西亚语言进行了研究,当时就对"借用说"的结论持否定态度。他认为,"马拉尼西亚语言和波利尼西亚语言有许多共同之处,不仅仅是一种语言从另一种语言的简单借用"。在其努比亚语法的序言中,理查德·莱普西乌斯提出推测,认为大部分非洲语言可能都源自于混合,在数量和质量上程度不同地吸收了哈米特语言和班图语言的元素。实际结果是,如同在马拉尼西亚,非洲的语言之间也存在很大的差异性,有的语言十分贫乏。对于语言的评价而言,诸多问题都还没有定论:对于混合语言的发展而言,什么是消极因素?什么是积极因素?是因为民族的思想禀赋还是因为外在命运?是因为混合的历史过于短暂,以致混合语言还没有发展到比较完善的水平?等等。但是可以断言,一个民族的语言欠文明是因为缺乏源自民族思想的推动,这种推动也许早先曾经有过,但现在的状况无论如何存在不足。

在语言接触中,最先发生动摇以致消失的总是词汇形式,而且一般是那些非常规则、易于分析、因此便于使用的形式。在此过程中,形式化的要求较为低弱,以最为简短和必要的方式即可满足。在理想情况下,接触语言可以发展成为日常口语,但要形成一种较为高级的形式系统,则需要很长的时间。因此,语言的无形式状态只是过渡性的。但如果此刻对该语言进行评价,则恰巧看到该语言最为邋遢的一面。但是,其中是否蕴藏着强大的思想力量,丑小鸭是否有朝一日终将花枝招展,此事难料。而且还存在另一种可能:一个优秀民族的语言非常优美且可塑性强,民族发展却有可能遭遇厄运而致衰落,但其语言发展可不受影响,吉普赛人、雅库特人、印度支那许多小众民族,当然还有其他许多民族都是例子。这里,语言学家可能会说,拥有这样语言的民族本来会发展得更好,只可惜其他条件不够理想。但是人们无法判断,如果没有这样的语言,相关民族是否早已消亡。

可见，一个民族的语言和思想禀赋相互作用这一原理受到很多条件的局限，干扰的因素太多，计算错误的可能性很大。我只能说，除非可以断定，相关人种在持续稳定的历史和地理环境的影响下形成了自己的特质，否则无法根据其语言来推断其思想禀赋的高低和方向。这里，首先应该从那些广泛传播的大型语族获得典型的例证。具体语族的突出特征必然源自于相关族群共同的思想特质。这里，我们要始终坚持以语族所达到的最高级形式系统为对象，否则，就会把一所学校的高年级学生与另一所学校的三年级学生相提并论，把杰作与习作相提并论。具体到单个民族和单个语言，则需要考虑，它们是如何将家族的共同特点与自己的个性需求和个性禀赋相结合，从中选择了什么、摒弃了什么、改造了什么或丰富了什么。事实证明，进步大于损失，而且，进步归功于自我发展，损失归咎于外来干扰。所以，遇有疑义要从宽处置。种族的共同特点应该历史悠久，如果受到某些环境因素的消极影响，后人会有足够的时间去矫正。[①] 前面，我已经阐述了语音影响的方向和印度日耳曼语言的不完全变化系统，现在，还需要讨论不同语系和人种的其他重要特点。

十一、闪米特语言

闪米特语言的元音系统肯定有其悠久的历史，根深蒂固，其实，与其有远亲关系的某些哈米特语言也有类似的特点。但是，闪

[①] 本段"这里，我们要始终坚持以语族所达到的最高级形式系统为对象……"至此为1901第二版新增。——2016第三版编者注

米特人通过词根的三辅音架构将该元音系统发展成为一个令人称奇的丰富而和谐的系统。显然,这里更深层次存在某种元音象征系统。据考证,其他语言也有元音象征,不过表现较弱。库纳马是努比亚部落的一个民族,他们用 a 表示第一人称,用 e 表示第二人称,用 i 表示第三人称。佐族(库基语)生活在下孟加拉丘陵地带,他们的语言有表示"那里那个"的指示代词,具体有 khi、khā 和 khū 三种形式,分别表示"向上""水平"和"向下"。在满语中,硬元音和软元音有时表示自然性别或其他对立,例如,haha(男人)、hehe(女人),ama(父亲)、eme(母亲)、wesimbi(上去)、wesihun(高)、wasimbi(下去)、fusihôn(低)(f 和 w 根据后续元音而变换)。在日语中,数词"1""2"和"3"因元音变换而成为倍数:

fito(1):　　futa(2)

mi(3):　　　mu(6)

yo(4):　　　ya(8)

在豪萨语中,人称代词的单数词尾为 a 或 i,复数词尾为 u:

na,ni(我):　　mu(我们)

ka,ki(你):　　ku(你们)

ya,ši(他):　　su(他们)

在沃洛夫语中,冠词一般为所属名词的头韵,而名词的元音则说明"近"或不同程度的"远",i＝在场的东西,u＝近处的东西,ä＝远处的东西,ā＝很远处的东西,例如,bāye-bi、bāye-bu、bāye-bä、bāye-bā(父亲),fäs-wi、fäs-wu、fäs-wä、fäs-wā(马)。(参看波拉《沃洛夫语法》*Grammaire de la langue Woloffe*,pg. 21 flg.)阿伊努语本来是一种后缀构词的语言,将 a、e、i、o、u 等 5 个元音和三元音 yai 用作前缀,有时也用作介词,其中,a 构成被动态,例如

nu(听),anu(被听);e 构成及物动词,或者充当介词说明方向。a 和 e 显然具有相关性,例如 mina(笑)和 emina(嘲笑)以及 ečup-pok-unčup ahun(太阳向着西方落下);i 构成强化体:inu(倾听,细听);o 为表示夺格的介词:očup-ka-unčup hetuku(太阳从东方升起);u 构成互指动词:raige(杀死),uraige(相互杀死);yai 表示反身:yairaige(自杀)(参看《文学学院回忆录》Memoirs of the Literature College,Imp. Univ. of Japan,I,pg. 4—5,119—121)。①
在马福尔语中,u 表示双数:nu(我们两个)、mu(你们两个)、su(他们两个)。相反,在卡西亚语中,单数中的 a 在复数中变为 i,同时,第二人称和第三人称以阴性为基础:

'na(我):'ni(我们)

pha(你,阴性):phi(你们)

ka(她):ki(她们)

我们还可以轻松列举更多这样的例子。但是,在闪米特语言中,物质词的词根遵循一个统一的模式,都由 3 个或个别情况下 4 个辅音构成,几无例外,而 a、i、u 三个元音及其变体则用来构成词干和格。这一模式为闪米特语言所独有,无与伦比。若想进一步了解情况,可参看施坦塔尔对阿拉伯语的经典描述(《论最主要语言类型结构的特点》)。但是,这里我想研究一个被施坦塔尔忽视的问题:如此一以贯之的规则系统的心理学基础会是什么呢?

首先需要重申,这里涉及的是词干的构成,不是形式的构成。后者是纯粹的黏着,因此与印度日耳曼语言完全不同。至

---

① 本段至此为 1901 第二版新增。——2016 第三版编者注

于闪米特语言不仅有后缀而且有前缀,我以为意义不大,因为我们近代印欧语言的分析型结构通过形式词前置,也非常接近前缀构词。

另外,如同元音系统一样,词干结构的辅音系统也非常值得关注,不仅有前缀和后缀,有词干辅音的重叠或重复,而且还有各种各样的中缀,其中有的非常少见,不足以成为该类语言真正的形式体系的构成部分。阿拉伯语动词由三个辅音构成基本架构,形成典型的词根 fɛl,共有 15 种形式,包括 iftaɛala、ifɛauɛala、ifɛawwala、ifɛanlala、ifɛanlai 等。这些形式非常规则,其中后四种较为少见。另外,还有 29 种不规则派生动词形式,如 afɛala、faɛlasa、faɛlana、faɛtala、faɛmala、faɛnala、faɛwala、faɛyala、fanɛala、fahɛala、faiɛala、fauɛala、tafahɛala、tamfɛala、ifɛammala、ifɛaulala、ifɛayyala、ifwanɛala、ifwaɛalla,等等。(参看豪威尔《古阿拉伯语语法》*Grammar of the Classical Arabic Language*,Pt. II,p. 254—257.)它们是半元音、鼻音,还有 h、t 和 s 以及许多所谓"辅助性"语音,亦即通常服务于形式化的语音。这是共性,非常重要,因为这是唯一从语言规则本身派生出来的限制性规则。在此限制之内,一切皆有可能,都符合语感,并为听者所理解和接受。

也许我们的探讨可以再深入一步。众所周知,闪米特语言物质词根的三辅音系统本身是语言历史上的一个谜。发音近似的词根往往意义相同或相近,于是,人们曾经试图对重叠、黏着或复合的结构进行考证,多少有些收获,但本质意义不大。相似的音经常相互替代,却没有明显的规则,而且,不仅对于单个语言和方言中的变体现象如此,而且在姊妹语言的相似词汇中亦如此,例如希伯

来语 הָכַן, כָּנָא‎ = 盖住, 隐藏; הָבָח, אָפַח, תְּפַח, כָּרַף, הָבַע, בָּבַע, הָפָח, הָפָא,
חָגָן = עָגַן‎ = 打击, 命中; תָּפַף‎ = הָנַס, וָנַס, בָּקַב, בְּקִי, בָּקַן‎ = 挖空, 钻孔;
רָצַע, רָצָא, רָסַא, רָזָא‎ = לָפַן, לָבַן, לָמַא, לָפָא, לָבָא‎ = 倾斜, 下降, 倾倒;
סָרַף, סָרַח, רָדַג, רָדַח, רָצָה, רָזַע, רָטַע‎ = לָצַא‎ = 系上带子, 捆绑, 包围;
צַר, חַצָר, זְרַף, זָרַע‎ (arab. hrd, hrs)= 撕碎; רָהַט, רָהַץ, רָהַז‎ = 闪
光; חָרַק‎ = 是赤裸的; דור, רָהַד, רָרַד, טוּר, תוּר, זוּר, סוּר, שׁוּר‎ =
绕圈, 转向, 等等。还可以举出更多的例子。① 事实证明, 它们大
部分都并非源自于地区方言中的变体形式或语音演变的不同时
期。更大的可能是, 那些相似的辅音原本就是某个音的变体, 在某
种语音象征系统或语音表情系统中可以自由互换, 例如在重读时
"大口"发出的重而深沉的音。如果能够证明这一点, 那么, 上述现
象就完全符合闪米特民族的思想特质, 就不显得那么另类了。另
外, 在阿拉伯语中, 语音叠用, 且首音自由变换, 例如 haqīrun naqīrun
＝很穷, hasanun basanun＝很美, 语音使用体现出高度自由。可
以认为, 该类语言原本只有 a、i 和 u 三个元音及其长音和双元音
ai 和 au, 各具不同的功能, 而中间音 e、o、u 等也只是它们的变体。
这里所造成的模糊性似乎是语音机械演变的产物, 这只能说明, 在
语感中等价语音涉及的范围可能非常广泛, 这也从侧面验证了前
面提出的猜测。(参看 P. de 拉加德《阿拉母语、阿拉伯语和希伯来
语名词结构概论》*Übersicht über die im Aramäischen, Arabischen und
Hebräischen übliche Bildung der Nomina*, Göttingen 1889, 巴特
《闪米特语言的名词构成》*Die Nominalbildung in den semitischen*

---

① 详见《格泽纽斯词典》(*Gesenius'schen Wörterbüchern*)。至于相关研究之后是否更为全面, 更具批判性和方法论意义, 我不得而知。(本注为 1901 第二版新增。——2016 第三版编者注。)

Sprachen，Ⅰ und Ⅱ，Leipzig 1889—1891，A. 穆勒《论闪米特语言的名词》*Semitische Nomina*，Ztschr. d. D. M. G. XLV，S. 221—238.)[①]

十二、马来人和闪米特人

但是，有另一个语系在另一些十分重要的方面与闪米特语言体现出近似的思想，需要在这里比较分析，这就是马来语系。该语系的意义经常被低估，因为，每每说起，人们就必然提到其中广泛传播的马来语甚或达雅克语。哈德兰对后者有过深入的研究。有人坚持语言发展向上和衰落的二元论，在他们看来，语言结构越是低级和贫乏就越是原始，因此，菲律宾语言虽然被称为马来语言中的明珠，但达雅克语却被视为马来语系的典型。由于外部原因，菲律宾语言对大多数学者而言遥不可及。在菲律宾语言常见的形式手段中，大部分也存在于那些贫乏、原始落后的姊妹语言，但却形同僵尸，似乎被人遗忘。所幸，他加禄语及其亲属语言的冠词、属格和定语后缀-'n 还算是所谓纯粹的形式[②]。这仅存的现象可以把这类语言从无形式的耻辱中解救出来。对此，这里暂不深究。[③]

马来语言与闪米特语言具有共同的特点，但并非基于共同的起源，而可能基于民族思想禀赋的某些相似性。两者的语序基本相同：动词大多位于主语之前，定语都被后置；两类语言都避免复

[①] 以上两段为 1901 第二版新增。——2016 第三版编者注

[②] 参看洪堡特《论卡威语》(*Die Kawi-Sprache*. Ⅱ, 210—211)。他似乎倾向于将该语族称为他加禄语族。

[③] 本段"该语系的意义经常被低估……"起为 1901 第二版新增。——2016 第三版编者注

杂的句子结构。不好说这一特点是某种无能的表现，但至少说明缺乏某种相应的逻辑需要。例如两类语言的关系从句结构都很松散，"父亲去世的奥马尔"这句话，马来人和闪米特人都说"奥马尔，那个去世了的是他父亲"。两个语系还有其他方面的共同性，尤其是某些范畴的语音表现，还有动词时态都比较落后，对此我不太看重。但是，闪米特语言的元音系统和语法词性，马来人无以匹配。连读音变现象在闪米特语言中基本上是正向的，而在马来语言中是逆向的，但都比较少见，不像乌拉尔阿尔泰语言那样波及广泛，影响持久。

现在，我们再来比较一下这两大语系的民族思想禀赋和世界历史影响。闪米特人是否有独立创造，创造了多少，尚存争议。而且，在历史研究中，关于民族精神财富的发展形成最为棘手。关于腓尼基人受埃及人的启发而创造了自己的文字，早已为人所知，但是，人们也曾经试图否认迦勒底人在天文和数学方面的成就，否认犹太人在一神论方面的先进性和创造性，佛教和新柏拉图主义也曾经试图挑战基督教的原创地位。对于我们而言，未决之公案不具备任何可靠的参考价值。能够可靠证明的是，自古以来，闪米特人屡次战胜异族文化，并吸收消化，为我所用，然后传播至全球各地。在这方面，他们表现出强大的本能和能力。马来人也有类似的表现。同样是远征，腓尼基人漂洋过海，阿拉伯人远征沙漠，而马来波利尼西亚人则建立了勇猛的船队。两个人种具有相同的商业思想，而且都不同程度体现出海盗倾向。马来人其他方面的文明应该都是印度和阿拉伯等地的舶来品，其中也包括波利尼西亚人对宇宙起源的深刻认识。在学习和继续传播舶来文化方面，他们与闪米特人相差无几。但他们的落后情有可原，因为他们与先

第四章　语言评价，语言价值评价的视角　　　*153*

进民族的积极接触似乎为时较晚，而且往往匆匆而过，不如闪米特人与先进文化的接触那样深入。两大人种还有其他方面的共性，但也是与许多种族共有的特点。对于我们目前的研究而言，这些特点可以搁置。我们只关注那些体现闪米特人和马来人不同于其他族群的共同的思想禀赋。我认为，二者在这方面已知的共性十分突出，而且闪米特人更体现出某种质的优势。他们似乎更为敏感，因为，被接受的内容在本族文化中得以消化，并根据本族文化加以改造、加工，最终烙上闪米特的印记，这样，被学习和接受的内容也会成为自身文化的核心。摩西从埃及牧师的口中接受了那一个神，于是，该神便成为某个部族的民族财富，且被烙上犹太印记。如此，人们对该神产生了独特的亲近感，其中某些表现至今仍然令我们难以接受。

我们现在总结一下。这两个语系具有区别于其他语系的共性。这些共同特点应该基于它们共同的自然禀赋，由此也可以解释它们历史上的相关表现。闪米特语言的元音系统十分独特，构成了区别于马来语言并不同程度区别于世界上其他语言的本质特征。该特征必然植根于闪米特人区别于马来人的最本质特征之中。

马来人用物主后缀标记被动动词的施事，而闪米特人用物主后缀标记主动动词的受事，例如，马来语 di-bāwah-ña＝他(ña)带来的东西＝东西被他带来＝他带来；阿拉伯语 qatal-tu-hu＝他(-hu)我(-tu)杀了＝我杀了他。看来，一个把行为视为行为者的占有物，而另一个则把承受视为受事的占有物。或者，是否也可以逆向理解：马来人把一切占有物视为占有者行为的某种收获，而闪米特人把"他的"一切都视为"他"收获的物品，甚至把自己也视为被动的接受者。我认为，第一种理解更适合于马来语言，因为，还有别的语言也把行为体现为一种占有、一种拥有，例如马来语前缀 ber-、达雅克语前缀 ba- 等。对于闪米特语言这方面的结论则比较难下，因为，这类语言对东西的占有者与行为的客体有严格区分。

有人指出，马来语的被动态前缀 di- 和 kă- 与方位介词和表示"进入的"介词在语音上重叠：di-bāwah 意思大概是"处于被带来的状态中"，kă-lihat-an 意思不是"被带来""被看见"，而是"供观看"。我们知道，这样的词源认识极易因语言历史研究的每一个进步而发生动摇。另外，di- 还可做另一种解释，洪堡特就称之为系词"是"（例如 esse"吃饭"）（参看《论卡威语》II, 162, 163, Anm. und sonst）。[①]

动词位于主语之前体现出强烈的感性意识。我感受到一个事件所给的印象，并命名之，这就是动词。然后，我才会问并说出引发这一印象的原因，这就是主语。被感受到的印象内化于我，成为我的构成部分，同样也会如此这般得以表现，引人关注。因此，我认为思维习惯和表达习惯属于"利己"方式，"落下来一块石头"可以被转写为"我看见（听见）有东西落下来，且落下来的是一块石头"。这一感性意识易感且敏感，使得所获得的感受成为话语的对象，换言之，成为句子的心理主语。我们指出了敏感性、易感性以及利己性，与之相伴的还有一种喜欢将他者据为己有的强烈欲望。喜新、猎奇、求新、求知，刺激着人们走出家园，探寻远方新的领域和新的思想。渐渐地，收获的快乐造就出野心勃勃的商人或邪恶的强盗和流氓，也造就出虚心学习优秀

---

① 以上两段为1901第二版新增。——2016第三版编者注

文化的好学生。

多个简单句的松散排列反映了一种观念,喜欢堆积甚于建构,这种思维方式和话语方式喜欢叙述甚于阐述,喜欢格言甚于系统。这一特点并非独家所有。段落结构合理,谋篇精当,这样的散文恐怕只出现于地球的两个地方,那就是中国和希腊。

现在,我们再来看闪米特语言词干的构成方式,它们是由内部手段完成的。那里,一方面是被讲述的事件本身,用词根辅音表达,另一方面是广义的事件发生的方式和关系,用元音表达,施事、行为、状态、集合概念等是名词性的,性、时态和式是动词性的,二者区分明确。这里,我们看到闪米特人对待所得印象的心理态度和语言手段。同样,印度日耳曼语言词根的元音变化也非常丰富,但是,元音遵循强化和弱化的规则,具备词根性质,元音变化似乎取决于后缀,其结果近似于闪米特语言的词干形式。在这方面,一些日耳曼语言的换音和变音系统表现最为先进。根据施坦塔尔的研究,该系统比较机械,具备表现情绪的功能,堪比闪米特语言。那么,该系统的心理学基础和倾向是什么呢?众所周知,高地德语的辅音系统经过两次强化,同时长元音被延伸为双元音。二者的心理学基础很可能相同。[①] 这里涉及语言生活最为神秘的内核,我们不妨大胆试用一种充满神秘感的说法:两个语系以相似的方式象征性地表现了心理内化的特点。闪米特语言的语音一般比较沙哑和宽阔,颚音低沉,发齿音和嘶擦音时舌面较宽,而大部分马来语言则语音柔滑。这一比较告诉我们,两类语言不仅地域和气

[①] 本段"那么,该系统的心理学基础和倾向是什么呢?众所周知,高地德语的辅音系统经过两次强化,同时长元音被延伸为双元音。二者的心理学基础很可能相同。"为1901第二版新增。——2016第三版编者注

候环境不同,而且所体现的情趣也不同。①

前文,我把不完全变化系统描述为我们印欧语系的主要原则,其实,它对于闪米特语言并非完全陌生,只是重要性和广泛性较小而已。我之前对印度日耳曼语系的这一特点进行了阐述,如果判断正确的话,那么,再比较分析一下这两大族系的特点,则上述判断可以获得世界历史的证明。

十三、马来人和乌拉尔阿尔泰人

把马来族群与乌拉尔阿尔泰族群进行历史比较,非常有益。从人类学看,两个族群都不同程度地表现出蒙古类型,其广泛分布都得益于攻城略地式的迁徙,但在其余方面,他们的做法和命运迥异,他们的语言在某些重要方面也表现迥异。

我要将这两种类型进行比较,这里先表明一个态度,我不赞同所谓马来语言"不断向上"发展的观点。早期语言都体现出较高的可塑性,即使那些形式最为贫乏的语言也不例外,即使在最偏僻的地方也可见相同的形式元素。古马来语法的影子不仅体现于几乎完全孤立型的波利尼西亚语言,而且也体现于形式非常丰富的菲律宾语言。相反,众所周知,相比较原始的语法共性,乌拉尔阿尔泰语言更多体现出共同的类型特点。

前文已经讨论了两类语言在语音方面的差异性。在构词方面,乌拉尔阿尔泰语言都是后缀构词,而马来波利尼西亚语言还有前缀,而且其中有些非常古老,因为它们曾经可以用作中缀,被嵌

---

① 本段"闪米特语言的语音一般比较沙哑和宽阔……"至此为1901第二版新增。——2016第三版编者注

入到词干内部。参照闪米特语言和科拉里语言中的类似现象,我想称之为"前中缀",以区别于印度日耳曼语言中的"后中缀"-na-和-n-。另外,两类语言在语法范畴方面也体现出完全不同的方向。定冠词应该用来满足感性直观的需要,在马来语言中多有使用,但在乌拉尔阿尔泰语言中只有一种语言使用,即马扎尔语。格范畴在乌拉尔阿尔泰语言中非常突出,在其中有些语言中数量非常庞大,但在马来语言中却微不足道。在前者,格的范围不断扩大,囊括按照元音和谐而附加后缀构成的后置词;在后者则微不足道,只是一种辅助手段,即用前置词表示宾语格,另外,大多数语言有特殊的属格小品词。在马来语言中,格关系经常表现于动词,而非名词,有所谓"进入"动词、方位动词、工具动词等,类似于藏语中存在主动格和中动-被动格的情形。在马来语言中被动式话语方式被优先使用。在所有这些方面,乌拉尔阿尔泰人的表达方式更接近印度日耳曼人。甚至在动名词方面,马来语言最多有数量可怜的变体形式,而在乌拉尔阿尔泰语言中的功能却与我们印欧语言相似,非常重要,体现名词性谓语和动词性谓语的区别。在形式方面,乌拉尔阿尔泰语言对名词和动词的区分也比马来语言更为严格。在马来语言中,名词有时甚至也可以被用作动词的形式。在语序方面,两类语言的对立更为突出。动词在乌拉尔阿尔泰语言中规则性地位于句末,而在马来语言中则大多位于句首。被动态在前者先天不足,至少不受欢迎,但在后者则绝对主导,并且表现形式非常丰富。① 形名词定语或副词定语在前者位于被限定词

---

① 这里"被动态在前者先天不足,至少不受欢迎,但在后者则绝对主导,并且表现形式非常丰富。"一句为1901第二版新增。——2016第三版编者注

之前,在后者则在其后。主语在前者出现于句首,在后者则多在动词之后。马来语言的主语很少位于句末,只是偶然如此,对此,我们可以望文生义理解为"右行左行交错书写"(βουστροφηδόν),似乎一切都颠倒了。相反,乌拉尔阿尔泰语言的基本结构与古印度日耳曼语言相似,类似于马来语言与闪米特语言之间的相似性。①

乌拉尔阿尔泰人和马来人性格方面的本质差异可从地理和历史原因予以解释。有人认为苏美尔阿卡德人属于乌拉尔阿尔泰人。但从语言的角度看,我不这么认为。乌拉尔阿尔泰人的家乡应该是亚洲广袤的草原。那里是真正的游牧家园:幅员辽阔,任由我行,土地和气候适合于畜牧,不适合于农业。农耕使得人们的生活充满无奈和艰辛,而游牧生活则安逸舒心。对于牧民而言,旧的家园总是不能满足人和牧群之所需,必须不断寻找新的家园,所以,牧民不是建设自己的家园,而是寻找自己的家园。游牧生活居无定所,随时准备远行,而且大多没有选择游牧方向的自由。无论自愿还是被迫,总在不断前行,排除艰难险阻,目标终会达到,总能找到一个新的居所和牧场。这样的生活课堂不会使人轻松活泼,积极主动,而会使人坚韧不拔,目标明确。总体而言,这样的教育对人的发展阻碍多于促进,游牧生活留给科学和艺术创造的时间和空间很少,但帐篷里也能产生真正的抒情诗歌和叙事史诗。而且,一旦有幸过上了比较惬意的定居生活,乌拉尔阿尔泰人就会立即在科学方面与邻近的文明民族展开卓有成效的竞争,例如马扎尔人、芬兰人和爱沙尼亚人在欧洲,还有满族人在中国。他们缺乏

---

① 这里"相反,乌拉尔阿尔泰语言的基本结构与古印度日耳曼语言相似,类似于马来语言与闪米特语言之间的相似性。"一句为1901第二版新增。——2016第三版编者注

的不是禀赋,而是发挥禀赋的机会。①

气候和土地对乌拉尔阿尔泰人影响巨大,同样,海洋造就了马来人的特性。富饶的热带雨林给人以感性刺激,远望大海也使人兴奋,从而,对远方的向往和冒险的本能躁动不安。牧人屈服于强大的自然,而水手则选择与强大的自然勇敢搏斗。前者顺应自然,后者迎难而上。乌拉尔阿尔泰人一旦拔营启程,就会以不可抗拒的力量,以排山倒海之势,征服一个又一个领地。他们的力量源自于人民的团结一致,万众一心追随头领的意志。此情此景对于马来族群而言无法想象,首先地理环境不提供相应的条件,其次思想禀赋也不适合于此。说到他们思想禀赋的最突出的表现,可用杀戮狂或猎人头来描写。残暴和贪婪、冒险和求新,此等放荡纵情的条件蒙古人及其近亲族群完全不具备。② 所有的马来民族都或多或少产生过从事农耕的想法,但是,热带自然条件太过优越,所以农耕未能充分发挥其育人价值。结果,只有少数部族将真正的、社会组织合理的国家建设付诸实践,导致割据分治的小社会大量存在,助长了众多方言的丛生状态。

两个族群都体现出高度的文化敏感性。卡尔梅克人和满族人甚至能够通过统一的元音符号改进闪米特文字,而真正的马来人在接受了伊斯兰教之后将印地语字母改换为阿拉伯字母,因为阿拉伯字母更易于书写,但其实完全不适合于非闪米特语言,有碍于清晰的表达。众所周知,土耳其人、波斯人和穆罕默德印度教徒在这方面的表现也曾经令人费解,而且也是由于上述相同的原因。

---

① 本段"总体而言……"至此为1901第二版新增。——2016第三版编者注
② 类似于猎人头的现象也出现于突厥民族,但都是血族复仇。该族群的人种特点模糊难定,所以,很难用其特点描写乌拉尔阿尔泰人种。——作者注

因此,应该比较研究蒙古佛教和爪哇佛教、土耳其伊斯兰教和马来伊斯兰教的组织特点,揭示相同对象产生截然不同的两种镜像的秘密。马来人体现出一种运动、幻想型禀赋,优点和缺点都十分鲜明,而乌拉尔阿尔泰人则体现出卓越的科学才干。我认为马来人缺乏这方面的能力。

可见,两个族群在思维方式、性格和语言结构等方面各行其道。乌拉尔阿尔泰人谨言慎思,话语结构分明,将思想整体分解为构成部分,首先说出具体现象的起因(主语),然后说明现象本身,句子成分的限定成分(形名词或副词定语)前置。所需材料预先集中准备,每个部分的使用适逢其时,共同参与整体的构建。这里体现出独特的组织意识,实际满足并非易事。思想和句子都以动词结束,而且诸思想相互联结,句子亦然。可见,使用分词和动名词实现句子关联是这类语言的显著特点。印度日耳曼语言的连词、德语的语序都要求句子组织自始就目标明确,使用简单句或者特定句子成分的问题早有安排。但在乌拉尔阿尔泰语言中,连词原本较少,语序也与句子属性无关,这样,究竟是结束句子或与后续句子组成某种关联,直至动词形式出现才有定论。下面是一个满语的例子:

Tere(那)ilan(三个)niyalma(人)emgi(一起)yabu-(走),

-mbi 变位动词

-ci 连词"如果"

-cibe 连词"虽然"

-ki 助动词"欲想"

-fi 连词"之后"

-me 连词"以……方式"

-re de 连词"在……期间"

等等。

如此,句子以世间最简单的方式相互勾连,如同一列火车的车厢,人们甚至可以将整本书写成一个组合起来的长句子。但是,印度日耳曼语言的一个段落与这样一个句子链又有何区别!印度日耳曼语言要求说者和听者具备一种力量,不到整座大厦建成不得松懈;而乌拉尔阿尔泰语言则体现出一种游牧特征,既随遇而安,又懒散悠闲。两种类型都体现出一种选择,或驿站间歇或不断前行。

马来人又一次表现出不同。他们用动词将所得印象以生动的感性整体呈现出来,就像一幅粗描快放的图画。然后,通过一个又一个谓语,逐个填充颜色和新的线条。动词无论位于句首还是句子稍后的位置,都呈现出一个相对完整的事物,然后再考虑如何补充完善和修饰润色的问题。这样,急于看到一幅整图的心情很快得以满足,然后,加工完善就完全成为惬意怡人的事情,不至艰辛难熬。时而也使用副词实现句子连接,并且在前一句安排连词之时就已考虑妥当,否则,句子与句子的连接就会重复使用连词,比较单调,就像讲述儿童故事,没完没了地出现"然后……然后……"。这样的话语散发出主动作为的清新气息。但是,马来人目标明确、桀骜不驯的力量又如何解释呢?试想马来人精美的木制品和精巧的交通工具、爪哇人精巧篆刻在棕榈叶子上的文字和仿造印度风格的辉煌建筑,其中蕴含着何等的力量!奴隶主只要求奴隶完成单调繁重的劳动——主人精于计划,善于创新。再想想那些充满自由思想的辉煌的工艺作品,例如波利尼西亚精雕细琢的船桨和牛骨,我不禁要重复前面说过的话,当然稍加改变:叹为观止!那些船桨或牛骨几乎达到了实用的水平。之后,物主可以随心所欲不断地把玩细刻,消磨时光,如同我们那些妇女手里的针织品,精益求精,永无止境。这里所体现出的那种耐力,马来民族最多只在文学创作中有所呈现。而他们的文学创作也充满黏着特性:成分比较简短,成分与成分依次排列,排列的频率和程度全由作者的偏好。

马来人非常感性和率性,但绝非多血质、变化无常,一旦认准的原则就坚守心中,伺机付诸实践。他们懂得等待,有时也委身于其他思想,但心中对既定目标却是念念不忘,不断寻找地点、时间和手段等各种机会去实现之。这样的思维方式倾向于调用各种资源服务于设想的事实,对于行为及其客体和主体,以及时机和手段等,认识清晰。萦绕在心头的是一个向往的事件,但不是一个过程,也就是说,不是一个由诸多事件构成的序列。所以,该类语言在某种程度上忽视动词时态。为了促成所向往的事件,相关事物被置于各种关系之中,而这些关系的表达依赖于动词,而非名词,因为动词是思想表达最重要的方面。这样,格无关紧要,取而代之的是丰富的动词的语态。总而言之,重要的不是行为,而是结果,所以,被动式话语多于主动式话语。

十四、班图民族[①]

班图民族及其语言似乎非常适合于我们这里的研究。那是一个庞大的、人类学和语言学元素非常特殊的类型,经历了数千年的发展,

[①] 参考文献:G. Bleek《南部非洲语言比较语法》(I u. II, i. 1862, 1869); J. 托伦特《南部非洲班图语言比较语法》*A Comparative Grammar of the South-African Bantu Languages*. London 1891。(此处两种参考文献为1901第二版新增。——2016第三版编者注)(此处"G. Bleek"似为笔误,应为"W. Bleek"。——译者注)

虽然分布极其广泛而分散,但却保持着惊人的稳定性和一致性。

与马来语言一样,班图语系大多数语言语调优美,但连读音变原则主要是正向的。表面看,两个语系都为黏着型,前缀和后缀结构清晰,易于分析。在班图语言中,词干尾部的元音会发生有机变化,某种程度上类似于日语的同类现象,例如刚果语 baka(捉住)、bakwa(被捉住)、bakila(相对于……而捉住)、bakisa(让捉住),相应地,日语以 mat(等待)为根词的词干形式有 mati、matu、mata、mate。主语位于动词之前,宾语位于动词之后,定语后置。在格的方面,用一种关系结构表达属格,形成一种格结构,其他格则用动词形式或介词表达,偶尔也用后置词或后缀——这又与马来语言相似。相比较马来语言,班图语言动词的时态和式较为丰富,而性较为贫乏,被动式虽然不是主要形式,但使用较为常见。变位涉及主语代词前缀和宾语代词前缀,相反,物主代词元素为后缀。

该类语言最耀眼的特点是其一致性系统,依外表而被称为头韵系统。其本质是,每一个名词都归属于一个特定的类型,在具体语言中有 8—15 种类型,每一种类型都通过特殊的前缀得以标记,一般有两种前缀,一种表单数,一种表复数,这样,作为名词的谓语或定语,每一个词都必须呈现相应类型的前缀标记,而且,在宾语变位中,类型标记再现为主语元素和宾语元素,如同印欧语言第一和第二人称代词的情形。根据不同功能,词缀的语音形式大多发生一定的变化。这样的名词分类在该类语言中并非到处都一样,同一个单数前缀在不同的语言中往往对应不同的复数前缀,但是,都遵循上述一致性原则。此原则是班图语言具有共同而独特的形式表现的根本基础。关于卡菲尔语,W. H. J. 布莱克(参看《南部非洲语言比较语法》*A Comparative Grammar of the South*

African Languages, Ⅱ, p. 96—100)提出如下聚合列表：

1. U-mu-ntu(人，单数) w-etu o-mu-χ'le(我们的美丽的) u-ya-bonaka(他显得), si-m-tanda.(我们爱他)

2. A-ba-ntu（人，复数） b-etu a-ba-χ'le ba-ya-bonaka, si-ba-tanda.

3. U-mu-ti（树，单数） w-etu o-mu-χ'le u-ya-bonaka, si-wu-tanda.

4. I-mi-ti（树，复数） y-etu e-mi-χ'le i-ya-bonaka, si-yi-tanda.

5. I-li-zwe（国家，单数） l-etu e-li-χ'le li-ya-bonaka, si-li-tanda.

6. A-ma-zwe（国家，复数）etu a-ma-χ'le a-ya-bonaka, si-wa-tanda.

7. I-si-zwe（民族，单数） s-etu e-si-χ'le si-ya-bonaka, si-si-tanda.

8. I-zi-zwe（民族，复数） z-etu e-zi-χ'le zi-ya-bonaka, si-zi-tanda.

9. I-n-tombi（姑娘，单数） y-etu e-n-χ'le i-ya-bonaka, si-yi-tanda.

10. I-zin-tombi（姑娘，复数） z-etu e-zin-χ'le zi-ya-bonaka, si-zi-tanda.

11. U-lu-ti（棍杖，单数） lw-etu o-lu-χ'le lu-ya-bonaka, si-lu-tanda, u. s. w. [1]

---

[1] 此处布莱克关于卡菲尔语的例子为1901第二版新增。——2016第三版编者注

这些前缀的原始意义不清,存在争议,但于我们的目标也无足轻重。有人猜测它们曾经原本就是名词性物质词。即使这种猜测正确无误,也必须指出,这些元素在语法中与人称代词完全等值,因此,在语言意识中也与之等值,是真正的形式元素。另外,一个名词为什么恰恰属于这个或那个类型,其原因也只是有时清晰可见。词缀的语音构成体现出某种同形,但其中的词源联系却少有发现,就像英语的 he、she、it、they 或者埃及语后缀 f、t 和 u。可见,像我们屈折型语言中广泛存在的某些非理性因素,也在这里发挥着作用。这类语言的黏着形式十分活跃,且自由多变,存在无数变体,因此,动词的时态和式得到充分发展,叙事话语经常文采华丽,堪称感性直观的典范(参看 L. 格鲁特《祖鲁语法》*A Grammar of the Zulu Language*,§.551 in Verb. mit §§.226—306., 贝尔《蓬圭语法》*Grammaire de la langue Pongouée*, pg. 52—141, 201—204., W. H. 本特利《刚果语词典和语法》*Dictionary and Grammar of the Kongo Language*, pg. 619—698.)。[①] 仔细观察这类语言句法的可塑性,并从中探究相关民族的心理特点,我们很难获得卡菲尔人及其相近民族给人的印象。一个语系所体现的思想就是相关族群的思想特点,这一原则似乎在这里遇到了真真切切的反证。但是,这一原则必须证明自己,我们需要谨慎运用归纳法,梳理相关真切事实之间的联系。使用归纳法历来不能否认相关事实之间的联系。

黑人,包括班图人,是绝对的多血质者:善感且刚烈,好学、幽

---

① 本段"这类语言的黏着形式十分活跃……"至此为 1901 第二版新增。——2016 第三版编者注

默、巧于模仿,但认识肤浅,无奈而刻苦,伺机就懒惰,但本性并非懒散,侃侃而谈,嗜好装饰打扮和享乐,虚荣心强,同时心地善良。自然和历史使他们成为农民,对耕地和作物的经营轻易为之——主要劳动由女人承担。男人的骄傲就是他的畜群,那是他的目标,是集中体现占有欲和虚荣心的场所,所以,对家畜的争夺成为无数战争的起因和目标。国家的规模大多很小,多个部落组成较大的统一体,拥戴一个国王,但经常维持不久,到处都是短命的存在和事件,却没有历史,事情一件接着一件,但不能构成持续发展。不过,居所固定的政治生活、农业、活跃的贸易在这里也曾经硕果累累。相比较闪得闪失的爱情或转瞬即逝的仇恨,思想精英们更重视私有财产的获取和保护。在居民的共同生活中,法律获得了应有的地位,而法律思维使得思想精英们养成分类和归纳的思维方式。在宗教认识、童话和诗歌等方面,班图文明的贡献乏善可陈,但在法律方面,卡菲尔部族可与非常先进的种族比肩。他们不仅创立了一套民法,而且还提出了一套国际法。班图人热衷于法律教条,像罗马人,喜欢诉讼,是精明的律师。这意味着,有限的思想禀赋,却体现出高强的单项能力,因此,我们必须追究相关语言能力之所以蕴藏如此惊人力量的原因。这里,我们应该深入研究卡菲尔人的法律观念,揭示其与该语系名词语法分类之间的联系。语言学无法保证这一研究取得成功,因为,如上所述,许多名词的分类因语言而各不相同。

我们这里所涉及的是一种特殊的教条,高度灵活,善于适应,因为,每一个名词都属于特定的类型,都将话语转入一个新的头韵序列,头韵在几乎每一个句子中都有不同的语法形式。相应地,这样的语言也应该是该族群性格的反映。

十五、美洲印第安语言

从格陵兰和阿拉斯加直至火地岛，美洲原住民的语言被总体归为一个类型，即多式综合型。这一归类未免草率。实际上，它们体现出非常不同的语言结构。其中，有的非常简单，如奥托米语、奇布查语、牧村语和布里布里语等。如果说克丘亚语接近欧洲的后缀黏着型语言，那么，巴斯克语、阿布哈兹语和叙尔坎语等语言的变位系统则可以与那些公认为最具美洲语言特色的变位系统相比较。而这些语言正是我们应该关注的对象。人们尽可以猜测并提出所有美洲语言都同源的观点，但一直未得证实，也很难证实。但是，这里大多数语言的动词结构盘根错节，经常把整个句子浓缩为一个词。相应地，格系统大多很不发达，根据 A.S. 加切特的研究，格系统相对最强的是北美洲和南美洲西部的一些语言。[①] 语种即是人的禀赋。要评估一种语言的价值，就必须了解其最高且最独特的发展状态。因此，只有耦合型多式综合结构最为纯粹、最为丰富的那些语言和语族，才最能体现美洲语言的类型特征，例如阿萨巴斯卡语言、易洛魁语言、阿尔冈昆语言、纳瓦特尔语、瓜拉尼语（图皮语）等。

除了中美洲和秘鲁等文明的民族之外，所谓棕色人种的思想禀赋、性格气质和生活条件本质上都是一样的。只有迫于自然条件，印第安人才会勉强从事农业和畜牧业，才会过定居生活。他们

[①] 本段"相应地，格系统大多很不发达，根据 A.S. 加切特的研究，格系统相对最强的是北美洲和南美洲西部的一些语言。"一句为 1901 第二版新增。——2016 第三版编者注

生性高傲、排外封闭,更喜欢自由自在、浪迹天涯的狩猎生活。当然,这样的生活不会成为培养高级文明的学校,但同样肯定的是,追求紧张刺激亦非意志软弱或智力低下的标记。西班牙占领者在中美洲和南美洲发现的那些文明,并非班图民族所创造,而马来人那些类似的创造则体现出雅利安人和闪米特人的思想。事实证明,切罗基人等部族对欧洲文明非常敏感。在有些资料描述中,印第安人非常残暴,令人震惊,但也催人反思,因为他们体现出坚强的意志,其中蕴藏着一种理想的性格,对认准的目标毫不动摇,志在必得,笑对一切痛苦和折磨。伯恩的理论抽象、深刻。他强调指出,多灾多难的生活成就了这种人坚忍不拔和谨慎多虑的行为方式,而这一点也成为他们语言的特点,具体集中体现于动词。此论不无道理。这些语言的特点在给我们讲述真正的"皮袜子故事":迫害与被迫害,对重要征兆和一切蛛丝马迹的观察敏锐而全面,等等。整个故事就像精明侦探的刑侦报告,描述全面,直奔主题,提纲挈领,形象生动。许多这样的语言喜欢将整个情景描述成一幅图画,而且只用一个很长的复合词,其中每个成分非常简短,甚至难以辨认。这是一种高度概括和浓缩的艺术,在易洛魁语中表现尤为突出,堪称大师之作。面对这样的语言,至少欧洲学者需要付出很大努力才能将其构成成分剥离出来。[①] 不难想象,在这样的思维中,表示静态的名词概念也被融入到动态的动词概念之中,正所谓"大的吸引小的"(Pars maior trahit post se minorem)。一切事物,甚至包括各种生命体及其特征,都如同一段历史事件交替出

[①] 本段"许多这样的语言喜欢将整个情景描述成一幅图画……"至此为1901第二版新增。——2016第三版编者注

第四章 语言评价,语言价值评价的视角 169

现,逝去的人、被打碎的烟斗,等等,都以绝对过去式形式出现。美洲语言的这种基本特征反映出印第安人的思想禀赋,对此,我深信不疑。他们对事实观察敏锐,行动坚韧不拔,生性高傲,同时又乐于顺从天命。例如,克里语的动词就体现出一种异常全面而缜密的意识。这里,动词有许多不同的后缀,分别表示被猜测或被相信的事物、不同感官的感知、不同身体部位的行为、不同工具的使用、水上事件、路途事件,等等。(参看拉孔布《语法》*Grammaire*, p. 111—116)在这方面,玻利维亚包雷斯人的语言应该更为丰富。(参看 A. 马乔《艺术》*Arte*, p. 22—40)达科他语其他方面表现平常,但却有 6 种前缀,分别说明实施行为的身体部位或使用的工具,说明撞击、挤压、打击、剪切、扎刺等状况。(参看 S. R. 里格斯《语法》*Grammar*, p. 15)在这方面,北阿萨巴斯卡的语言表现也十分惊人。(参看 E. 珀蒂托《戴奈定吉词典》*Dict. de la l. Dènè-Dindjié*, p. LXVI—LXXV)亚基马语有一种特殊的动词形式,表示夜间发生的事件。(参看 M. C. 潘多西《语法》*Grammar*, p. 28)这样,对于我们的感受而言,有些现象极其表面、微不足道,但对于这类语言而言,却被视为典型的特征而被融入动词所描述的画面。另外,这类语言中还存在许多性和式的形式,相当于我们印欧语言的及物、被动、因果、现实、虚构、否定、疑问、开始、终止,等等,还有说明方向和情态的状语,例如表达同情或嘲讽的状语。据我所知,其中有些语言存在敬语形式,其中对严肃、高傲的表达尤其值得关注,根本没有屈尊的表达形式。例如,纳瓦特尔语有敬语代词和敬语动词形式。我们在上文 246 及以下诸页看到,阿尔冈昆语言的第二人称在变位形式中地位优先。在易洛魁语中,女性受到某种歧视,例如,在礼貌地谈论一个女性直亲或表亲的时候不用阴性,而是用一种不定形式(大概相当于德语不定代词 man,不用阴性代词 sie)(参看 N. O. Études philolog. sur quelques langues sauvages de l'Amérique, Montréal 1866, p. 145)。① 如此丰富的语法范畴因不同语言和语族而表现各异,彼此分明,令人称奇。根据可靠的观察,相比较一门比较简单易学的欧洲语言,印第安人更容易掌握最复杂难学的印第安外语。对于我们也是如此,当然方向相反:最难的欧洲外语比最简单的印第安语言更容易习得。因为,无论这里还是那里,诸语言的思想观念都高度一致。

这里有必要提醒注意印度日耳曼语系中完全相反的情形,其中有的语言坚决摒弃动词表达,我指的是古梵语。有人认为那是一种艺术语言或为了教学目的而艺术化的语言,其艺术化的方式的确体现出艺术家的性格。在这样的话语中,静态的名词优先于动态的动词,这完全符合那些生活在安逸宁静之中的人们的感知方式,似乎瞬间也应该"在永恒的相下"(sub specie aeternitatis)②。

十六、其他民族和语言

我们并非永远都那么幸运,能够按照语系或类型将语言和人种或族群相比较。我认为如此比较的条件是,所有主要因素都呈现出某种统一性和稳定性。

我想,澳大利亚黑人的语言就应该排除在这种研究之外。据我们所知,这些语言不仅仅具有同源的特点,而且还应该是同一个

---

① 本段"例如,克里语的动词就体现出一种异常全面而缜密的意识……"至此为 1901 第二版新增。——2016 第三版编者注

② 斯宾诺莎语。——译者注

母亲的女儿。但是,使用这些语言的族群却由于可想而知的恶劣生活条件而明显衰落。这些黑人的语言并没有什么特别严重的问题,但相对于他们贫乏的精神生活,却好比骨瘦如柴的身体上肥大的外衣。我们不妨从归纳转入推测,从外衣推测身体在曾经优越的条件下该是怎样的体格。

印度支那语系大概是世界上类型最丰富的语系,其中首推孤立型语言中的珍珠,即汉语,其次还有泰语家族、暹罗语、老挝语、掸语、阿霍姆语、艾拓语、坎底语等其他语言,都属于结构性较弱的孤立型,再次还有介于孤立型和黏着型之间的缅语及其姊妹语言。与之相近的是藏语,其词干可做类似于屈折的变化。最后还有一类非常奇特的黏着语言,内部差异很大,甚至包括形式丰富的耦合型。可见,民族特点和文化的多样性达到何等程度!

高加索的语言和民族都拥有共同的特点。那里是多民族的发源地,但并非他们的摇篮,甚至不是他们民族发展青年时期的游戏场、衰落时期的避难所。民族性格的养成和思维方向的确定,可能都得益于山区生活,而影响语言形成的力量则可能属于一个早已被人遗忘的历史阶段。同样,巴斯克人种的问题也很棘手,单个民族和小众族群根本不能给我们提供相关方面有价值的研究素材,例如德拉威人和科拉里人,越南人以及与之语言相近的柬埔寨居民和勃固居民等,还有东北亚的日本人、朝鲜人等其他使用孤立语言的民族。从其他视角看,努巴族群也是如此,他们的生活自古受到很大的外来影响。我们还应该尝试研究霍屯督人和爱斯基摩诸民族。后者在文化和语言方面都扮演着一种模棱两可的角色,介于乌拉尔阿尔泰游牧民族与美洲狩猎和尚武民族之间,难道不是吗?

十七、伯恩《论语言的结构原则》

我们这里思考的问题,也是洪堡特那部重要著作中的议题。据我所知,伯恩的《论语言的结构原则》(*Principles of the Structure of Language*)是对洪堡特的继承和发展,除此之外再就没有什么佳作问世了。伯恩运用分析推理,追溯语言最主要现象的心理学基础,然后运用归纳法,证明这些心理学基础与民族文化和思想的对应关系。这是一次伟大的尝试,不仅体现出勇气和新意,而且研究方式大开大合,一以贯之,令人称奇。这位语言哲学家思想丰富,研究充满新颖而有益的视角,极具教义和启发性,即使那些有争议的观点也是如此。在洪堡特的思想中还有某种生硬的二元论作祟,将人种截然分为海伦人和蛮荒人、文明人和野蛮人,认为语言有完美和不完美之分,而且这种对立没有渐次过渡,只有两极相对。施坦塔尔正确地指出了这一对立的渐次性,但仍然将语言区分为形式语言和非形式语言。其实,之前就有人对所谓非形式语言进行了深入的语文学研究,并且不认同语言形式与否的对立。我对家父永铭于心。他曾经强调指出许多外语独特的美感和细致性,描述了思想世界在其中被形式化和结构化的情形。他指出一种语言的野蛮落后,这对于相关语言应该是一个很不幸的观点,但他的指责实际并不是指向相关民族语言语法手段的语音特点,而是指向民族思想的贫乏性,因为他们的语言语法手段欠缺且片面。我可以毫不夸张地说,家父不仅认识到相关语言表面的因素,而且认识到某些潜藏在其中的因素,这些因素一旦爆发,相关语言就会发展成为功能强大的语言。另外,他还注意到,一种语言命运不佳,其发展就会受阻，甚或偏离方向，例如，他认为满语的发展就受到了阻碍。

对于这些外在影响，人们经常可以推测，但却很难历史证明。在我看来，伯恩并没有十分关注这些影响。他过于关注民族的思想禀赋，似乎认为形成民族思想禀赋的历史条件都是一样的。这样的观点过于简单化，损害了其研究成果的科学性。另外，他的问题还在于，本来应该运用深厚的语言学专业知识，他却非常自信地以非科学或残缺的资料为研究对象。我认为，只要坚持以几个大型语系为对象，从它们最明显的现象入手，上述两个错误就都可以避免。这里，我们又一次需要像画家那样开展工作，与对象拉开距离，从而获得整体印象。

十八、具体现象和具体语言

如此看来，语言评价的任务显然才完成了极小部分，依然任重道远。而且，即使针对单个语言和孤立语言，也只有某些语言现象适合于评价，也应该予以评价。每一种语言、语言中的一切都有其心理学基础，所以，我们应该根据语言现象追溯这些心理学基础，甚至包括那些恶习的心理学基础。人为什么有此恶习？同样，自由的语言为什么会屈服于那些外来干扰？对此，我们可以用几个例子来说明。

语言的每一种变化都不是对现有语言手段的规则性使用，不是对现有语言机制的延续。我们称这种变化为改变。每一次这样的改变原本都是错误的。所谓正确使用语言就是如同族群同伴一样使用语言，因为，语言具备元民主属性。在此严格意义上，每个人大概都有违反其母语使用规则的时候，例如，由于激动或疏忽而发音错误，构式偏误，构词形式错误，格、时态、式等使用错误，等等，而且这些都是心理的。如此看来，人类语言也如同人的身体一样，要面对多种疾病的传染。我们总在无意识地模仿，模仿自己和他者。对于经常所闻和所言，我们迟早会习以为常。开始时感觉陌生的东西，最终会成为自己的东西，对此，我们随而从之，全无恶意。在这方面，诸多个体和民族之间存在很大的差异性，面对变化，有的态度坚定，坚决排斥，有的宽容忍让，这些也是心理的。捷克人性格特殊，坚守自己的语言数百年几乎无变，克服了来自于方言的分裂。而马来西亚民族的情形却相反，自从欧洲的轮船驶入他们的海港，就殷勤地效仿外来者的语言错误。其实我们无需看那么遥远的地方，我们身边就不乏这样的事情。例如某个名人的习惯用语甚或独特的发音，会传播至整个社会阶层，乃至整个民族。那么，这其中有哪些心理因素在发挥作用？首先应该是个体的激情，然后是其他人的敏感性、可塑性，最后还有战无不胜的惯性。

然而，惯性具备双重属性，此处宽容忍让，但求相安无事，彼处坚决排斥，坚守既成习惯。澳大利亚黑人妇女，虽然远嫁到一个陌生部落，却终生保持自己的本族语言；还有，特立尼达的加勒比人使用所谓男人语言和女人语言，其中却并存着阿拉瓦克语和加勒比语的形态和词汇。我认为这些都是例证。

日本人也具有同样的禀赋和喜好。但是，他们一方面凭此正在迅速征服欧洲文化，同时也受此诱拐数百年，将光鲜的汉语元素纳入自己优美的语言之中，最终使之饱受冲击，面目全非。我之所以如此措辞，目的是想指出，那些汉语元素极其另类，但却能在日语中大行其道；而英国人对他者的接受却完全不同，将进入自己语言中的无数外语词毫不留情地英语化，似乎任何进口商品都要先配上英国包装和英国标签,否则便不被认可。[1]

因此,语言现象无论多么表象、多么偶然,都能体现民族的思想禀赋。但对于我们而言,从其他方面观察问题更为清楚。

这里,我们应该一如既往地从现象和手段的双重视角观察语言,更准确地说,是从一个现象系统和一个手段系统的双重视角观察语言。此两种视角所涉及的不仅是语言的结构,而且还有语言的词汇,既涉及语法,也涉及词典。在科学的语法中,两种视角界限分明,分析系统将现象有机地组织起来,并做出解释,而综合系统则指导人们对手段的使用,由此,分析系统内在地优先于综合系统。在前文中,我们试图通过语族的语言结构来证明相关人种的思想禀赋,所采用的就是这里所说的做法。无论是语言现象还是民族的思想禀赋,所涉及的都是常量成分,不要忘记,即使语言结构最粗略的轮廓,本质上也只是史前人类某个族群精神需要的适当表达。

一种表达即是一种手段,然而,手段服务于目的,而目的随着历史进程而不断变化。

每一种民族语言都是一种相对完善的手段系统,也就是说,能够满足民族通过语言表达思想的需要。无论是人表达思想的需要,还是通过语言所追求的目的,都是有高有低,或广阔或狭隘,或粗略或细致,语言必须追求二者之间的平衡,而绝对的平衡只能在平静的发展时期才能实现,跨越式发展突如其来,语言发展就会滞后,就需要外部力量的支持。外来词被引进,外来的句子模式和语体模式被模仿,于是,平静的发展被打破,语言发生动荡。我们欧

---

[1] 当年,发达的英国歧视进口商品,甚至于1887年8月23日通过歧视性"商标法案",规定所有外国进口商品必须标明原产地,例如"Made in Germany"。——译者注

洲民族之间的思想交往频繁,经历语言发展如此动荡的时代已有数百年之久。在此过程中,语言的功能变得更为强大,相应地,语言的独特性也应该有所减弱。相反,在民族发展迅速衰落的时期,其语言会长期保持大量无用的语汇,人们对之既恨又爱,患得患失,犹豫不决,但终会丢弃。随着语言任务的迁移,语言要服务于新的思想群体,这类似于骑行的水手,他那匹老马需要面临右舷和左舷的问题。这里蕴含着一切历史发展的辩证法:当前决定目的,而手段承载着历史的记忆。

我们首先从语法方面入手,关注广义的语言形式,所提出的问题是,为什么语法形式的范畴因语言而异?为什么诸语言所使用的形式化手段彼此不同?有的语法形式为什么在此语言为必然,而在彼语言却视需要和心情而定?显然,被语言固化为形式的,只能是那些特别符合相关民族思想的东西,同时,语言形式化手段的选择取决于材料和形式在该民族思想中相结合的方式。形式化手段可以深入到物质词的词根之中,例如闪米特语言三辅音词根中的元音架构;也可以作为独立的助词出现于物质词之间,形式上与之相同,但价值与之相异;也可以作为词缀不同程度地依附于词干,或位于词干之前,或位于词干之后,反映人们认识事物的顺序;最后还可以表现为语序规则,它游弋于物质词之间,虽然无形,但却清晰可辨。看来,人们只需要正确地描写相关现象,就可以揭示蕴藏在其中的根本性力量。进一步对现象进行统计学观察,我们会明白,在哪些语言中外在形式与其范畴形影不离,在哪些语言中存在逻辑心理关系是否需要被表达的问题,在哪些语言中逻辑心理关系通过不同句子成分被反复表达,在哪些语言中却只被表达一次,逻辑心理关系的表达在不同语言中是怎样被分布在话语构成的各个部分的,等等,这样,"同义反复"似乎又成为我们进行阐释的原则:将语言回译为思想,再将思想回译为心理和文化。后一步极为困难,敢为之者,将没有坦途可行,必须面对满目荆棘。①

　　各民族都在经营着其语言所具有的独特的力量,并且各有其法。我称之为语言的教化或者语言的颓化。毫无疑问,恰恰在这一点,民族特性得到非常直接和明确的体现。相对而言,我们之前所论述的种族和语族的主要特征较为显见,而语言教化或颓化的深层次原因则较难认识。罗马人只需要 3 个过去时态,而法国人则需要 5 个过去时态,如果再算上与 venir de… 的那些搭配,那就是 8 个。这说明,法国人的区别意识更为强烈。但是,我们不能简单地将这一区别与罗马方式和法国方式之间的其他差异联系起来,难道不是吗?这一点应该始终非常清楚,因为一切之间皆有联系。上述现象是那种较为年轻的语言所取得的进步,在我看来,那说明该民族对直观性审美的要求有所提高。实际上,这样的要求决定了法语动词的使用方式,例如不定式经常与 aller、venir、se mettre à、faillir、penser、finir par 相搭配。使用这样搭配的话语具备一种丰富多彩的活力和动感,足以感动我们。同样,英语话语也非常直观和形象,但其特点在于助动词和副词。相对于瞬间性的事物,英语更喜欢形象描绘那些持续、变化的事物。再比如,有的高地德语方言只有两个过去时态,即现在完成时和完成完成时(例如 ich habe gegessen gehabt 我那时已经吃过饭了)。现在完成时包括未完成过去时和瞬间体过去时。相互比较之下,我必须反思问题的本质,我指的是描述过去、重温过去的方式。这样的重温还

---

① 本段为 1901 第二版新增。——2016 第三版编者注

必须随时弥补描述中直观性的不足,为此,人们在高地德语话语中大量使用情态小品词。其本质是,说者舍弃了对话语的客观完整性和直观性的追求,转而注重吸引听者满怀激情地分享自己的心理态度。说者的心理态度不仅受到事情本身的影响,也受到自己主观倾向的影响,进而也影响话语的客观内容,因此,如果这一影响体现为话语的形式,则意义深远。我将这一影响称为"心理情态"。据我所知,在整个语言世界只有两种人对待此情此景游刃有余,那就是希腊人和中国人。我必须强调指出,心理情态非常细腻,属于语言中最难以捕捉的东西。

这样,我们的研究已经深入到单个民族的精神世界之中,现在,我们可以大胆地将语言价值评价最为重要的因素全面而系统地罗列出来。

1. 语音

毫无疑问,对于语言评价而言,具体语言的语音非常重要,令人迟疑的似乎只是从中可以得出哪些结论?以及哪些属于关键因素,是语感实际能够区分的语音的量和方式呢,还是发音、韵律、节奏、音串组合等要素的细微差异?其中,有多少属于严格界定的区域方言?有多少又是来自相邻语言的语音影响?例如,俄罗斯人保留了古斯拉夫语的重音,而塞尔维亚人将重音前移了一个音节,捷克人的重音在第一个音节,波兰人在倒数第二个,与之不同,塞尔维亚-克罗地亚语将古斯拉夫语的重音向词首方向移动了一个音节,尾音重读变成了倒数第二个音节重读,等等。这些都绝非偶然,也不是纯粹的机械变化所致,类推原则应该发挥了巨大的作用。但是,选择怎样的规则作为类推的范例?其决定性因素是什么呢？谁能说明其中彼此不同的心理因素？满族人和日本人特别强调某些特定的单音节后缀小品词，可以设想，这些小词在语音方面，甚至在词源方面与感叹词相一致。重音也可能反映了相应对象的心理态度，说明这些小词所代表的概念范畴在人们心里的位置。印度日耳曼人将重音置于词干或后缀，用升调或降调说出词干元音，例如梵语 êmi＝我走、imás＝我们走，这至少说明，对于他们而言，词汇单位的统一性非常重要，而且其功能不仅仅是对材料元素和形式元素的清晰区分。① 据我观察，所谓话语的语调，在德语斯莫兰方言、安哈特方言和上阿尔萨斯方言中几乎是同一种调子。很难说这是它们从古时获得的共同遗产。那么，这种一致性难道是巧合吗？难道不会是相同的原因在所有三种方言产生了相同的效果吗？对于当前而言，这些问题虽然难有定论，但值得深思。

2．心理发音

现在，我们需要澄清一系列事实。据我所知，它们尚未获得语言学的足够重视。

偷听者只需获取别人对话的某些碎片，便可以满足对交谈内容的共知。他的工作是进攻性的，因为他必须努力去听，以捕获尽可能多的话语片段；他必须集中精力，以便在偷听时补充漏听的成分。如果对话使用的是德语或马扎尔语，偷听者听到的就主要是单词的词干音节，因为那是重音所在，相反，词缀和大部分助词则

---

① 本段"与之不同，塞尔维亚－克罗地亚语……"至此为 1901 第二版新增。——2016 第三版编者注

听不到或者听不清,只能被听为话语声音中的间隙。因此,此时听者的处境如同面对一位发音不清的说者。假如与他对话的是一个醉汉,口齿不清,他得到的听觉印象也同样是碎片式的、模糊的,同样也需要在大脑中弄清和补充许多内容。

我把这一过程称为心理发音。此过程始终都是发音的过程,对此,我们可以注意笨嘴拙舌的人说话的情形,或者我们说话有时会情不自禁地尖声、高声的情形。醉汉的心理发音是否会表现得好些,还不清楚,需要根据具体情况才能做出判断。但是,我确信能够举证说明残缺的心理发音现象确实存在。它们的共同之处是,在特定情况下,缺乏清晰发音或清晰感知语音的心理要求。在德语中,把 Guten Morgen(早上好)说成或听成 Moin(早上好),很难说会有把缺失部分补上的想法,还有大量使用礼貌用语和专业用语的情形也是如此,例如,Regiment 成了 'ement,Zu Befehl,Herr Oberst! 成了 fä-ä-obst,Oberappellationsgericht 成了 Ovationsgicht 或 Owalsionsricht,另外,我们也不能把这些模糊的语音准确地书写出来。在英语中,这种简约形式有的已经有其书写形式,并登上大雅之堂,例如 Gin 代替 ginever,Hock 代替 Hochheimer,cab 代替 cabriolet,good bye 代替 good be ye,等等;法语 sieur 和 M'sieur、意大利语 Monna、西班牙语 usted、葡萄牙语 vossé 等,都是这方面的例子。

在这方面,书写还要面对其他形式的语音简省和模糊现象。在书写和印刷中,用首字母代表特定的词语和词组,读的时候也追求简化,只读成字母而不读成词,例如,用 ZDMG IX,307 代替 Zeitschrift der deutschen Morgenländischen Gesellschaft(德国东方学刊)第 9 卷 307 页,英国人说出 M. P.、B. A.、L. L. D 等字母时已经毫不迟疑,习以为常;在犹太德语中,把 Rt＝Reichsthaler(帝国塔勒)说成 Rat。这里,无论在说者、作者一方,还是在听者、读者一方,都发生了一种浓缩过程,发音简省只涉及量,而不涉及质,另外,此刻话语双方的心理活动更为紧张。

然而,相反的情形也有出现。有一种速记法,不是记录每个字母,而只是涂或描出单词的整体模样,只求其形大致可辨,例如将 e、n、m 书写为一横,i 和 u 为一点和一条 u 线。这样的文字,尤其是出自于亲手或熟人之手,我们经常能够快速阅读,准确理解,但要求我们在心里完成发音的程度很低。

我们如果对书写材料的内容非常熟悉或不感兴趣,就会一掠而过,这一过程经常体现为半出声的喃喃低语,所听到的是某种连续的 ääää,会看到说者嘴唇在动,那表示他在发辅音。在公务和财务窗口就可以看到这种情况。这种工作没有什么挑战性,因此,训练有素的公务人员可以日复一日处理堆积如山的公文,无需休息放松。他对熟悉的、制式的内容一目略过,本身就是一种休息。对他而言,其中任何错误就如同宁静中的噪音,都会被随时发现。看来,无论程度多么微弱,他的确还是发音了:他手握一把钝刀砍向一粒小小的沙子,发现不行,随即又换了一把锋利的刀。他通常只会对主要的、对他而言新的内容准确发音。类似情形也发生在教师身上,例如在听一篇范文或一首烂熟的诗歌的时候;或者当文本的内容轻易可猜的时候,朗诵者和听者都会快速而含糊地喃喃而语。在所有这些情况下,心理发音都很微弱,很"不锋利"(不清晰)。

如遇话语的内容或形式特别重要,无论外在还是心理发音通常都会非常清晰,例如在争吵中,在宣教时,在强调肯定或否定时,在迫切的请求中,等等,这时,说话声音升高,发音器官活跃,如若书写则浓墨重彩,强调单词和整个句子,频繁使用问号、感叹号、省略号等,似乎文字在对我们呼喊、向我们示意。此刻,无论话语的表达还是话语给人的印象都十分凸显。所谓印象就是心理发音。

看来,说者在引入一个成分之前,会先将听者记忆中的很多已知事实激活,以使听者对将要被引入的新事实有充分的心理准备。对于语言形式的评价而言,被引入的新成分应该非常重要。

观察语言的形态,可得如下结论。语言的语音形式手段主要体现于外在附加成分,体现为助词和词缀。有的语言有中缀。中缀其实都源自于前缀或后缀,这是或多或少可以证明的。印度日耳曼语言和某些芬兰语言词干元音的变化也是后缀语音正向影响的结果。闪米特语言、科普特语、藏语、格雷波语等语言的内部屈折现象非常特殊,令人惊讶,其中有些可能基于某种语音象征,另外,孤立型语言的语言结构也很罕见。除此之外,形态都体现于外在附加和外在组合,结构比较松散,成分相对独立,一目了然。

发音就是结构化,而每一种语言都是结构性的。语言结构的成分可能价值各异,形态不同,如同哺乳动物的不同类型,也可能彼此相似,如同蚯蚓的体节。

如上所述,发音有外在和心理之分,无论说或听、写或读,无处不在,只是发音的程度各有不同。在正常情况下,说者的外在发音取决于心理发音。话语各语音构成部分在说者大脑中的清晰程度,决定着被说出的清晰程度,不赢不亏,恰到好处。相应地,在正常情况下,听者的心理发音无需多于说者的外在发音。听者经常在不集中注意力的情况下即可听取基本信息,例如,面对我们非常熟悉的说者,从只言片语即可知晓他的思想;或者面对非常熟悉的话题,我们只需几个关键词,甚至几个音或者语调,即可得知核心

第四章　语言评价，语言价值评价的视角　　183

内容。当然，这些也取决于我们理解事物的敏锐性。

　　但是，发音既费脑力也费体力，长此以往，没有人会付出超额的努力，久而久之，听者的理解力决定着说者的发音，听者的理解力越敏锐，说者的发音就越懒散和模糊。前文我们已经指出，发音的程度取决于兴趣的大小，现在我们发现，兴趣可能也受制于外部情境。

　　而这些外部情境恰恰对于我们的目的十分重要。

　　本质上，语言的每一个语音变化都是错误的发音。发音错误很可能出自于无端的画蛇添足，或者无谓地将语音加重和拉长，例如，皮钦英语 allo＝all，piecee＝piece，马达加斯加语 olonă＝马来语 ōra'n（人）、danitră＝la'nit（天空），德语 Karnickel＝caniculus，西班牙语 espada＝spada，阿拉伯语的 Alif（表示"增大"的词缀 j），应该还有意大利语第三人称复数词尾 sono、vengono 和 amano，等等。这里，在满足表达的限度内，正确发音的自觉性与发音器官的舒适性达成了一种"双赢"的妥协。如此，语音发生了变化，亦即被发成了其他的音，但是，既不会多一点，也不会少一点。

　　但是，不难看出，对于我们的目标而言，我们从中很难有所收获。马达加斯加人习惯在词尾附加一个元音，而不是省去词尾的一个辅音，但这最多表明他们内心希望保持词的语音完整性的愿望。而波利尼西亚语则相反，每一个词尾的辅音都不发音。

　　但是，对于我们而言，问题的关键不是那些语音范畴，而是概念范畴，是那些在具体语言的发音中被优先或被忽视的概念范畴。恰恰在这方面，问题非常复杂。

　　当前，在印度日耳曼语学界盛行一种黏着论，认为一切语法形式和构词形式都由原本独立的成分组合而成。这种可能性是存在的,因为,语言历史表明,所谓形式原本大多都是语音完整的成分,因此,对说者和听者而言都非常清晰易感,他们双方对其中的概念意义有强烈的意识,简而言之,说者和听者对形式的心理发音和外在发音都非常清楚。形式的历史越是久远,这一特点就越是明显。不完全变化系统是我们印欧语系的特点,但是,它可能源自于一种更为古老的状态,那时,根据黏着原则,每一种形式都可以被黏着于任意一个词干,也可以在不影响理解的情况下被省略。随着历史的发展,形式元素失去了独立性,因此,必须附着于词干。在早期很长时间里,发音规则非常机械:人们切身感受到那些非独立元素的价值,并通过心理发音和外在发音将此感受表达出来。随着时间的推移,心理发音和外在发音越来越钝化,形式逐渐模糊,甚至消失。有些永远地消失了,再也没有出现替代品,因为人们对它们彻底失去了兴趣;另一些则与时俱进,积极顺应现行的发音要求,形成新的形式,并且伺机成为唯一可用的形式。但是,印度日耳曼语言的最新变化是,形式元素的发音极度退化,同时,助词也并未完全替代形式,形成了类似于某些黏着型语言中的词缀,在许多情况下,语序已经成为表达语法关系的唯一形式,完全达到了汉语的水平。汉语是我们印欧语言努力发展的方向。

  在其最早的文物古迹里,汉语的形式就已经彻底钝化,很早就存在我们上文所说的浓缩结构。这种语言的表达手段丰富多彩,足以满足各色人士的交谈。他们思维敏捷,理解力强,言简意赅,寓意深远,完全能够交流理解。我们通常说交流意图藏在"字里行间",在此应该说"字字珠玑"。但是,话语中只有少数成分需要清晰的发音。

  我认为,形式元素发音弱化,形式元素与词干的语音相互影响,这是一种积极的标记,即使对那些所谓黏着型语言也是如此。因为它们表明形式不具备独立性,处于从属地位。我认为,对乌拉尔阿尔泰语言的元音和谐和各种连读音变规则,包括其他语系的连读音变规则,也应如此看待。有人将词缀发音完整视为思想迟钝的标记,此论令人费解,因为每一个新出现的词缀都发音完整,而且这种状态有时持续很长一段历史时期。我们不应该从这些现象得出什么消极的结论,除非我们对其语言历史深有研究。

其实,我们也不应该从中得出过于积极的结论,因为,形式的消失并非总是形式钝化,并非总是基于理性的"消费"——但愿这个措辞合理。那些粗糙的混合语言形式贫乏,但却自给自足,因为较少资源对应于较少需要。可以说,即使某种混合语言取得辉煌发展,使用这种语言的民族发达崛起,创造出比较高级的文明,也不应急于丢弃语言中所谓无用的累赘。其实,说不准祖先的财富中有些是我们非常需要的东西,谁知道呢。

洪堡特认为,对语法形式的评价应该追溯其词源。这对于词源信息欠缺的屈折型语言似乎反倒是因祸得福。如上所述,我认为洪堡特的观点不能完全接受。因为,首先我们的科学对词源的认识还十分模糊,而且语法形式和材料单词经常语音相同,很容易误导。第二,物质词演变为语法形式,在获得新的功能之后,会很快失去原来的物质意义,例如,我们德语的-ich 和罗曼语的-mente、-ment 在演变成为后缀之后,前者的原本意义"尸体"="身体"就消失了,后者原本的意义 mente 和 mens 或 mentem 也消失了。最后,第三,我们还要考虑到重音原则,它存在于许多语言,且非常机械,据此,一个词的首音节、倒数第二个音节或末音节被重读,相应地在发音中得以强调,并且往往会损及相邻音节的发音。这样,词汇形式和物质单词之间的词源关联的保持或消失,就可能非常偶然。

3. 语言结构或者语法视角

人类话语将思想切分为其组成部分,又将这些组成部分组织起来、连接起来。我们将这种组织方式就称为语言的结构,对之进行解释和描述,就是语法研究的任务。上述切分、组织和连接等都需要一定的范畴。从内容和形式的角度看,不同的语言拥有不同的范畴。

我们首先设想一下如下情形:我们内心发生的许多事情从来没有获得语言表达。情绪冲动必须足够强烈才能产生表达的要求,而且必须经常出现,从而获得某种固定的表达形式,最终还要在同伴的心里获得共鸣,这样,表达才可理解。一个民族语言的语法就是其思维习惯最凝练的表述。那么,思维习惯的参照系又会是什么呢?

我认为应该有两个参照系。一是话语本身的客观内容,二是说者针对话语的主观态度。在此意义上,我们面临两个问题:客观性的任务和表现是什么?主观性的任务和表现是什么?直观起见,我们不妨回想一下前文关于一些语言的时态和情态小品词问题的阐述。

这里可能会遇到一种批评意见。显然,客观和主观两种因素相互交融。我可以用客观的话语形式表达我的主观性:我认为肯定的,就描述为必然的、显然的,我所怀疑的,就描述为有条件限定的,我所希望的,就从其本身将之描述为好的,等等,例如席勒就是这样描写他笔下的潜水者对深海的恐惧的。在西班牙古典叙事歌谣中，莫罗·阿尔凯德的形象十分感人。其感人之处在于表达的两面性：歌手的叙述近乎八股，朴素乏味，但其中却掩藏着歌手的恐惧。相反，运用感叹、表情和手势等生动的手段可以表达我对事物的态度，其效果就像一束耀眼的光芒闪电般照射到对象之上。类似的情形也体现在儿童和粗俗的话语中，更体现在天才演员的舞台表演中——天才与幼稚总是形同姐妹，如影随形。我们如果体会不到话语的戏剧性，只是干巴巴地阅读，那么，精细的语序安排、修辞反问、虚拟式或祈使句、情态助词等，又怎么能够顿然唤醒我们直观的想象？莱辛就是运用这些手段的大师。它们都具备语法属性，功能强大，力透纸背。而话语表达的语法形式正是问题的核心，它们既是客观的，又是主观的。

（1）客观性

A. 词汇的形式分类

这里要讨论的不是派生和复合构词的手段，那是词汇得以扩大的基础；我们也不讨论语法关系的标记，那是形式规则。我们要讨论的是那些将词汇划分为话语成分及其次级类型的外部特征。它们从逻辑或审美视角将人的认识分为不同的类型，就好像收藏馆的标签，体现出收藏家整理编目的观念，同时，参观者可以从每一件藏品标签上的文字得知藏品的出处和归类。必须承认，相关的类型特征蕴含着一种高水平的语法形式意识——每一个词通过其外部表现向人们说明它能够用于哪里、不能用于哪里。

无疑，这其中有些方面值得关注。想想一个普通欧洲家庭的家用器具，每一件都有其专门用途，再比较一下贫穷的土著居民的家用器具——然后再想想印度日耳曼语言话语成分令人叹为观止的组织性。不错,它的确很先进,但我要告诫大家切勿过高估之。

我们尤其要谨慎看待名词性谓语和动词性谓语的区分。洪堡特说(参看《论人类语言结构的差异性》260—261 页):"人们对动词功能存在错误的认识,或者说认识不够充分,其自然而普遍的后果之一,就是模糊了名词与动词的界线,同一个词可以用作上述两种话语成分。每一个名词可以被标记为动词,这时,动词标记主要是限定动词的概念,而不是说明动词的功能。时态和式的功能伴随着动词,而动词具备相对的独立性。动词与代词的联系比较松散,人们必须在心里补充动词'是',才能把代词和相关的动词联系起来。该动词的意义是动词性的,而形式却是名词性的。结果,真正的动词关系延伸至名词关系,二者以各种方式相互跨界转换。"[1]

这里,洪堡特特别强调语言的形式方面,在内容方面,名词性谓语和动词性谓语并非总是那么严格对立,[2]在许多情况下,即使按照我们德语的理解,二者的意义也是等值的,例如德语 die Katze lebte noch(猫那时还活着)和 die Katze war noch lebendig(猫那时还是活着的)。这样的情况比较少见。我可以选择说 er war zornig(他当时气呼呼的)或者 er zürnte(他当时生气了)。两种表达方式的区别在于各自蕴含着不同的视角。在第一种视角下"生气"是一种状态,而在第二种视角下"生气"则是行为。还有第三种视角,我说 er war erzürnt(他当时被惹怒了),这时,所涉及的是一种被动所致的状态。针对这些情况存在很多中间态,例如我

---

[1] 本段所引洪堡特观点为 1901 第二版新增。——2016 第三版编辑注
[2] 本段至此为 1901 第二版新增。——2016 第三版编辑注

们德语中使用 werden 的被动态,还有 ich bin gegangen(我走了)这样的完成时,还有英语 I am writing,等等。但是,有些语言的动词性谓语和名词性谓语之间存在形式区分,而且都遵守同一个界定标准,亦即,动词性谓语是瞬间性的,取决于时间和情境,带有时态形式和式的形式;名词性谓语是持续性的。在这种关系方面,日语非常特别,有非常独特的形容词变位,谓语因此而存在三种形态,即名词性谓语、形容词性谓语和动词性谓语。近似的情形朝鲜语也有,但特点不如日语突出。

  班图语言对话语成分的形式区分非常严格,很像古印度日耳曼语言。在其古典文学时期,中国人毫不迟疑地把同一个词干时而用作名词或形容词,时而用作副词或动词。英国人正在努力地模仿他们,例如,我们印欧语言过去把名词分为不同的性或类,对此,英国人就有自己的态度。同样的语言元素,文明发展上升时期的民族视之为无用,进而在语言中予以摒弃,但同时又在所谓低等人种的语言中受到保护。我不认为这种摒弃是民族思想禀赋较高的特征。

  另外,对于语言交往而言,重要的绝非规则地使用的单词,而是连贯的话语。话语的每一个成分只有在连贯中并且只有通过连贯才能获得其功能。如果说汉语和英语是世界上最为现代化的语言,那么,我们可以说,其中体现的是反映中国国家体制的一种民主官僚制度。在这种制度中,每一个个体可以按照自己的禀赋获得权力和尊严,但权力和尊严来自于特定的等级,来自于个体在整体中的特定位置。这一比较浅显易懂,但不能由此以为英语和汉语的相关历史因素必然相同。我认为,这样的关联虽然虚无缥缈,但可能性却是存在的,对此,有一些蛛丝马迹值得我们进一步探究。根据最早的古迹文献，人们比较研究了汉语及其文明程度较低的同族语言，发现汉语经历过某种钝化，说明汉族与异族在史前发生过具有重要意义的混居。这样的混居在中华民族的历史上多次发生，而且一般都是和平完成的，至少，新加入的部族迅速地与中国人融为一体。究其原因，可能在于中华文化的独特性，或者在于原住民的善良禀赋，总之，中央帝国从未有过古斯巴达的奴隶。诸民族没有相互为敌，这说明相关国家从根本上消灭了贵族世袭制。反过来——因为事物总是相互影响的——不同民族平等地生活在一个国家体制中，这本身就体现出相关民族的某种民主倾向。如此说来，影响中华民族国家和汉语形成的应该是同样的力量。但如果说，这种民主意识为每一个市民开启了自由的生活方式，同样也赋予句子中的每一个词任意的意义，我认为那是戏言。

这一点只顺带提过。实际上，问题的关键不仅仅在于语言是否对话语成分作形式区分，以及在形式上区分出多少种话语成分，而且还在于它对哪些词汇类型赋之以形式。从内容和逻辑看，形容词和动词只能充当定语或谓语，因为特征需要一个载体，行为需要一个行为主体。但是，这两种话语成分之间的界线并不能先验性地逻辑划定，而是因语言而非常不同，甚至完全模糊。还有的语言的名词没有独立的意义，永远只能是其他名词的附庸，因为它们表达的是部分或关系。在逻辑上，名词应该附带一个属格，例如提到父亲、兄弟、先生、朋友等，不能不问"谁的？"，同样，眼睛、手臂、上身、下身、内部、原因等也是如此。在这方面，有些语言，例如阿尔冈昆语族的语言，表现出一种准确的感觉，其中，新几内亚的马福尔语形式化的能力很弱，而且基本上就只体现于名词这一种词汇范畴，请看下例：

单数：mami（我的父亲）　　　　mamisi（我的父亲们）

knami（你的父亲）　　　　knāmsi（你的父亲们）

kamari（他的父亲）　　　　kmassi（他的父亲们）

双数：nukmasri、mumasri（我们的父亲）

Muknami（你们的父亲）

Suknami、sukmasri（他们的父亲）

复数：kokmasri、kokmami（我们的父亲）

Kokmasersi（我们的父亲们）

Mgoknami（你们的父亲）

Mgokmamsi（*你们的父亲们）

mgokmasersi

*sikmasri（你们的父亲）

sikmasersi（你们的父亲们）

相反，阿拉伯语针对颜色和缺陷有专门的名词形式和动词形式，且根据不是逻辑的，而是感性的：afεalu（形容词，阳性）：faεlāu（形容词，阴性），ifεalla（动词）：ifεālla（动词），例如，aβfaru（黄色的，阳性），βafrāu（黄色的，阴性），iβfarra（是黄色的），iβfārra（是非常黄色的）；同样，abyadu（白色的，阳性），baidāu（白色的，阴性），ibyadda、ibyādda（是白色的或是纯白的）。值得注意的是，法语这两个范畴的形容词也有标记，只不过是句法的，它们始终位于名词之后，例如 une feuille verte, un homme boiteux.（一片绿叶，一个瘸子）。在阿拉伯语中，这种形容词只能以特定的形式出现。这里的法语规则和阿拉伯语规则都应该具备相同的基础。

任何分类都体现出某种组织性，而这种组织性也体现于语言的其他方面，例如一些语言的动词有不同的变位，其差异不仅在于语音,而且是原则上的不同,很多美洲语言就存在这种现象。产生不同变位的原因还很难考证,但不可与不完全变化系统混为一谈,因为不大可能所有相关形式曾经存在于所有语族。①

南安达曼语的名词分类非常感性(参看 E. H. 曼《安达曼岛民》*The Andaman Islanders*, pg. 51 flg. und 199),共分 17 种:(1)非人类生命和事物,(2)人类生命,(3—9)7 个不同的身体部位,(10—17)8 种疏密有别的亲属关系。其中,不同类型的定语物主代词有不同形式。在这些形式中,4 种亲属类型和 4 个身体部位完全相同:父母与身体躯干、肌肉部分及某些内脏,弟弟与嘴巴等,儿子与腿、睾丸等,养子与头部、胸部、心脏。这样,形式上相互区别的类型数量减少至 13 个。这里,不同亲属与身体部位之间存在象征关系,的确令人称奇。这种关系可能还出现于其他一些语言。

这里,我想附带提及另一种非常普遍的现象,其心理学基础与上述相似。我称之为外在分类或句法分类。在有的语言中,数词与被数的名词之间经常不是直接联系,而是根据被数对象的类型而使用不同的名词性助词或词缀来实现间接联系。这种现象出现于印度支那语言、马来语言、日语等,也部分出现于玛雅语言(参看 H. de 夏朗西发表于《语言学评论》*Revue de linguistique* XIII 的论文,339—386 页)和北美西北部的钦西安语(参看舒伦伯格《语法》*Grammatik*, 108 及以下诸页)。②

B. 具有独立意义的词汇形式

在本节这个标题下,我们要讨论的形式既不涉及词汇的分类,

---

① 本段为 1901 第二版新增。——2016 第三版编者注
② 本段为 1901 第二版新增。——2016 第三版编者注

也不涉及话语各部分之间的逻辑关系,也不涉及说者针对话语的心理态度,而是涉及单词所表达的人的各种认识。这种形式的功能主要是构词,以丰富语言的词汇。语法也将之纳入体系,改造同化,以为己用,这样,数字、时间、地点等也被置于语法形式和语法关系之列。需要注意的是,其间的界线总是模糊不定。

这里所论述的现象都实施定语的功能,或形名词定语或副词定语。它们实际上是对直观性表达的满足,但是,如上所述,首先是满足直观地表达单个认识的需要。它们经常可能是不必要的附属成分,但都具有描述功能,例如,每只"老鼠"都"小",但一只"小老鼠"仍然可被贴上了"小"的标签;所有的"泉水"都由内而外流出,但"从泉里流出来、涌出来"则将之直白地说出来。同样,我们民族在虔敬的场景说"仁慈的上帝""可爱的太阳""亲爱的兄弟"等也是如此。它们是修辞上的重复,赋予话语以情调和色彩,同时,它们也是民族精神特质和情感特质的表达。显然,具体语言在哪个方面优先使用这些手段、使用程度如何,是十分重要的问题。其中,理性、情感、价值观等,都是决定性的因素。对甲语言此因素重要,对乙语言彼因素重要,正好反映出相关语言和民族的特点。①

马福尔语有一种现象非常独特,值得在此一提。这种语言的许多词具有双重形式,区别在于词干元音之后有或没有 i,如 wōs、wois(声音,话语)、djaf、djaif(园子,耕地)、kam、kaim(全部)、mam、maim(看见)、mbran、mbrain(走)、mkak、mkaik(害怕),等等。这种现象的起源和意义不很确定,但有时可以证明带 i 的形式更为古老,经过系统性地在第二个音节插入 i 而形成,这样,不

---

① 本段为1901第二版新增。——2016第三版编者注

带 i 的形式就是简化的形式。果真如此,还可以继续以此类推:在人们习惯于双重形式之后,就会将此法类推到其他地方,在 i 缺乏历史根据的地方也插入 i。对于语感而言,插入 i 变成为一种元音升高,且此前一个元音经常也被拖长(例如 djâīf、mâim)。现在,这一升高现象似乎完全不受限制。语法学家范·哈塞尔特断言,这样的双重形式在使用中完全没有区别,这令人难以置信。我手头的文献、圣经译本和出自不同传教士之手的圣经故事表明,它们在语言使用中非常不同,只有在圣经故事中两种形式几乎等同。这里,作者在描述非特定或较为普遍的认识时,规则性地使用了那种更完整的形式。可以看出,作者对自己的语感非常自信。这里,我刊于《民族心理学和语言学杂志》(Ztschr. f. Völkerpsych. u. Sprachwiss. IX S. 394—397)的论文可供参考。我们德语词汇中也有个别类似的情况,例如,单词有两种形式:Feld/Gefilde、Land/Gelände,有的词有两种复数形式:Länder/Lande(国家)、Örter/Orte(地方)、Männer/Mannen(男人)、Wörter/Worte(词),还有那些以-walden、-felden、-hausen 结尾的地名也可以-Wälder、-Felder、-Häuser 结尾。

马福尔语非常独特,还有另一种形式的元音升高,即前置 i,但比较少见,例如:rama、riama(来)、kanes、kianes(哭)、rob、riob(飞)、na、nia、niai(有)、rār、riār(相似)、ro、rio、rijo(从……)、baber(削皮)、biaber(裸的),等等。根据我的考证和观察,其中较为完整的形式附带有"较远"或"远离"的意思。

其实,该语言对中音的处理通常也惊人地随意,请看如下几组例子:

Sbār、sbawer(倒出来);

(*bār) baijěr、bawer(剥皮);

Kār、koffār(折断),kawer(撞);

Kās(纽扣),kabes(胎痣);

Fnok、fnobek(添加);

Bissēr(饥饿),biwassēr(打哈欠);

Sār(锋利的),swarēr(磨尖);

Sariar、swariar(慢的);

Ruiwēr、riwwer(展开);

Ruōs(跺脚),rōs(脚踩);

如例子所示,在主元音之前和之后省去了唇音,其原因和目的很难解释。有资料显示,巴布亚人的发音很难把握。他们喜言多语,习惯于隔着好远距离相互喊话,长音被扯得更长,变成2—3个音节,出现所谓模糊重音(例如 kās:kā-ās、kā-ās、kǎ-ās)。在这种状态下,长音因声嘶力竭而变得更为糟糕。我们周围有些差劲的演说家和歌手也会有类似表现。但是,扯着嗓子大叫大嚷在新几内亚属于正常的社交方式,因此,对于语言发展的作用完全不同于我们。这样久而久之,就会形成系统和方法,因为,语言就是这样:经常发生的,应该规则地发生。最终,歪打正着,嘶喊使语音扭曲变形,却成就了诸多并行存在的形式变体,且大行其道,即使在慢声细语的交往中也被使用,同时,话语的语音差异也反映出人们对事物认识的细微差异。这里,对于人们远距离的相互喊话,语音差异具有非常重要的实质意义,表达不同的距离、方向、客体的确定性,等等。类似情形在巴布亚更为突出,因为巴布亚人有另一种习惯,他们允许孩子们平等地参加大人们的娱乐活动,这与马来人非常不同。这样,语言发展自然受到儿童话语的很大影响。众所周知,儿童喜欢文字游戏,喜欢形象化表达。而大人们非常友善、豪爽,与孩子们一起文字游戏、形象表达,从而,该语言同时吸收了儿童话语的魅力和缺陷。这时,这种语言按照儿童幼稚的方式建立二元对立就毫不稀奇了:明亮或黑暗,确定或不定,近或远,大或小,好或坏,等等。其实,思维细腻的意大利人也喜欢下面的构词:libretto、librettino、libriccino、libruccio、libricciuolo、libretticciuolo、casetta、casaccia、casino、casellina、casuccia、casotto、casupola,等等,同样,严肃认真的西班牙人也从 chico(小,小伙子)生成如下构词:chiquito、chicote、chicorrotin、chicuelo、chiquillo、chiquirritin、chiquitillo、chiquitico、chiquirritico。这些都不是语法意义上的形式,而只是派生构词,所以可被视为词汇扩大和细化的元素。但是,相同的认识在有的语言里表现为词汇屈折,在有的语言里却表现为含义相差细微的词汇派生,这些现象显然根源于相似的心理活动,人们都追求对具体认识进行直观形象的表达。

  类似的情形也表现于数量范畴及其可能的表达。就其本身而言,它们的功能既不在于句子成分的分类组织,也不在于句子成分之间的逻辑关系,而只涉及单个认识的表达。数量范畴只有把相互关联的句子成分通过一致性原则联系起来,才具备话语纽带的功能。我们早前提到的那些范畴在语言世界多是时有出现,而数量范畴则属于使用最广的范畴。我这里要说的不是那些真正的数词,它们属于词,我说的是表达名词复数的形式和表达动词多次发生的形式。它们几乎是语言语法形式化本能的必然体现。我们已经阐明了各种语言语法功能的差异性,此处主动态和中动被动态为名词的格,彼处与格、方位格、工具格为动词的语态。复数的情形也是如此。例如达雅克人不是把复数用于东西,而是用于事件,动词存在复数,通过叠加(Doppelung)使动词获得叠动意义:多人做的事情,即是多次发生。默里岛的语言非常特殊,有一种叠动词尾形式-are,与上述功能类似(参看舒伦伯格《语法》48—50页)。我之前所阐述的马来人的思维方式,在这里以另样的方式得以再现。

有人偏爱印度日耳曼语言和闪米特语言,认为那里的数量范畴和性别范畴值得推崇,语法性别形式化、观念化,超越了相关事实的外在性,具有世界领先意义。我觉得这种认识很片面。数量完全是客观实在的、物质性的。就其客观实在性而言,堪比印第安语言的动词特征,甚至比班图语言的名词类型或者马福尔语通过内部元音变化所表现的不确定事物范畴,更高出一个等级。但是,所有这些范畴的功能都首先在于话语成分的形式化,并非将话语组织为句子,将句子连接为话语,也非增加话语的感情色彩。①

同样,时间范畴也可以具有独立意义,这样,问题的关键不是各种事实的时间顺序,而是当前以及与当前或近或远的距离。印度语法学家对梵语过去时的研究证明了这一点。相比较欧洲语言,梵语的过去时处于一个较低的水平。如此看来,美洲印第安语言在这方面非常直观,不仅关注时间,而且也关注情境,这就毫不奇怪了。

关于方位、空间方向或空间距离等范畴,我这里不想深究。在这方面,法语在欧洲语言中非常突出,体现出超强的表达能力,这与该民族细腻的美感相吻合。

所有上述形式都非常独特,它们往往具备某种强制性,限制话

---

① 本段为1901第二版新增。——2016第三版编者注

语的表达方式,即使关于普遍性话题的话语也不例外。严格来讲,对于一种语言,无论是针对单数或复数,无论针对当前、过去或未来,不存在普遍和永恒的表达方式。这里,我们印欧语言与汉语的对立值得关注。我们总是从特殊到一般,中国人正相反。我们用德语说 der 15. April 1888,中国人倒着说"1888 年的第 4 个月的第 15 天"。用英语写通信地址的规范是:名、姓、门牌号、街道、城市、国家,中国人的习惯正好颠倒过来。这一区别具有普遍性,因为它基于相关民族的思想禀赋。我们若要说明普遍性的东西,要么详细解释,要么缄默少语,交由听者去理解。这一点非常适用于古汉语对特殊对象的表达:只有在迫不得已的情况下才使用特殊的辅助手段。中国人对永恒真理的思考应该大大早于后起的欧洲人。为此,他们具备非常优越的条件,他们的语言堪比代数符号系统。其实,一切语言都拥有相似的辅助性手段,同时又各具特色,满足特定的需要,即使那些思想禀赋较低民族的语言也是如此,所以,汉语相对于黏着型语言的优势在于其他完全不同的方面。那么,凭借那些看似最糟糕的辅助性手段我们却成为了思想王国的优胜者,我们究竟是怎么做到的呢?也许,这里仍然是语言发挥了重要的影响。这个问题非常复杂,我必须讲远一点。在我们祖先的精神生活中,神话起着决定性的作用。人通过大胆的幻想而将自然法则拟人化,并创造出寓意深刻的童话,其中无意识地孕育着科学的萌芽。神话创造是一种儿童游戏,但却是一种神童的游戏。儿童逐渐成长,也面临着成年人的任务。他们需要认清目标,冷静思考,去掉有色眼镜,客观观察事物对象。语言早已给事物换上了奇妙的装扮,而思想则要揭掉这些装扮,这是一种真正的抽象活动。因此我想,语言正是在克服自己无法回避的困难的过程中影响了人的思想发展。这如同放在琴童手背上的钱币：眼看同学弹奏手法娴熟，成绩暂时领先，获得了那枚赏钱，心里十分痛苦，后来经过艰苦训练，苦尽甘来，最终收获了果实。其实，学校教育的规制性就在于，教会学生将阻力转变为动力，传授给学生克服阻碍的力量。一个民族如果始终纠结于特殊性，就不会获得那种规制和力量。

人是怎样获得普遍性认识的？这无疑不是一个无足轻重的问题。记忆的缺陷使得人只记下具体事物的共同特征，而思想则有意识地将具体与一般区分开来，二者都是人取得普遍性认识的途径。这里，我们需要再次提问：我们对史前语言究竟知道什么？

C. 句子成分关系的表达，句子关系的表达，说者与话语之间的关系表达

（A）概论——语法和逻辑；表达的多样性；举例分析；判断的困难和条件

语法不是逻辑，但其部分任务与逻辑相关，且获得解决的程度或大或小，结果参差不齐。显然，这里蕴含着一个非常重要的评价标准。

人们对逻辑和逻辑思维的概念理解不应该过于狭隘。关于逻辑的原则问题只有极少数人在思考，但是，按照逻辑原则进行思维却是每一个智力正常的人生活中的常事。不过，在多大程度上需要将思维的逻辑性直接表达出来，却是因人而异，而且表达方式也各不相同，取决于说者所使用的语言和说者的思想禀赋或情绪。我举一个简单的德语例子。

(1) Er hat lange nicht gegessen; er ist hungrig. (他很久没有吃饭了。他饿了。) 这里，原因位于结果之前。但是，是由前者推理

得出后者,还是相反,或者二者对于我都是直接的事实存在,这些都不确定。

(2) Er ist hungrig;er hat lange nicht gegessen.(他饿了。他很久没有吃饭了。)这里还是两个事实,而且形式上相互并列,但没有联系,内容上结果位于原因之前。听者会将原因理解为结果的谓项:他之所以饿了,是因为他很久没有吃饭了。但获得这一认识的基础仍然不清楚:是从"饿"推理得出之前的禁食呢? 或者由后者推知前者? 再或者根本无需推理,因为我已经直接看到了二者?

(3) Er hat lange nicht gegessen,darum ist er hungrig.(他很久没有吃饭了,所以他饿了。)一个事实被视为另一个事实的原因。这同样是两个句子,也是两个思想,但形式上相互联系。

(4) Er ist hungrig,denn er hat lange nicht gegessen.(他饿了,因为他很久没有吃饭了。)两个事实用两个句子说明,因此也是两个思想,但二者相互联系的方式不同,第二个事实被视为第一个事实的原因。

(5) Er ist hungrig,weil er lange nicht gegessen hat.(他饿了,因为他很久没有吃饭了。)两个事实用一个句子说明,所以是一个由两个相互联系的判断组成的思想,其中,原因是结果的谓项。

(6) Weil er lange nicht gegessen hat,ist er hungrig.(因为他很久没有吃饭了,所以他饿了。)这同样是一个由两个判断组成的思想,但其中原因与结果的关系如同主语与谓语。

(7) Er hat lange nicht gegessen,denn er ist hungrig.(他很久没有吃饭了,因为他饿了。)两个思想的联系方式给人的印象是,结果是认识原因的基础。

(8) Er hat lange nicht gegessen,weil er hungrig ist.(他很久

没有吃饭了,因为他饿了。)这在德语是不成立的,但在法语(例如 puisqu'il a faim 因为他饿了)和其他有些语言却可以。分析如上。

(9) Er ist hungrig, also hat er lange nicht gegessen.（他饿了,看来他很久没有吃饭了。),同样

(10) Da er hungrig ist, hat er u. s. w.（因为他饿了,所以说他……),相反

(11) Er ist, weil er lange nicht gegessen hat, hungrig.（他因为很久没有吃饭而饿了。),同样

(12) Er hat, da er hungrig ist, lange nicht gegessen.（他因为饿了所以说很久没有吃饭了。)

在(11)和(12)这两个句子中,思想高度浓缩和统一,体现了人们常说的德语句子剥洋葱式的框架结构。对此,下面需要展开深入讨论。

(a) 众所周知,德语陈述句的变位动词总是位于第二位,之前可以且只能有一个句子成分,具体不定。如果变位动词是助动词,那么,主动词或者位于句首,或者位于句末,所有其余句法成分位于助动词和主动词之间,可谓句法"中缀",例如 Er hat lange nicht gegessen.（他-完成时助动词-很久-没有-吃饭＝他很久没有吃饭了),Gegessen hat er lange nicht.（吃饭-完成时助动词-他-很久-没有＝他很久没有吃饭了),Lange hat er nicht gegessen.（很久-完成时助动词-他-没有-吃饭＝他很久没有吃饭了),Warme Speisen hat er lange nicht gegessen.（热饭-完成时助动词-他-很久-没有-吃＝他很久没有吃热饭了。)

(b) 在从句中,变位动词位于末位,不变位动词(主动词)紧挨在前,主语和动词之间仍然是句法"中缀"成分,例如 da er lange nicht gegessen hat.（从句连词"因为"-他-很久-没有-吃饭-完成时助动词＝因为他很久没有吃饭了）。

（c）状语从句也是如此结构。它在形式上是一个单位,被视为一个句子成分（准词）,如同"中缀"一样位于主句中间,仅仅为主句谓语的一部分,例如 hat-gegessen（完成时助动词-吃饭）,ist-hungrig（系动词"是"-饿）。无论审美效果如何,这样的结构体现出一种强大的思想张力,体现出赋予整体性的思想以整体性的形式的愿望和力量。

我们继续上面的讨论。对于说者"我"而言,"他很久没有吃饭了"和"他饿了"这两个事实可能是现实存在,但也可能我猜测其中之一或者全部两个,我可能从其中之一推知另一个,或者从第三个事实推知这两个。我可以把这些可能性都表达出来,或者用猜测性将来时,或者用"可能、肯定、无论如何"等副词。所有这些表达之间都存在细微差别,同样需要研究,因为,其中蕴藏着语言的丰富性、缜密性、深刻性和逻辑敏锐性。无疑,要想准确评价一种语言,就要掌握这种语言。所谓掌握,或者亲身学习达到精通,或者通过语法书的学习,但所依赖的语法书必须对上述诸方面问题有全面、准确的阐述。

但是,有几个人能够如此充分掌握一门外语？又有几个人能够正确和细致地将所思所为准确、清楚地描述出来？世界上有几种语言在语法书中得到了比较全面和准确的描写？就在前不久,我向日耳曼学专家征询一本德语语法书,想准确了解我们德语的语序规则,结果无功而返。也是在前不久,人们还认为古汉语不适合于较大段落的谋篇,而现在人们发现,该语言经常将整个句子变成为一个句子成分,所用手段之简单令人称奇。然而,人们无法预知还有多少种语言蕴藏着类似的道理，有待发现。因此，在揭开一种语言的神秘面纱之前，最好不要枉下什么该语言"贫乏"或"原始"的论断。即使衰落的民族也有过辉煌的历史，其语言也充满宝藏，却往往为人所忽视。

因此，语法学家必须深入了解相关外语的细节，并且对这些细节不只是能够感受，而且还能够进行科学分析。他的研究必须坚持这一原则，所得结论才能帮助其他语言学家对相关语言做出科学的评价。为了对一门外语做出科学的评价，需要深入研读相关的语法著述，或者亲身深入体验该外语，这时，人们所依据的基本都是书面文献资料，对于前一种工作而言更是完全如此。对于语言研究而言，书面文献就是母语者现实语言的化身。有人认为它们是最好的资源，不是对民族思想的翻译诠释，而是民族思想的真正产物。但是，如果把现实语言中的话语比作水粉画，那么书面文献其实只能算作素描。而且，我们现在所掌握的最好的语音资料是否能够全面反映语言的语法要素，我表示怀疑。所谓语法要素，毫无例外地包括每一种听觉现象，也包括音高和音调、节奏、间歇等，它们对于语法范畴的表达十分重要。我们知道在一种语言中 Blatt grün（叶绿）可有双重含义，即"绿色的叶子"和"叶子是绿色的"，这时，我们也许会认为这种语言很弱智，连定语和谓语、句子成分和句子都不能区分。但是，我们不妨比较一下重音分别落在"叶子"和"绿色"上，情形会怎样呢？或者两个词没有间歇连续说出和用小小的间歇隔开说出，那又会怎样呢？我所看到的文献没有一个能可靠地回答这些问题。如果辩护证人待在家里，原告就可以为所欲为。然而，我们也不要觉得上述问题的解决遥不可及，相反，从心理学的视角看，通过语调、持续或间歇等语音手段是能够将句子成分和句子区别开来的。就目前所知,曼德诸民族的语言没有固定的词重音,只有句子重音,其规则很机械,类似于希腊语的词重音,而且,句子重音与被重读音节的语法功能无关。这一现象恰好说明,在人们的意识中,完整的单位是句子,不是词。(参看施坦塔尔《曼德黑人语言》Die Mande-Neger-Sprachen, S. 20—24.)①

但是,我们应该如何看待这些手段呢?因为重要的不仅仅是表达的内容,而且还有表达的形式。汉语语法的主要手段是语序,充满柔性,正如洪堡特(参看《论人类语言结构的差异性》303页)所说,该语言的形式"表达思想的力量比任何一种语言都要强大,它摒弃了一切小的、干扰性的语音连接形式,因而人的精力会更加专注于所表达的思想"。其实,直观的手势和表情也无所谓积极和消极之分,同样,语音手段也无所谓积极和消极之分。如同听觉语音形式一样,这些直观的视觉手段实际上也非常感性。黏着属于视觉修辞手段,非常粗糙,与上述听觉手段几乎处于同一水平,问题是,那些直观的视觉手段是否更为粗糙?不过,它们都是语言符号,而且具备确定性,因此也是语法符号。无论如何,它们都说明语感具备区别的能力。这是一个新的理由,告诫人们对语言的积极或消极评价要谨言慎行,尤其是消极评价。②

(B) 谓语和定语;句子和句子成分——词序;单纯谓语型和单纯定语型语言结构;中间态和偏差

语言是思想的表达。所谓表达主要服务于广义的告知,因为,如同陈述性话语一样,疑问性、命令性、请求性话语也是一种思想

---

① 本段末"就目前所知……"起为 1901 第二版新增。——2016 第三版编者注
② 本段最后一句为 1901 第二版新增。——2016 第三版编者注

告知。

　　思想观念最简单的表达形式是将两个认识通过谓词(系词)连接起来,这是一切思想形式的原型。大脑将一个整体认识切分为部分,又将这些部分重构为整体认识。一个认识无论有多少个部分,何等抽象,无论是涉及混沌街景或者一种科学原理,出现在脑海中的认识永远都是一幅完整的图画。大脑必须首先分析之,然后才能运用语言综合予以再现。

　　这里有两点很重要。第一是部分组成整体的顺序。这个问题指向心理主语和心理谓语,对此,这里不再深究。第二是对部分或粗略或精细的划分。对此,我们现在要展开讨论。

　　我们先回到之前讨论过的问题。整体认识在会话一开始就出现在说者的大脑中,并最终进入听者的意识,这样,整体认识是话语开始的诱因,听者相应地所获得的整体认识是话语最终的结果。果真如此,谓语表达方式和定语表达方式就应该完全等同,这样,说"这片绿叶"或"这片叶子是绿的"就都是一样的了。那么,这两种说法的区别究竟何在呢? 如果区别既不在诱因也不在结果,那就必然在两者之间的某处,真正是在路上,在告知事件所发生的途中。但这就意味着,区别在于所告知思想各部分的组织结构中。话语的走向总是一维的、线状的,话语的组成部分就排列在这条线上,如同一根线绳上的一串珍珠。这样,这些珍珠可以价值相等、大小一样。可想而知,如此组织一定软弱乏力至极。下面列举一个泰语(暹罗语)的例子:

　　　　nāʼn Mī sāu čai naʼn ʼyū klai;Çuk čŭʼn rōʼn rīyek wā.
　　(女人-Mi-女佣-中间-坐-一会儿-远;Çuk-所以-喊-叫-说)
=女佣Mi小姐坐在较远的地方,所以Çuk高声喊着说。这里的词都是单音节，没有形式符号，一个挨着一个述谓性地排列在一起，但是，该语言也并非没有连接从句和中间句的关系词和其他助词，而且，它们的出现至少会暂时打破单调，就像念珠中的隔珠。

句子成分之间的关系如果仅仅通过语序得以体现，那么，名词性定语和连带宾语的副词性定语就应该等同。但是，如果同时还使用助词或词汇形式来说明，这时，相同的语音同时标记宾语关系和形名词定语，那情形就比较复杂。例如用科普特语可以说 šire n rōme（人的儿子），u-rōme n sabe（那个聪明的人），但是也有 naum（不是 n）p noute（看见上帝）这样的表达。类似的情形也出现于比较简单贫乏的卡巴卡达语，例如 pal na minat（死人的房子），bo na maqit（好东西），ba dia qa ruk na pal na wawaque（当他们已经踏进动物的窝的时候）（na 分别为属格和宾格）。实际上，科普特语的辅助音 n（m）和卡巴卡达语的辅助音 na 只是说明，后面出现的谓语与之前出现的谓语处于一种相对关系之中。这不应该是一种纯粹的定语，更像是一种功能非常模糊的谓语，例如，na 甚至可以出现在主语和动词之间，表明该动词所述是一种未来的、希望或应该发生的事情，例如 u na mai, u na qire（你应该来，你应该看），ba kaliak a Kalou na kankanuane diat（他恳请上帝不生他们的气）。[①]

如果能用词汇形式或形式词进一步细化谓语关系，例如说明主语是主动工具格或中动被动态，说明动词指涉一个较近或较远的宾语，这时，情形就比较好。这样，谓语关系虽然仍然是绝对主

---

① 本段为 1901 第二版新增。——2016 第三版编者注

导的关系,但是,珍珠不再是用均匀的线绳串在一起,而是用不同形式的"扣钩"相互勾连在一起。话语仍然是线状的,其成分仍然都是单向排列,但是,它们不再是等值的,它们之间的联系也不再是千篇一律,而可能存在无限的区别和层次,因为将成分连接起来的元素有不同的方式和数量,这些连接元素出现的必要性和可能性也不同。在这方面,班图语言属于表现方式最为丰富的语言。

上述情形"经必要修改"(mutatis mutandis)同样也适用于那些定语范畴主导型语言。相比较而言,这类语言的连接形式同样单调,但路径相反,名词格的黏着、动词的性、时态和式等形式非常丰富,区别细微。在这方面,这类语言之间存在很大的差异性,从准孤立型的缅甸语到形式丰富的土耳其语、日语、泰米尔语或克丘亚语,无所不有。

就内容而言,谓语和定语完全一样,每一个谓语都可以成为定语,每一个定语也都可以成为谓语,而且,如上所述,整体认识在说者大脑中产生于话语之前,并经由话语得以表达,继而在听者的大脑中被唤起。无论用上述两种话语方式中的哪一种,所表达的同样都是一个整体认识。我们前文还阐述了心理主语和心理谓语的区分,它们是话语的组织成分和组织顺序。这里可以重复提出之前的问题:心理主语和心理谓语相区别的基础是什么?这种区别何以可能?因为实际上,越是深入研究,问题就越复杂。而且,我们还需谨记,一切都可以是主语,一切也都可以是谓语,同理,一切都可以是定语。我们可以谈论"叶子",说它是绿的,但也可以谈论"绿色的东西",说那是一片叶子,或谈论"绿色",说那是一片叶子的颜色,等等。

我们对一个东西的特征做广义理解,它包括针对东西的行为、情境和状态,我们发现,并非总是东西充当主语,也并非总是特征充当谓语,相反的情形也可以出现,而且,这不仅适合于心理主语和心理谓语,也适合于语法主语和语法谓语。但是,语法和心理的关系并非建立在形式逻辑的原则之上。对于语法和心理而言,东西也可以是特征,而特征也可以是东西,按需随愿,心想事成。情境和心情是决定性因素。给东西盖上谁的印章,东西就叫谁的名字。被视为主语或定语的修饰对象的,就是东西,而被用作定语或谓语的,就是特征。这些与逻辑毫无关系。"那个男人扔石头"这句话用一种谓语主导型的马来语说大概就是:"那个男人的扔(或被扔的东西)(是)石头",而用藏语或澳洲语言等定语主导型语言说大概是"男人(主动)石头(被动)扔"="发生在那男人身上的事情是扔石头"。在上述两例中,行为是东西,行为的主语和宾语是行为的特征。现在,大家应该不会再误解我们为什么坚持以具体语言为出发点了。

东西总是带有特征,并且在话语中也被描述为带有如此特征的东西。这可以通过两种方式发生。我们还用形象的方法来阐述:或者赤裸亮出,然后一件一件穿上衣服;或者着装出场,然后一件一件脱去衣服。这就是前文所讲的两种相反的路径。在谓语主导型话语中,特征是东西的附属物,其过程可谓是加法;在定语主导型话语中,东西是其特征的核心,其过程可比除法。但是,穿衣和加法可以随时停止或继续,人们不需要事先知道以此要走多远,相反,人们在脱衣时却自始至终知道最终的核心是什么。所以我觉得,相比较谓语主导型,定语主导型话语方式要求大脑事先有更多的预想,因此,谓语主导型话语似乎特别适合于率性气质。据我所知,历史和人类文化学对此多有印证。

无论谓语型还是定语型，两种方法都很单调，因为不管使用其中哪一种方法，思想活动的本质总是不变的，但这样并不排除将一个序列的组成部分联系起来，构成为更大句子成分的可能。前文论及的那些关系词和词汇形式就用于此目的。其实，谓语型语言也要求解释性或描写性的定语。这是这种谓语的特点，不同于那种真正的、以告知新内容为目的的谓语。但是，这种谓语并没有丢弃谓语的属性，因为定语本来就只是准谓语。另一方面，定语主导型语言也要表达主语关系和谓语关系，一般的方法是将心理主语或逻辑主语置于句首，并且没有特别的形式标记，个别情况下也通过格形式来说明心理主语或逻辑主语与动词的关系。但在后一种情况下，心理主语或逻辑主语的本质是一种副词定语，而在前一种情况下，主语似乎脱离了句子联系，如同高高在上的标题，似乎是一种独立的存在，类似于口语中的小间歇，或满文中的逗号。

谓语或定语表达方式是两种相对的系统，但并非在各种语言里都被同样严格地遵守，而是多有偏差。值得注意的是，两种系统所允许的偏差往往表现出某种一致性。例如藏语、格陵兰语、巴斯克语等属于定语主导型语言，但却与埃维语、格雷波语等多种几乎纯粹谓语主导型的黑人语言有共同之处，属格都只能是定语，因此被前置，而形容词则相反，发挥谓语功能，可以位于名词之后，甚至必须位于名词之后，即使被用作纯粹定语（限定）的时候也是如此。语言有一种倾向，就是将习惯规则化，如此看来，形成上述偏差的原因便显而易见了。人们一般不是针对东西陈述什么，而是用其占有者的名字命名之，从而将其与其他同类事物相区别。相反，一个东西的特征经常充当陈述的内容，而不是区别性特征。

这种背离规则的结果是，统一性被破坏，而片面性却依然存在。我看不出其中有什么优点。

问题的关键不在于混合和杂烩，而在于区别，在我看来，这是检验活跃在语言中的精神力量的试金石。而这一力量可能恰恰在最丑陋、最笨拙的结构中得到强烈的体现。如果我用德语说 Der(1) die(2) das(3) dem(4) Fiscus(4) allein zustehende Recht(3) auf Silberbergbau betreffenden Einzelfragen(2) bearbeitenden Commission(1) steht es zu u. s. w. (处理₁ 银矿开采权₃ 归国库₄ 相关具体问题的₂ 委员会₁ 有权利……)这样的句子是一种语言怪相，表现出思想的过度浓缩，生硬而粗暴。黑格尔是这方面的"鬼才"，不仅思想极其凝练，而且文采超凡。①

定语是对认识的限定和更为清晰的界定。定语与其所修饰的对象共同构成一个统一的概念，而且，在有复合构词的语言里，二者经常组合成为一个词汇单位，例如德语 Dintenfass（墨水瓶）、Schreibfeder（水笔）、Reinschrift（誊清稿）、abschreiben（抄写）、rothfaul（腐朽），等等。定语永远都是一个成分的成分，因为，其修饰对象无论由多少个成分构成，永远都只是一个句子成分、一个单独的认识，相反，主语和谓语表现的是一个完整的思想，无论这个思想及其两个成分多么简单。我认为，定语限定其修饰对象就好比除数，而谓语给主语所表达的认识附加了一个新的认识，则好比加数。

思想构建语言。思想对这一对立的感受越深，就越是要清晰地将这一对立表达出来。如果谓语天然地位于主语之后，那么，这

---

① 倒数三段"而这一力量可能恰恰在最丑陋……"至此为 1901 第二版新增。——2016 第三版编者注

一对立就会要求定语位于其修饰对象之前。在孤立型语言中,汉语最为雅致和耀眼。暹罗语为谓语主导型语言,缅甸语为定语主导型,二者都失之片面,相比较汉语都逊色不堪。如果再套用之前使用过的形象描述,可以说,连接珍珠的绳线在这里不再是直线状的,而是有诸多挽结。

逻辑擅长于没完没了的"或者",但也无法完全满足"不安的灵魂"(anima vagula blandula)的要求。"灵魂"是世界的对照,反映世界,要求许多模棱两可的中调和过度形态。思想的要求体现了思想的力量和复杂性。逻辑的要求其实不高,简餐即可满足,相反,说者建构性的思想、活跃的情感却需要得到体面周到的服务。人的思想需求恰好验证了那句话:要求越高就越显尊贵。

(C)谓语定语,准谓语——关系从句;定语位于其修饰对象之后

定语并不像逻辑那样整齐划一,并不都是完全等值的,其任务也并非总是局限于用区别性特征对其修饰对象做进一步的限定,并非总是说:这是许多同类中的一个,是其中特定的一个,不是其中任意一个。也就是说,定语并非总是与其修饰对象一起描述一个整体性的认识,它还可以像谓语那样补充说明被修饰对象新的内容,这样,我们可以称之为谓语定语,但它仍然是定语,因为它与其修饰对象一起共同构成一个句子成分,不像那种主谓语要辐射整个句子,因此,可称之为准谓语。

这种现象以关系从句最为常见,包括形名词关系从句和副词关系从句,在有些语言中使用极其广泛。在马来语中,经常用关系词 ya′n(这儿,那儿)将名词和形容词相连接,而我们从中根本看不出有什么谓语,例如 ōra′n ya′n lāyin(人-另一个=另一个人),

kěrā ya'n bāñaq ītu（猴子-这类许多＝许多这种猴子）。在现代波斯语中，名词通过一个紧随其后的形容词或一个后置附着的属格得以限定，词尾为-i，而该词尾原本也是一个关系词，例如 kebūd esp（灰色的马）、ĵehān šāh（世界-王），但是，esp-i kebūd（马-灰色那匹）、šāh-i ĵehān（世界之王）。在日耳曼语言和立陶宛斯拉夫语言中，定语形容词的代词变格根源于关系词的后缀。①

　　定语位于其修饰对象之前，这是古印度日耳曼语言的一条普遍原则，例如 dēvadatta（上帝赐予的）、εὐμενής（善意的）、tripes（三脚架）等复合词。认识的整体性体现于统一的重音系统，即便前置定语是一个独立的、有形式标记的词，也是如此。但也存在定语在其修饰对象之后的现象，而且，这样的语序显然更强调相关成分，具备准谓语的性质。据考证，许多语言都曾经有这种语序，其中有些语言后来又限制了使用这种语序的自由度。有些日耳曼语言在亲昵话语或呵斥话语中还允许形容词后置，例如英语 sister dear! 德语 Schurke verfluchter!（遭天谴的流氓!）。法语有些形容词允许前置和后置两种语序，但当形容词可被替换为一个相应的关系从句时则被后置，例如 un fidèle ami（一个忠实的朋友）说明对一个真朋友的整体性认识；而 un ami fidèle 则先提及"一个朋友"，然后说明他是一个真正、忠实的朋友。同样，un savant professeur-une femme savante 也是如此。关于该普遍原则在语言使用中受到的限制，这里不予深究。重要的、真正独特的是允许两种语序同时存在的现象，一种语序反映出将东西及其特征归于

―――――――
　　① 新波美拉尼亚的卡巴卡达语更为质朴，其至将宾语和位于谓语之后的、倒装的主语（带有小品词 na 或 a）称为"准谓语"。

第四章 语言评价,语言价值评价的视角

一个统一体的理性,另一种语序则反映出将诸多认识叠加表达的强烈冲动。

这里,我们还应该论及广义的同位语。说者说出一个句子或一个句子成分,但觉得该句子或其部分还需要进一步的解释或强调,所以就用其他词语予以重复,这应该是他的心理状态。日耳曼语言的后置定语像是一种修辞重复,应归属同位语,例如德语 die Schwester ist Einem lieb(那个护士-是-某人-可爱=某人喜欢那个护士),der Schurke ist ein Verfluchter(这个恶棍-是-该遭诅咒者=这个恶棍该遭诅咒)。还有代词性句子成分被补充解释的情况,亦属此类,例如德语 Ich kenne ihn nur zu gut, Deinen Freund(我非常了解他,你的朋友),Er wusste es, dass er mich damit kränken würde(他知道这,他这样会伤害我),Bist du schon dort gewesen, in der Ausstellung?(你已经去过那里,看过展览?),等等。类似现象可能存在于每一种语言,因为,没有人能够永远深思熟虑,从来不需要对自己的话语进行修补。类似现象在某些语言里甚至是规则:需要进一步解释的句子成分由一个代词做前导。可想而知,此刻的心理活动是相同的,我们能够嗅到某种"急匆匆的心理"。只是,对于各种语言和民族而言,这里所涉及的问题差异性很大,我没办法用例子来归纳说明。

毫无疑问,语言的心理学分析需要适当的事实,这非常重要,但我们不要盲目乐观,问题其实非常复杂,在拉丁语 bonus vir 和 vir bonus 中,形容词无疑是定语,但是在我看来,后置形容词定语的功能却类似于谓语。如果在两例中都用同位语,又会怎样呢?例如德语 ein Guter, und zwar ein Mann; ein Mann, und zwar ein guter(一个好人,而且是男人;一个男人,而且是一个好人)。我们知道，这不符合上述拉丁语表达的心理学基础。我们只需要稍做深究，就会发现语法书中所谓的其他现象其实就是真正的同位语。有学者认为，拉丁语 magnus vir et bonus＝magnus et bonus vir＝vir magnus et bonus 是一个名词带两个定语，但其实在说者的心里，et bonus 是前置成分 magnus vir 的一个同位语，即德语 ein grosser Mann, und zwar ein guter（一个高个子男人，而且是一个善良的）。

如果这样理解一种语序自由的语言中句子成分的重叠和出位的现象，无疑会赋予这些现象新的视角和新的意义。这样的同位语使话语充满激情。说者心情激动，情急之下难免疏漏，需要予以补救，或者该说的都说了，但觉得说得还不够。同位语可以成为一种修辞形式，甚至成为一种语法规则，但无论如何包含着某种天然的附加意义，例如 nefarium commisit scelus 这句拉丁语可以草译为德语 Er hat etwas Schändliches verübt, ein Verbrechen（他做了坏事，犯了罪）。[①]

(D) 定语谓语、谓语谓语或副谓语——汉语中的现象

有一种现象很像我前文所谓的"准谓语"，值得注意。引发我特别关注这一问题的语言就是汉语。汉语对定语的运用淋漓尽致，无与伦比。很长的谓语，甚至整个句子都可以通过语序和助词转变为下一个句子成分的定语，并与之共同构成更高一级的单位。但另一方面，汉语有一种状语其实是逻辑意义上的定语，经常被置于谓语之后，充当该谓语的谓语。

(1) 这种情况一般也适用于宾语。宾语总是位于动词或介词

[①] 以上三段为 1901 第二版新增。——2016 第三版编者注

之后,只有少数必要或允许的例外。据我所知,只有汉语能够将宾语和一系列状语如此清楚地区别开来,几乎达到了对立的程度。

(2) 说明时间持续的状语也是如此,"他睡了8小时。"这个句子中的时间状语好像一种宾语,可比我们德语类似情况下的宾格。

(3) 类似情况还有位于相关形容词之后的说明量度的状语,如"长七脚",应该还有数字和量度单位之后说明内容的状语,例如"一群羊""三杯酒"。

(4) 但是,还有真正的副词和状语成分、介词及其支配成分也可以在动词之后充当谓词,例如"他后悔不已"=他后悔那事,悔意很深,"她唱园子"=她唱歌,而且在园子里。

(E) 主动和被动话语方式,耦合构词

为了阐述全面,这里想再次指出动词在不同语言里的巨大差异性,有的用主动话语方式突出施事和行为,有的用被动话语方式突出结果和事实,还有的动词包罗万象,似乎要将整个世界描述为一个生动的事件。这些对于说明民族的思想禀赋而言非常重要,很少有什么其他现象能与之媲美。伯恩(《论语言的结构原则》*General Principles of the Structure of Language*, 2 voll. London 1885)的见解非常深刻,其中对这些方面的阐述我最为推崇。

在句子结构中,除了谓语范畴或定语范畴和另外一种更为高级的、统摄此两种范畴的形式,是否还存在第四种形式,即耦合形式?对此,理论上可能存在争议。但我知道这种形式起码不能归入上述三种范畴的任何一种。动词是核心,是一切关系表达的载体。动词前后都是名词,但它们在形式上不能体现任何照应关系,如上所述,它们只是动词射出的箭的靶子。相比较之前所述的句子结构,这样的句子结构体现出独特的类型特点。在美洲那些典型的耦合结构的语言中,除了谓语成分或定语成分,还存在诸多中间态、过渡态,这些现象的特点十分突出,应该有一个适当的称谓。

(F) 名词性谓语和动词性谓语,谓语变位和物主变位

有人十分看重变位问题,但我以为其价值不可高估。历史证明,在相对短的时间内,语言可以建立动词词干和代词元素之间的联系,也可以使之消失,而且,我们不能从中得出相关民族思想发展上升或衰落的结论,也不能推测该民族感知方式的任何深刻变化。

语言有没有表示第三人称单数的词缀,似乎是个重要的问题。的确,"我""你""我们""你们"的指代已经明确,而至于"他""她"和"它"等究竟可能是谁和什么,则需要一个特别具体明确的说明。如若该说明成分出现,就使得相应的代词符号成为多余,成为修辞重复——而这恰恰被誉为语言形式化本能活跃的标志。此论无可厚非,甚至值得称赞。不过,语言经常抛弃多余的东西,所以,有的现代语言虽然缺乏修辞重复的形式,但并不能说明很多问题,这是第一。第二,在那些以形式著称的语言中,第三人称单数形式也并非都那么完美,例如,无论印度日耳曼语言或者闪米特语言,第三人称单数的现在完成时都没有明显的人称代词标记,-t 是闪米特语言第三人称单数阴性的标记,但其实只是词性后缀。相反,我们在前文看到,有的思想非常贫乏的民族的语言却保存着这种"宝贝"。

如果人称词缀的变位形式与相应的物主词缀发生语音重叠,人们便称之为物主变位,并认为相关动词具有名词特点,称之为名动词或动名词。这一现象非常普遍,有人认为施事和行为之间的紧密关系由此而未能得到充分表达,此观点很有道理。但通过前

文我们也已经明白,运用归纳法去观察这些现象会遇到很大的困难,因为,思想贫乏的民族也使用谓语变位,而先进的民族也使用物主变位。而且,再看闪米特语言,代词宾语被冠以物主形式,例如阿拉伯语 aɛtā-nī-ka(dedit meum tuum 他把你交给了我),ya-kfī-ka-hùm(他足够你反对她)(本意应为"他-足够-你的-她的")。面对此类情形,又该做何评价?

(G) 格,前置词和后置词——名词性句子成分与其他句子成分的可能关系;作为状语格次类的宾语格;直观性目的

从逻辑视角看,一个名词性句子成分与其他句子成分可以发生三种关系:

(1) 相对于谓语是主语,

(2) 相对于主语是谓语

(3) 充当定语,并且,根据被修饰对象不同,分别为:

(a) 形名词性定语,或者

(b) 副词性定语。

从逻辑看,宾语也是一种副词性定语。当我用榔头把一颗钉子钉进墙里,钉子、榔头和墙都是我钉钉子的限定成分,且都与我钉钉子相关,当然相关的方式不同。如同其他大多数语言一样,我们印欧语言也将宾语关系视为一种状语关系,对此,逻辑学只能默认。我们有人对自己印欧语言中的主格"雌雄同体"沾沾自喜,对此,逻辑学倒是可以提出抗议。

然而,人类语言的任务不同于运用数字和符号的数学和化学。对于自己所面临的逻辑任务,语言只是按照自己的理解,将之纳入自己的直观表达体系,附带完成之。说到直观表达的需要,汉语等语言以最简捷的手段予以清晰、明了、合理的满足,另一些语言则

依赖其丰富的表达手段予以满足。很难说哪种语言更应该受到夸赞。其实,第欧根尼和亚历山大都值得夸赞。

实际上,要全面阐述我们这里所面临的研究对象需要几大本书的恢弘篇幅,因为,面对这里所讨论的范畴,诸多语言的表现差异性无穷之大,即使相近语言之间的差异亦然很大。我无法列出一个清单,只能摘出来几点进行论述。

(1) 汉语的宾语格。在汉语中,宾格不是副词定语,而是充当副谓语,对此,我们大概知道逻辑学家的态度。但是,直观性是语言描述的目标,这一点,汉语的上述表现非常优越。至于语法意义的副词定语究竟涵盖什么,结果五花八门:方位、时间、工具、方式以及其他场景说明,它们都可以作为状语而出现在主语和动词之间——不过,受者,即宾语位于末位。这时,动词介于末位的宾语和主语之间,其中介、传导的功能十分突出。这样的安排的确非常实用得体,应该是一种自然形成的象征,效果天成。对这样的观点,语言历史研究却是爱莫能助,但普通语言学可以大有作为,例如,可以揭示相同语序规则在许多现代印度日耳曼语言中形成的过程。

(2) 汉语表达定语关系的助词。在汉语中,定语关系的表达既可以通过语序,也可以通过助词。这些助词蕴含着语言的精神力量和敏锐性,造就了该语言的卓越地位。汉语的"之"(čī)用作形名词,"尔"(rì)用作副词定语,这样,间接表明了相关对象不同的语法属性,因为,"之"(čī)之后只能跟一个名词性句子成分,而"尔"(rì)之后只能跟一个动词性或形容词性的句子成分。汉语的某些句法表现非常细致、丰富,其基础即在于此。

(3) 形名词和副词定语。可以说,所有适合于形名词定语的,从内容讲都可以充当副词定语,反之亦然。相反,拉丁句法显得有些刻板,它禁止介词短语在没有动词媒介的情况下限定名词,例如德语 Das Haus vor der Stadt(在市郊的房子),der Kampf um's Recht(为了权利的斗争),等等。

(4) 后者优先(副词定语优先)。轻形名词定语而重副词定语,这种现象许多语言都有。我们印度日耳曼语言只有一个属格,却有 5 个状语格与之相对:与格、宾格、夺格和工具格,而且属格还同时分担部分属格或情态属格的角色,附带某些状语功能,例如 πίνειν τοῦ οἴνου、donnez-moi du pain、kurzer Hand abfertigen 等。类似这种状语格优先的现象也出现于芬兰语族、德拉维达语系、科拉里语族、朝鲜语等,这类语言的属格都是形名词性的。其中的原因应该很清楚:形名词关系一般具有自足性特点,例如德语 Berghaus(山屋)、Herrenhaus(男士之屋)、Steinhaus(石屋)、Waschhaus(洗衣房)、Hinterhaus(后屋),等等,它们的意思只能是"山上的房屋""某先生/男士们的房屋""石头造的房屋""洗衣用的房屋""在前屋之后",相反,事物与动词的关系则可以是宾语、工具、物质或原因,等等。

(5) 不同语言中状语关系的形式。如此,状语关系可以通过语序、格、前置介词、后置介词或其他手段得以表达,那么,我们应该比较研究哪些形式在哪些语言里高频率出现。在这方面,东高加索语言的表达手段无比丰富,尤其是在表达处所关系方面,形式非常多样,区别细微。卡西库米克语就有 36 种方位格,体现出强烈的定向心理。这应该不单单因为地理环境,否则,其他山地民族的语言也应该有类似的表现。

(6) 波利尼西亚语言的两种属性。高加索语言的显著特点是形式极其丰富,而波利尼西亚语言则词缀贫乏,几近孤立型语言,而且仅有的形式词也数量有限。但是,汉语的小品词数量也很少,却能体现出丰富性、活力、细致性和灵活性等一种语言应有的各种优势,关键是运用得当。如此看来,那些海岛居民以其柔弱的语言也基本达到了类似效果,就不足为奇了。尤其是他们对属格关系的把握非常细腻,能够区分主动和被动,其中,主动属常态,用介词 a 标记,被动属偶然,用 o 标记。这些标记也出现于其他可能是复合构成的介词,例如 na:no, ma:mo, ta:to 等,例如塔希提语:ta-u vaa(我的船,我使用的船), to-u fare(我的房子,我住的房子);马克萨斯语:te inoa o te motua(父亲的名字,起给父亲的名字), te tamahine a Makii(Makii 的女儿,Makii 生的女儿)(参看高森《塔希提语方言》*Du dialecte de Tahiti* &c, Paris 1853, p. 185 flg.);夏威夷语:ka hale o ke alii(头领的房子), ka wahine a ke kane(丈夫的女人),但 ka wahine o ke kane 则表示那女人不是妻子,而是丈夫的女仆或姘妇(参看 L. 安德鲁斯《夏威夷语法》*Grammar of the Hawaiian Language*, Honolulu 1854, p. 34 flg.);毛利语:ta-na tamaiti(他的孩子), to-na rangatira(他的主人)(参看 W. C. 威廉姆斯《初级毛利语》*First Lessons in the Maori Language*, London 1862, § 19)。在所有波利尼西亚语言中,语言使用似乎很随意,而且具体表现因语言而多有不同。(参看 G. 普拉特《萨摩亚语语法和词典》*Grammar and Dictionary of the Samoan Language*, 2d. ed. London 1878, p. 6—7, L. 维奥莱特《萨摩亚语法语英语词典》*Dictionnaire Samoa-Français-Anglais* &c, Paris 1880, p. LXIII,格雷泽尔《富图纳语法语词典》*Dictionnaire Futunien-Français* &c, Paris 1878, p. 14 flg.)——我们应该深入研究波利尼西亚语言的感性直观性和逻辑关系表达的特殊性。我们知道,我们这里面对的是多才多艺、天真任性、感性和理性俱佳的原始部族——同样也是一个外部生活环境世世代代几乎不变的种族。他们的西边就是语言相近的马来族群。问题是：这两个族群的思想和语言是如何发展的？

（H）从句子到句子成分的演变——任务及其重要性和复杂性

一个思想就像一幅完整的图画，一下子出现在大脑里。思想被分成部分，又在话语中被重构起来，这就是句子的任务。这样，句子也是一个成形的整体，并且可以成为一个更大整体的部分。这样，创造语言的思想就会面临一项新的、要求更高的任务。对于这个任务，各民族根据自己的思想禀赋和文化予以程度不同、方向各异的理解和解决，但其中有些部分对于某些民族而言闻所未闻。句子由成分组合而成，而该组合体又需要得到形式重组，成为一个新的单位，并被纳入一个更大的单位。这种需要本身恰恰说明了思想的巨大力量。我们用"如果""虽然""和""但是""或者"等范畴将思想与思想联系起来。这些范畴是大脑进行思考必不可少的工具。没有哪个民族的思想能够离开范畴，每一个民族的思维中都有"条件""原因""限制""选择"等。我们知道，一方面是逻辑范畴，另一方面是表达逻辑范畴的语言形式，各不相同，思想的力量、丰富性、缜密性就蕴含在语言表达之中，每一种语言的表达手段都有其独特的丰富性和倾向性。另外，对于一种语言开展各种维度的语言学研究，其核心不仅仅在于该语言能够怎样，还在于其中哪些现象经常出现，也就是该语言使用的规律性。[①] 我们应该高度重

[①] 本段"另外，对于一种语言开展各种维度的语言学研究，其核心不仅仅在于该语言能够怎样，还在于其中哪些现象经常出现，也就是该语言使用的规律性。"一句为1901第二版新增。——2016第三版编者注

视所有这些因素对语言评价的重要意义,以免犯错。可以说,我们面对的是高年级学生的表现,其中还分不同班级或同年级的不同专业。正因为如此,对具体语言做出评价就特别困难——不仅评价的视角难以确定,而且对各语言优越性的评价更是难上加难。考官只知道给考生一个4分,①因为他未能回答问题,但却从不扪心自问:给考生的提问合适吗?有人自以为用演绎法已经完成了任务,但还有人面对归纳法却步不前。因此,我谨慎地提出如下意见,纯属先验之谈,抛砖引玉而已,看看能否用"同义反复"的方法说明问题。总体而言,我充满信心,但针对具体问题仍然期待大家批评指正。

(1)短句的无连接排列。将逻辑上相互连贯的诸认识直接排列起来,这种现象应该存在于所有语言,但在任何一种语言里都不是唯一的规则。根据所述内容,这种排列有时需要呈现出华丽闪耀的语体,有时则需要体现出恢弘的气势,但总是同时具备生动和客观的特点。说者的话语颇具跳跃性,中间缺少的环节留待听者补充,所谓"明智之举,足以理解,无需画蛇添足"。这种语体给人一种"猛然想起"的印象,其实话语可能经过了深思熟虑。叙述因此而激情洋溢,即使故事内容平淡无奇。无论生动或朴素,这种语体都体现出一种主观自信,足以消弭听者的任何怀疑和抵触。现在我们应该能够理解,为什么拿破仑一世那么喜欢使用这种语体,为什么斯拉夫民族的话语主要运用这种语体,因为,它很符合斯拉夫民族的情感特点和思维习惯。中国哲学经常以格言警句示人,威严肃穆,也十分偏爱这种断续跳跃的文笔,但是,在诸子百家的

---

① 在此5分制评价体系中,1分最佳,5分最差。——译者注

辩论中,却多用"如果"和"就"、"因为"和"所以"、"即使"和"仍然"等手段。与此不同,正统的语文师爷对文本校对和文本批评则喜欢吹毛求疵,不放过任何细节,不仅在保卫主堡时奋不顾身,就是保卫前沿外堡也一样全力以赴。

(2) 单调的连词。简短的句子,频繁而单调地运用连接词"和……,和……",这是我们印欧语言儿童和受教育水平低下人群的话语风格,而闪米特人、班图人、马来人等族群则普遍使用。其实,偶尔在单调的语体里使用"如果""因为""但是"或"所以"等,也就足够了。据我所知,喜欢这种语体的语言总体而言为谓语主导型语言。这种语体虽然体现出儿童和受教育水平低下人群的言语特点,但也因此多了几分真切和直观。每一个句子就好像一个新的决定,表达该决定的连词也好像一个叹号,令人感同身受,这就是我说的"真切"。句子都很简短,所描述的图景也很简单,这就是所谓直观性,就像一面西洋镜,说:"看!又一张画!"

(3) 分词结构和动名词结构。有些语言似乎展示出一幅相反的图画。那里,经常使用分词结构或动名词结构将句子与句子串联起来,其中,每一个句子是其后句子的形名词或副词性定语。据我所知,这些语言普遍体现出定语特点:一切都是句子动词的定语,而且,直至句子结束,都可以做出选择:或者结束当前句子,亦即出现动词的变位形式;或者将当前句子作为后一个句子的接续成分,这时需要以某种方式出现动词的一个支配形式。在前文讨论乌拉尔阿尔泰语言时,我尝试对这一现象做出评价。两类语言都存在语体单调的问题,但在其他方面却几乎完全相反,因为,选择继续当前句子的信号在一类语言中位于新开句子的句首,在另一类语言中却位于当前已开句子的句末。

(4) 规则性处理。但是,对于两种选择方式而言,那些决定性的音节、连词或动词后缀一经说出,非此即彼的决定就做出了,之后,一切便又步入常态,进入既定的轨道,周而复始。但是,如果选择句子成分或句子的决定涉及整个结构,那情形就完全不同,这时,涉及面大小的问题与句法连接方式的问题同等重要。这就需要一种策略,因为涉及面越大,越难驾驭,统帅就越重要,需要把握全局,组织协调,形成有机合力。其操作的可能性无限之多,需要针对每一个较大规模的句子组织进行具体的评价。这里,我只能列举几个我认为特别重要的视角。

a. 时态和式相互制约。在我看来,主句和从句在时态和式方面相互依赖,这本身就是一个积极的信号。在这方面,阿拉伯语的句法限制非常之多,但值得注意的是,在班图、阿尔冈昆印第安等文明程度较低的民族的语言里也很多。在这些语言中,动词虚拟式形式非常之多,这应该与相关民族的思维习惯有关,并不是哪种语言的专属荣耀。另外,我认为功能的变化只涉及动词,即一个句子成分之部分,而且通常不是涉及一个狭义的句子成分,而是一个从句。

b. 句子词和准词。在理想状态下,一个复合句在形式上也体现为一个统一的思想,也就是一个统一的句子,一个(扩展的)简单句。简单句由词组成:主语和谓语,以及谓语可能附带的定语和副谓语。如果从句与这些词的地位等同,则从句本身一定是一个类词汇单位,扮演一个词或准词的角色,其表现形式多样。

(α) 复合的动名词。这种词汇复合在有些语言里非常之多,成为一种适当的甚至重要的手段。从句有时变成为一个复合的动名词,并且能够以任意格的形式出现,有时则变成为一个动形词

(形名词分词)。例如德语 Er ging daran zu Grunde, dass er seine Kräfte zersplitterte(他垮了,因为他分散了他的力量),这个德语句子可以变为 Er ging an Kräftezersplitterung zu Grunde(他因为力量分散而垮了), eine Nachricht, die das Herz erschüttert(一则信息,一则激动人心的信息),也可以变为 eine herzerschütternde Nachricht(一则激动人心的信息),等等。众所周知,古梵语有这样的结构,功能令人称奇。但是,这种结构其实是定语组合或者并列组合,有时代替十分优越的语法形式。词干与词干组合,a、b、c、d、e……,只体现逻辑思考,或许可以根据语调去理解,来判断相邻成分是并列复合(a 和 b),或者 a 限定 b,或者 a 限定由 b 限定的 c。例如,德语 Oberhofmeister 究竟是 der obere Hofmeister(高级的庄园管家)还是 der Meister des Oberhofs(高级庄园的管家)?名词相对于其后的动词是施事、原因、工具、方式,或者是宾语。请比较 Nachtigallenschlag(夜莺的叫声)、Stockschläge(棍击)、Lautenschläger(琉特琴演奏者)。只有语言使用能够回答具体问题。总之,语言运用这样的结构克服了孤立型语言定语结构的单调性,但结果也会令人不快,因为就连说明性助词有时都可以不出现。其结果,表达的明确性遭受损害。不过,我们关注的是其中的创造力,而非结果。而这种结构的创造力的确很强,因为,大脑首先要将材料浓缩凝练,然后才能将其连贯起来!同样,听者必须聚精会神才能准确分析和理解如此浓缩凝练的材料!我认为,这里真正体现出印度思想的独特性。

(β)句法导致的准名词。那些准名词性句子结构可以算作一种高级结构,但这不是就其功能而言,而是就其结果而言。其中,组成句子成分的单词虽然保持了单个词的独立性,但通过句子结构的名词化转换而被组合成为某种辅助性成分。我们印欧语言古典的独立属格和夺格、不定式宾格或分词宾格即属此列。我们知道,英国人可以把句子转换为名词性句子成分,方法就是将主格或主语变为属格,同时将动词不定式变为以 -ing 结尾的动名词,但是使用并不很多。这给人的印象是,似乎英语有些东西很笨拙、拧巴,很不长脸。汉语则与之不同。在汉语中,附加在主语之后的属格小品词"之"(čī)可以直接赋予谓语名词属性,因此也使整个句子具备名词性。这样的过程非常自然,手段也简单方便。

(γ) 语序变化的标记性。其实,我们德语的 dass 应该亦属此列,因为它本来就是冠词 das 而已,以此表示后续的句子是一种中性名词。类似的还有一些连词,它们原本是介词,例如德语的 ob(是否)、英语的 for,等等。只是我认为,德语从句的本质有些特殊,那就是其语序规则。德语从句的语序体现出一种巨大的张力,坦白地讲,那也是我们德语最受人诟病的一点。对此,我们需要逐步深入研究,才能正确认识。面对这种问题,少许啰唆并无大碍。

(aa) 在德语陈述性话语的简单句或主句中,无论句首是什么成分,变位动词永远位于第二位,例如 Gestern//sprach A mit B. A//sprach gestern mit B. A//sprach mit B gestern. Mit B//sprach gestern A. Mit B//sprach A gestern.(A 昨天与 B 谈话)

(bb) 当一个名词前有定冠词或不定冠词、指示代词或物主代词,则其余的定语或分词限定成分都被置于这些词和名词之间,例如 ein Haus(一栋房子);ein Gartenhaus(一栋带花园的房子);ein neu erbautes, noch nicht beziehbares Gartenhaus(一栋新建的、还不能入住的房子)。这里,原本紧密相连的成分被撕开,并被楔入别的成分。经过这样对成分的重新组织,结构的集束特征得以凸显。

(cc) 当简单句或主句的变位动词是一个助动词,情形类似,例如 Gestern hat A in B mit C über D ausführlicher als nöthig war gesprochen. A hat gestern....gesprochen(A 昨天在 B 与 C 过度详细地讨论 D)。这里,框型结构的形成完全一样,结果也一样,都是由多个词组成的复杂结构,以非常张扬的方式构成类似词的单位,例如"ein…Haus,hat…gesprochen"。

(dd) 从句只是一个句子成分。如果从句也遵循变位动词第二位的原则,那么,结构划分的情况就与完整句子的情形相同。从句也要形成一个集束,而且也是运用框型结构的方法,将从句的连词和变位动词阻隔开来,将其余成分全部置于其间,例如 Weil schon gestern in B A mit C ausführlich über D gesprochen hat// brauche ich heute nicht noch beim E Erkundigungen einzuziehen. (因为 A 昨天就在 B 与 C 详细地讨论了 D,所以我今天不需要再询问 E)。关系从句也是如此,例如 Wer Dir das gesagt hat // wird Dir auch noch mehr zu sagen wissen.(谁告诉了你这事,他就能告诉你更多)。可见,前置句和后置句的组织完全相同,同时,变位动词在前置句位于末位,在后置句位于首位,个中原因也很清楚,不过,全面起见,我想指出一个众所周知的规则,即第一个句子成分也可以独立出现,这时,要用一个内容相当的指示词来回指第一个句子成分,同时引出第二个句子成分,例如 Wo man singt, da lass dich ruhig nieder.(哪里有人唱歌,你就可以在哪里坐下), Wer das gesagt hat, der hat die Welt nicht gekannt(谁说了这个,他就不了解世界)。

(ee) 我们德语的疑问句有两种主要形式。一种是疑问词占据句首,变位动词遵循陈述句的规则,依然占第二位,实际上隐性地包含一个断言,例如 Wer hat Dir das Buch zu lesen gegeben? (Irgendwer muss es Dir gegeben haben)(谁给你这本书让你读? = 一定有人给了你这本书)。另一种疑问句不做任何断言,而是期待用"是"或"否"予以回答,所以,逻辑系词不定,形式上也不是一个完整的句子,因为,变位动词位于句子首位,主动词位于句末,因此也没有标点停顿,而只是一个复杂的词组而已。也许可以说,第一个成分和第二个成分在这里重叠了,因为,用疑问声调说出的变位动词包含一个隐性的成分,相当于拉丁语的 an 或-ne,例如 Hast du gestern den Brief an N. geschrieben? Scripsistine…(你昨天给N写信了吗? =你写……)。

(ff) 这种严格的语序规则蕴藏着德语句子结构的一个明显的优势,不过也会被过度使用,可能出现疯狂无度的巨型框型结构。黑格尔就曾写下许多怪异的"洋葱句",对此,修辞学家大概要加以嘲讽和指责,但语法学家必须接受。同样,其他有的语言也有些长句结构不清,难以驾驭,而且其中的动词不像我们德语那样两翼包抄,例如,近代法语、西班牙语或意大利语文学就充满了这样的句子,冗长不堪,丝毫不见拉丁语或希腊语的精美文风。

(gg) 的确,这些规则的历史相对较短。语言历史似乎告诉我们,从句原本都是完整的简单句。早先流行的自由语序演变成为严格的句法规则,其中同样也体现了一种深刻的组织性。① 还有一个事实,我们德国人也并非一以贯之地遵循书面语言的语序规

---

① 本段至此为1901第二版新增。——2016第三版编者注

则,家庭会话、普通人的语言都充满了自由发挥和例外,而且其中许多用法还有清晰而古老的出处。有时位于句首、引导句子的代词被省略,代之以变位动词占据句首之位,例如 Steht eine Burg an der Jaxt,ist Jaxthausen geheissen(雅格斯特河岸边的城堡就被称为雅格斯特堡);有时助动词或主动词未出现在规定的位置,例如 wenn Du wirst gehört haben(如果你听说);das muss schön sein gewesen(这一定很美)。当然,在这些情况下,大家都是遵循范例行事,而且,那些范例毕竟都是大师之作。两百年前人们不辞艰辛创造了某种文风,坚守百年其乐融融,最终成就了辉煌的时代。如果今天人们的品位有变,要摒弃、规避早先那些辉煌时代的规范,其实毫无所谓。总之,高超的艺术并没有葬送在我们手里,看看那些华丽的现代豪宅就知道,必要时我们也完全有能力建造哥特式大教堂。

(hh) 最后顺便提一句,从句的框型结构对汉语也并不陌生(参看拙著《汉语语法基础练习》*Anfangsgründe der chinesischen Grammatik mit Uebungsstücken*, Leipzig:Weigel, 1883, §. 100, b)。汉语句子结构的优势在于其他方面,首先是整个句子可以轻易转换为名词性句子成分,其次是任意类型的谓语和整个句子都可以轻易转换为形容词性的形名定语,具体手段还是使用表示形名定语、关系小品词和属格小品词的符号"之"(či)。

(I) 逻辑情态——判断的困难,以汉语为例

我认为,所谓逻辑情态就是联系,一方面是主语和谓语之间的联系,另一方面是相互排列在一起的诸思想之间的联系,涉及通过"存在""不存在""将要""能够""必须""条件""原因"等逻辑范畴建立起来的句子,用我们印欧语言去理解,大致涵盖助动词、情态副

词和连接句子的连词等问题。这里的情态是逻辑的，也就是说是客观的，与之对立的是主观、心理情态，就是前文所述之涉及说者相对于话语内容的心理态度。

毫无疑问，我们这里又一次面对一份高年级学生的作业，要谨防做出贬低性评价。只有全面深入地研究相关的同义现象，才能避免不公正的评价。希腊语和其他欧洲文明语言的精确性令人惊叹，于是我们会说：这很正常，因为我们的大脑非常聪明。大脑怎么想，嘴巴就怎么说嘛。我们还会以此类推：那些贫穷的野蛮的部族相应地只配说贫乏、原始的语言。他们的语言与逻辑有什么关系吗？其实关系很少——不对，应该说毫不相干，因为他们对逻辑范畴的问题没有任何思考。但是，一切思想都必须依赖逻辑范畴，而他们的思想中蕴含着逻辑范畴，因此也可以说关系很大，这一点我们承认。对此，有人要提出质疑：怎么看待他们的语言所体现出的非常细致的区别性？那实际上可是需要自觉的目标明确的工作作为前提的呀，是不会自然发生的。对上述两种观点我不能苟同。语言是大众的产品，然而，不是有意识的产品，而是无意识的产品。如果语言产品是有意识的，那恐怕就真要发生我们在高级别会议上看到的情形：一百个聪明人相加等于一个大笨蛋。各民族语言形成发展的过程完全相反，每个人，哪怕最渺小的人，都参与对语言的滋养和构建，而且一切宁静悄然。语言自身会淘汰无用的东西，而保留且使用有用的东西，其机制就像一个健康的身体。只要输入方式适当，慢慢消化习惯，这个身体——应该说是人的思想——能够吸收巨量的营养。一个野蛮部落的儿童生活在欧洲白人养父母家里，就能够像欧洲人一样学好这门欧洲语言。

我必须再三强调：我们所面临的困难并不在于如何正确使用语言，而在于清楚地说明正确使用语言的根源，在于正确地定义，从而将无意识的东西显化为有意识的东西。

那些语法著作为什么那么厚？那么多章节？它们说明了什么呢？我认为不能说明什么，但也多少说明一些问题。首先，说明语法学家队伍庞大，其中应该也不乏非常机敏之士；同时说明他们很不明智，对所掌握素材的处理不够凝练，其实可以大大压缩著述的篇幅。上述现象使我明白了两点。第一，我需要大部头的语法著作，因为我从中可以获得比较全面的认识。第二，我需要了解那些作者的语文和哲学才干究竟怎么样。我可以从自身经验说起。在汉语语法学家中，我大概算是第 20 位。我很清楚前辈们的研究。在我那本厚厚的教材中，[1]我尽量追求论述全面，用了大约 1500 节的篇幅，自信基本实现了目标，特别是关于这里所讨论的逻辑-语言范畴及其表达方式的问题。我花费了很大的精力，阐述比较全面。但是，之后相关的阅读和资料收集每每给我新的启发，使我明白汉语这棵参天大树上还有无穷的果实可供采撷。这是又一个例子，说明我们应该多相信对语言的积极评价，质疑消极的评价。我下面略举几例。

关于"可能""能够""允许"等表示物理、智力或道德的可能性，中国人的表达手段为：

在具备主观能力的情况下使用"能"(nêng)；

在不存在阻碍的情况下使用"可"(k'ò)；

在手段、材料、理由等具备的情况下使用"有以"(yeù ì)；

---

[1] 《汉文经纬》，姚小平译，外语教学与研究出版社，2015 年。——译者注

涉及主语与宾语的关系时,亦即涉及条件之满足时,使用"足"(tsuk);

自以为能够,不顾忌主体与客体或其他外部环境的关系如何,使用"敢"(kàm),表示"敢于";

另外,在汉语中,用不同的词表示不同的"确定性":客观因果的必然性("必"pit)、由果而因的主观推理("固"kú)或直接的事实("果"kuò);

即使相比较希腊语句法中最耀眼的部分,即关于条件句、因果句和愿望句的章节,汉语以其简单的手段也几乎可以媲美。现在,我只需要把我那本大部头语法书的相关章节写成专题论文即可。

(2) 主观性

A. 心理情态——交往欲及其条件和方向

我可以用不同的方式表达命令,例如德语 Gieb es mir! Du wirst es mir geben! Du giebst es mir!(把那给我!)

我也可以将命令弱化,使之几乎变成请求,例如德语 Gieb es mir einmal! Gieb es mir nur! Gieb es mir doch!(给我!)

我可以用不同的方式表达愿望和请求,例如要表达"请把它给我!",德语是 Möchtest Du es mir geben!, Bitte, gieb es mir!, Ach, gieb es mir!, Würdest du es mir wohl geben?;法语是 Donnez-le moi, s'il vous plaît!。

我可以简单、冷漠地提问,例如德语 Warst du dort?(你那时在那儿吗?),或使用 denn, auch, nur, eigentlich 等各种助词对提问进行铺垫。

我可以在陈述性话语中插入各种单词和小词,但它们与话语的话题都毫无关系,例如德语 Sieh, das war dir nun wirklich eine missliche Sache; und, offen gestanden, lag eigentlich ein Theil der Schuld an mir(你看,这对你的确是很糟糕的事情,而且,坦白地说,部分责任真的在我)。

总之,我可以在话语中使用各种惯用表达,并且它们都与所述话题无关。那么,之所以如此措辞,是与所述话语事实,即话语的对象,没有直接关系,而应该是反映说者"我"的某种心理需要。这种心理需要是社会情感的,与之不同,我前文所述的那种情态涉及客观事物的内容。这里,说者要与听者进行心理交往,也可以借用前文的措辞表述为,说者不仅要说什么,而且还要说出自己,不仅仅要告知对方一个事实、一个判断、一个愿望或意愿,而且还要告知此刻自己的心理状态。我将这种心理倾向称为交往欲(告知欲)。交往欲的发展必须依赖于共鸣,亦即具备民族性。它与"健谈"以及更糟的"话痨"和"饶舌"非常不同。好奇之人健谈,同时也助长对方健谈;性情中人有交往欲,同时也鼓励对方将内心相应地流露出来。黑人的性格较为情绪化,容易激动,交往欲比较强。现在看来这毫不奇怪,尽管语法学家有时不知道该如何定义之。对此,我收集到很多例证,很能说明问题,完全符合我的期待。但是,马来语言在这方面表现很少,显得非常冷静,据我所知,美洲语言也是如此。[①]

我们这里看到的是语言的民族性、区域性特性,我认为这是语言的最大特点之一。这里,交往欲的表现力度和表现形式如何是非常重要的问题,但并不是唯一重要的问题。交往欲经常涉及的话题有哪些? 说者附带表达的思想是什么? 他隐性地表达出来的态度是什么? 他表达了怎样的怀疑、猜测、肯定等? 另外,他的话

---

① 本段"黑人的性格……"起为 1901 第二版新增。——2016 第三版编者注

语隐含着怎样的感受？这种感受更多涉及话题或更多针对听者？等等，这些问题也很重要。而且，这一切又会以非常复杂的形式相互交织：心怀崇敬则语气矜持、语调透着试探性，同时试探还夹杂着希望或担忧，等等。但是无论如何，细心观察总能发现话语中占据主导地位的倾向性是什么。

还有许多问题，不仅涉及哪些心理活动会被表达出来，还涉及其他问题，例如，各种心理活动各自被表达的频率怎样？我们发现，这里的问题真正涉及民族的话语风格，其中蕴含着民族的生活。这是一种统计学问题。①

说者通过话语表达出自己的情绪，并且希望听者分享之。这也可能基于话语的客观内容，这时，直观的描述与心理情态似乎发生重叠。这让我想到拉丁语的情形。有人认为拉丁语以直观性见长，但心理观照严重不足。用过去现在时讲述过去的事情，不仅重新唤起对相关事实的记忆，而且还使人重温与之相伴的心理活动。我认为这其实就属于心理情态。那么，使用过去不定式又会怎样呢？如果我没有搞错的话，它多用于对匆忙急促事件的描述，情形经常是众人慌忙无序，各自为政，或者是某人诸事并举，手忙脚乱。这样，过去不定式服务于直观性描述。但我相信，使用它的原因也是基于说者的情绪，而且主要也作用于听者的情绪，正所谓，在千头万绪之中头昏脑涨，很适合使用表示不确定性的动词形式。

其实，缺乏心理观照的表达也属此类。用 man 引导的无人称命令式或者用被动式表达的命令给人冷冰冰的感受，例如德语 Man bringe Licht!（给点亮光!）Es soll eingeheizt werden!（应该

---

① 本段为 1901 第二版新增。——2016 第三版编者注

生火!)。还有用直陈式现在时或者将来时表达的命令,例如德语 Du wirst dahin gehen(你去!); um 10 Uhr bist du wieder zurück!(10 点钟你返回来!)。在这两种表达中,说者表现了一种专横,展示了一种权力:我要这事发生,这事一定要发生,我无所谓你做还是谁做;或者,我希望你做这事,所以你必须做、你会去做,不许反抗和阻挠!两种情形同样都具有绝对性,但差异性也显而易见。在前者,希望之事必须发生,不管由谁来做,可想而知,在说者眼里,听者是一群俯首听命的人,他们是一类人,不是个体,没有个性。这其中体现出一种蔑视。相反,直陈式话语方式则指向一个或多个确定的对象,比较人性化,只是在话语瞬间剥夺了命令接受者的部分个性,亦即无视听者的意愿,同时表达了命令发布者的某种权力和侵权。这种话语方式具有贬低对方人格的因素,但也不像无人称那样冷漠无情,有些温情观照。此外,我们还需要关注那些具备民族性和社会阶层特点的命令话语形式。如此,我们差不多已经论及我们研究对象的全部,甚至触及到另一个研究领域的一个特殊类型。

B. 社会情态——与社会生活和国家生活的关系

以上我们所讨论的心理情态涉及说者针对话语的心理态度,其实,说者与听者的关系,或者说者与话题的关系,平等、上级或下级等社会关系,同样也可能对话语的表达方式产生各种各样的影响。在此,心理的作用可能不大,起码,我之前所述之交往欲在此暂退次要地位。在社会出身或国家制度主导话语的地方,情感波动的自由空间被严重挤压,形式即是事实,行为代表了思想态度,礼貌原则要求如此这般地说和做,给人们如何对他者表达善意、谦逊和尊重等提出规范,至于某人此时此刻的心理感受任何,那是他自己的事情，总之，他不能表露出别的思想态度。这样，就表面现象而言，社会情态与情感心理情态也会完全相同，但二者本质上还是有所区别，这即是下面要讨论的问题。

事情并非一定非此即彼。同一个人，面对陌生人冷漠，面对上级适当谦卑或者卑躬屈膝，面对下级高傲，在朋友圈里左右逢源，十分得意。但是，此中有彼、此即是彼的情形则是少之又少，鱼与熊掌往往不可兼得。在表现上述两种情态方面，拉丁语比较贫乏，汉语和日语非常丰富，雅典人的语言体现出民主和平等，因此，表达心理情态的形式异常丰富，直爽而又无损于"希腊的信心"（graeca fides）。

实际上，每一种社会情态都讲述着一段宪法历史，而且真真切切白纸黑字——我们只需聆听。所以，社会情态是语言最具民族性的特点之一，故此对于其他民族而言会显得滑稽可笑。Noble、Right Honorable、Honorable、Reverend 等谓词，还有 My noble friend、my learned friend 等称呼和称谓，常见的客套话 May I offer you…? May I trouble you for…? Help yourself, please——还有一些我们觉得粗鲁和生硬的表达，所有这一切都只能生长于英国的土壤中。一切都按照相关民族的特点而量身定做，定量配给。可想而知，德国人、瑞典人，甚或日本人、朝鲜人和某些马来民族的语言礼仪完全不同！在上世纪，法国人任由其国王为所欲为，一切如他所愿；与此不同，日本人允许大人物什么事情都不用自己动手，涉及大人物的话语都要用因果式、被动式或因果被动式，似乎他们连吃饭、喝水和睡觉也不用亲力亲为，统统都由别人代劳。这里，"被伺候"具备绝对的必要性，整个封建国家的仆役们也认为兹事体大，不可有违。希腊人使用的是神话语言，但在谈论神或对神说话的时候却将众神拟人化。M.J.范·巴达(《加莱拉语概论》 *Beknopte Spraakkunst van de Galillareesche Taal*,§.6)研究了哈马黑拉岛的加莱拉语,中肯地指出:"该语言清楚地表明,该民族天性非常民主,没有高雅语言和低俗语言之分,甚至针对上级和下属的人称代词也没有区别,似乎每个人对他人都平等相待。"①相反,使用克拉玛语的爪哇人将社会地位高的人神化,因此,他们避免用一般人名称谓东西,如同我们羞于将动物的名称用于人一样。

(3)语体②

我们关注的问题并不仅仅涉及一种语言能够表达什么和必须表达什么,还涉及语言在其可能范围内喜欢表达什么,亦即我所说的语言的民族风格(参看第一卷第六章第七节③)。

我们知道,语法和词汇构成了一个工具仓库,它们都是前人所创。其中有些工具几乎已经无人问津,可能很快就会成为废品,但也可能出现新的推手,使之重新发光;另一些工具可能被过度使用,因此被弱化、钝化,常见的那些夸张的粗俗词语尤其如此。总之,物质词和形式手段代代相传,"与生俱来的权利"④只能在使用中才有所体现。这里,诸语言各自固有的独特语体得以直接体现,清晰明了,不需要我们做出任何解释。

---

① 此处对巴尔达的转引为 1901 第二版新增。——2016 第三版编者注
② "语体"一节为 1901 第二版新增。——2016 第三版编者注
③ 应为笔误,实为甲柏连孜《语言学——任务、方法和迄今成果》第二卷第六章第七节。——译者注
④ 出自歌德《浮士德》:Weh dir, dass du ein Enkel bist!
  Vom Rechte, das mit uns geboren ist,
  Von dem ist leider! nie die Frage.
("你作为子孙,真是不幸!至于我们与生俱来的权利,遗憾!从来没有人问过。"《浮士德》,绿原译,人民文学出版社 2004 年 49 页)。——译者注

民族风格犹如个人风格,可以表白如下:"我可以这样做或那样做,但我最喜欢这样做,只在特殊的情况下才那样做。"风格体现好恶,就好像流行物,因时而变,但总是反映当时的主导性思想特点。这里谨举语言表达的几种手段,它们的使用频率或高或低,风格各异。

或者描写性补充,解释,形象表达,拟人化,用部分代表全体;或者实事求是,紧扣事情本身和本质;或者情绪激动,使用感叹、反问等话语方式,突出心理情态;或者态度冷静,就事论事;或者注重句子联系和段落组织;或者诸思想观念的松散排列;在句子联系、句子对仗中凸显或隐含逻辑要素。

还有其他许多手段。显而易见,在上述所有现象中,或者惯性思维或者瞬时的灵机一动,或者对思维习惯的贯彻或者闪现性灵感,或幻想型或冷静型,或热情或冷漠,或者喜欢社交、交往欲旺盛或者情商低下、就事论事,等等,说者的语体风格都会显露无遗。不过,就语言表象而言,语体一般体现的不是性格,而是外在表情。语体可能是土生土长,根深蒂固,源自于相关民族的思想禀赋,也可能是时髦流行,因时尚而变,甚或是对外来模式的模仿。因此,语体只能说明该民族思想禀赋的倾向性和可能性,而不能说明该民族思想禀赋的必然性。[①]

[①] 关于政治和社会变革改变民族风格的可能性,研究法国文学大概可以获得最好的回答。——作者注

第五章　语言的描写

　　普通语言学所追求的目标只能是揭示民族性与语言之间的相互关系,一方面是民族和族群的思想和情感特点、生活条件、文明程度,另一方面是他们语言的现象、力量和功能。双方构成诸多方程式,说明双方的正比例或反比例关系,此方越是怎样,就说明彼方也越是怎样或者相反。

　　显然,这其中的规则如果存在,就只能运用最全面、最审慎的归纳法才能认识。所谓最全面,就是必须充分顾及民族特性和语言特性两个方面的一切因素;所谓最审慎,就是面对这些因素,必须通过相互比较认识它们的强度,辨识出其中存在的干扰因素并剔除之。不难看出这一任务会有多么困难。我们现在只是勇气可嘉,而归纳所需要的材料仍然非常贫乏,最基础性的空白尚待填补。在未来很长的时间里,我们还只能依赖十分粗糙的工作条件,最多只能获得一些局部的认识,就像我自己之前所努力的那样。但是,无论解决问题的条件是否成熟,任务都摆在我们面前。情况最严重也莫过于那个关于葡萄园宝藏的寓言:你们只需深入挖掘,即使找不到那只装满黄金的罐子,被开垦的土地本身也会成为金矿!

　　我们应该全面观察语言,并根据其每一个显著的特征进行分类整理。所谓全面意味着,既涉及语法也涉及词汇,既涉及现象也涉及目的,而且所有这一切必须始终与语言所表达的民族思想相联系。语言学研究是一种基于观察的描写,而非为了编写生动的语言教材,并非以教育教学为目的。语言学的目的并非获得一种知识或者技能,而是为了获得一种生动的、符合真理的印象。这种印象在很大程度上是一种审美印象,与之匹配的工作既充满艺术感又极具科学性,因为,语言学的工作是一种描写。如果将语言学研究与语言教学相比较,我认为,每一种语言都是一种特定的思想体操。若要学习这种体操就只能在操场,并通过自身艰苦的努力。但是,艺术长久,人生短暂(Ars longa, vita brevis)。即使我们中最聪明、最刻苦之人也只能掌握世界上所有语言中微不足道的一小部分,对其余的语言最多只能是听说过或者匆匆目见过。然而,普通语言学的首要条件却是获得对所有语言尽可能全面而深入的认识,也就是说,既要获得概貌,也要了解详情。可见,这与语言学习的目标不同,质不同,量也不同。要想富有成效地投身普通语言学研究,就必须尽可能深入地体验具体语言,密切关注语言谱系历史研究的成果,但是,谁也不可能凡事都有所作为,因为那只会走马观花,蜻蜓点水,非常肤浅。这样,我们在大多数情况下就有赖于他人的研究,要充分相信他人的经验,虚心借鉴他人的判断,谨慎对待自己的判断。如果只能凭借语法书和词典开展研究,则这样的资料应该非常详尽,才能满足目标所需。因为,普通语言学所探究的问题,经常隐藏在语言的缝隙深处,或者涉及语言非常细微的方面,不能为基础书籍所包含。而且,如果手头资料不足,任凭怎么挖掘,研读都难免变成为纯粹的学习,所得只能是坐井观天,小学生之见。这是我们都可能遭遇的。我们已经多次指出,在一种语言或一个语族里,相同的世界观和思维习惯经常表现在非常不同的方面。而对语言特征的描写而言,语言的每一种倾向都必须有实证支持,说明某种倾向的所有语言现象都必须归为共同的范畴,无论这些现象属于语音还是句法、语法还是词汇。①

我希望,普通语言学能够向具体语言研究的专家们征收人头税。每个从事具体语言研究的专家都必须努力以自己自身的感受来描写各自所掌握得最好的语言。他的任务不是要来教导我们,不应该把我们引入斗兽场的尘嚣中,而应该把我们领到观众席上,然后,先向我们展示相关语言最好的、最具特色的优点,并且对之做出最为细致的解释,然后,再向我们指出该语言的弱点,解释这些弱点和优点同根同源的情形。我们只需要随之一同感受,但无需随之一同行动,我们可以发言做证,但要将说明"优点"或"弱点"的责任留给具体语言研究的专家。

当然,这个责任非常沉重,只有深入到我们普通语言学之中,了解我们的需求,才能承担,才能明白我们最期盼看到和听到的是什么。我认识几个非常优秀的从事具体语言研究的学者,他们同时也是普通语言学的杰出代表,这很正常,因为只有在普通语言学的观照下才能充分认识具体语言或语族的特点。现实中的语言教师根据使用价值来评判其语言材料,专业的语文学者除了看重自己所了解语言的优美和精到之点,还会发现该语言中那些少见和难解之点。与之不同,语言哲学家追问的是各种语言的特点,是语言最为内在的驱动力以及语言功能在各种语言中所展现的力量和方向。

---

① 本段末"我们已经多次指出……"起为1901第二版新增。——2016第三版编者注

我们需要不断积累和丰富对各种语言的描写,为此,我想推荐一种类似于漏斗的方法:从宽到窄逐步推进,从某个大的类型,如耦合型美洲语言,或语系,如印度日耳曼语系,到具体语族,如易洛魁语族、罗曼语族,再到具体语言。所到之处,必须坚持突出典型的区别性,而且,这一工作必须具备关联性,能够直观地反映现实,无论情形多么错综复杂也要保持一目了然。面对一个语族的研究,我们无需等待语言历史学家对原始语言的考证结果,而要集中关注该语族成员在持续发展中所体现出的共同的思想禀赋。①

---

① 本段为1901第二版新增。——2016第三版编者注

第六章　普通语法

具体语言和语系的描写性研究在普通语言学的观照下展开，如此，可以为普通语言学做准备，减轻其难度，但却不能解决普通语言学的问题。对具体语言和语系的研究将为普通语言学提供一些具体的数据，但还不能提出结论。而结论才是普通语言学研究的关键，其中，语法方面的结论比词汇方面的结论更为重要。

我们提出了分析系统和综合系统两种视角，它们同样也适用于这里：对语言的评价必须具备整体综合性，在此原则下，首先进行现象观察，然后分析现象的功能。但是，我们要始终认识到，一种语言的形式和功能总是相互制约的。揭示二者的相互制约关系应该是普通语言学的第三项任务，也是最崇高的任务。

不言而喻，普通语法必须包含语法的全部，同时，我针对具体语言的语法所提出的基本观点也适用于普通语法，因此，我认为普通语法主要由三部分构成：普遍系统、分析系统和综合系统。

首先，我们从语音就可以获得重要的视角。显然，具体语言语音的发展首先也取决于语言器官和呼吸器官的构造，也就是说，取决于这些器官的常规性活动方式。这里，地理学拥有发言权，因为，人进食和呼吸的方式首先取决于气候和土地。另外，习俗和陋习也可能构成重要的因素，有人喜欢嚼槟榔，有人喜欢吸烟草，有人说话高声喊叫，有人说话轻声细语，习惯各不相同。由此，各民族的民族性格也可能得以体现,有的喜好争吵,有的喜好饶舌,或者相反。在前文,我指出连读音变方向的重要性,现在要提出的问题是,为什么谐音在此语言如此重要,而在彼语言却不那么重要？是什么因素保护着单词语音的纯洁性和完整性？也就是说,可能是什么因素造成了语音的钝化？又是什么因素因此促进了黏着的形成和发展？我在前文讨论了语音表情的问题,阐述了精确发音或含糊发音的自由度,那么,它们的基础又是什么呢？这些问题的研究可以带有非常浓厚的地域色彩,而且也难免如此,因为,这样的研究实际上只能以最准确的语音观察为基础。幸运的话,人们也将从中得出有益的结论,帮助我们揭示语言历史和民族历史鲜为人知的内容。

果真如此,我们下一步对语言结构进行普通语言学的研究也就有了很好的基础,因为,我们已经看到,语言结构的类型至少部分地取决于语音系统的命运,而且,语音系统演变的心理因素也必然对语言结构的形成发挥了很大的作用。如果语音钝化和黏着相伴相随,那么,形式元素的语音不断简化就会催生新的、分析描写性的形式产品。偏离发音规则可能是无意的,也可能意味深长(语音表情),而意味深长的语音偏误则可能会被语言系统所用。民族的性格可能是粗犷、果断、坚毅,或者是充满激情、性急、暴躁,亦或懒散、懦弱,但无论如何,民族性格都会通过发音而影响语言结构的形成和发展,从话语的风格到词汇和句子的构成及其形式化,无处不在。

这样,从表象来看,分析系统似乎就是问题的全部,对语言的现象研究本质上似乎只能包含在普通语法的第二部分之中。对此,我有不同看法。

第一，似乎应该将语言的语法现象视为现象，并予以分类和界定，也就是说，要依据现象对语言进行语法分类，进而说明各种类型在不同的语言和语系中服务于什么目的。就语序而言，语序在多大程度上受制于句子成分之间的语法逻辑关系？在多大程度上语序是自由的，亦即只依赖于心理和修辞需要？另外，在受制的情况下，语序的不同表现有什么意义？主语和定语是前置还是后置？等等。就助词而言，根据现象（包括句法现象）能够区分出多少种助词？每一种助词又服务于什么目的？对于形式元素的语音而言，它们是前缀、后缀还是中缀？前缀和后缀各自具备哪些语法功能？最后，词、词干和词根的内在变化呈现什么特点？它们属于什么性质的变化？这些变化有何意义？

第二，我认为这一研究的对象还包括语言规则在具体语言中体现的程度，同时，还有一个问题是，那些不规则现象大多出现在哪些地方？

第三，也是最后一点，对上述所有问题的追究应该尽可能地贯穿相关现象发展变化的全部历史过程。如同面对其他方面的问题一样，普通语言学在这方面也要始终追求普通语言历史研究的目标。然而，我必须承认，眼前的现实还仅仅初具模糊的轮廓，争吵也不能解决问题。我们的科学还十分年轻，面对这些问题，我们就像一个只会演算两数乘法的小学生要计算出彗星轨道一样。

每一种语言都是一个系统，其中所有部分都有机关联，协同作用。人们知道，系统中的任何部分都不可缺少，或以其他形式呈现，否则整体就会发生变化。但是同时，语言现象中的某些特点相对而言似乎更具有决定性意义，那么，我们要弄清楚它们是哪些特点？进而，我们还要研究语言的哪些其他特点常规性地与这些特点发生关系。这里,我想到单词结构和句子结构方面的特点,以及某些语法范畴获得优先地位,而另一些语法范畴则遭到丢弃。但是,我也必须想到,这一切都与语音系统处于某种相互作用之中。我提倡运用归纳法开展语言学研究,但归纳可能非常困难,要想成功运用,必须进行敏锐的哲学思考,才能认识到规则背后的原理,才能认识到其中发挥作用的各种力量。但是,如果我们可以直接对着一种语言说,你有这样那样的具体特征,因此你就有这样那样的特殊性、具有这样那样的整体特性!这该是多么了不起的收获呀!如果我们也能够像勇敢的植物学家那样,根据菩提树叶勾画出菩提树来,那又会是怎样的收获啊!如果允许给一个尚未出生的婴儿洗礼,我想使用"类型学"这个名字。在我看来,这是普通语言学面临的又一项任务,而且凭借目前所掌握的手段我们完全可以勇敢地开始尝试求解。相比较语言历史研究,语言类型学的研究成果更为可期,认识论价值应该更高。迄今为止,人们论述了不同语族之间民族思想的相似性、语言特点的相似性,对此,语言类型学可望给出明确的架构,可用数字公式予以精确描述。这样的公式再附之以抽象推论,就可望说明经验所蕴含的客观必然性。[1]

  普通语法运用归纳法对语言综合系统的具体问题展开了深入的专题研究,这并非偶然。所研究的问题有:双数(洪堡特)、语法性别(波特、Fr. 穆勒、L. 亚当)、五级和二十进制计数法(波特)、关系代词(施坦塔尔)、被动态(H. C. v. d. 甲柏连孜)、强化体和重复体(G. 格兰特),等等。近来,格拉塞里发表了一系列比较语法研究的成果,视角独特,见解深刻。其实,洪堡特早已明确指出,在这

---

[1] 本段为 1901 第二版新增。——2016 第三版编者注

些问题的研究中必须时刻关注语言的整体性特点,才能对语言的具体现象做出正确的评价和解释。①

依我之见,所有这些研究都要以哲学视角为主导:诸范畴是如何组织的？人是如何想到这些范畴的？还有一系列十分复杂而重要的问题,也绝不是专题研究所能胜任的:为什么此语言以这些范畴为主导,而在彼语言占主导地位的又是另一些范畴？为什么有的语言根本没有某些范畴,而其他范畴却似乎巨量出现？要回答这些问题,我们还是需要研究相关民族和族群的思想特性,研究他们的历史、国情和人种,但首先还是要尽可能深入地研究相关语言的历史。

---

① 本段最后"其实……"一句为1901第二版新增。——2016第三版编者注

第七章　普通词汇学

　　我这里所要讨论的问题，迄今为止几乎被普通语言学完全忽视。针对具体语言，人们已经指出，某些认知范畴在该语言的词汇中地位突出，而其他认知范畴却很不重要。有的语言在特定方面只有关于特殊性的表达，而没有关于一般性的表达，例如，只有表达"哥哥"和"弟弟"的单词，但却没有一个通用的单词表达"兄弟"。对此，人们特别喜欢视之为该语言的缺陷。但是，我们需要关注一种语言词汇的整体性，并将之与其他语言的词汇进行整体性比较。人们还没有开展这样的研究，可能还缺乏那样做的条件，因为，迄今为止还没有一本针对具体语言的系统性百科全书式的同义词词典。

　　显然，这样的词典是首要之条件，而且必须尽可能全面和可靠，否则，那些没有得到深入研究的语言会遭遇不公。

　　这正是问题的主要困难之所在，因为，相对而言，只有少数语言有幸获得了长期、广泛和深入的研究，有了全面而可靠的词典，人们足以信赖。虽然有了这样水准的词典，但其编排却都主要是以字母为序，所以，可怜的学者必须无休止地翻来翻去，除非他有意按照自己的计划编撰一本全新的词典。

　　这样，我这里所要求的条件也许在久远的将来都只能是一个天真的愿望，但无疑是一个正当的愿望。如同话语的语法形式一样，词汇创造也是人类语言能力的重要部分，而且重要性毫不逊色。不过，语法形式化更多取决于内在力量，而词汇创造则更多取决于外在力量，但这只是量的方面的观点。其实，一个民族外在的生活条件也作用于语言结构的形成，同样，一个民族的思想禀赋也必然有其语言表现，语言反映该民族思想世界的组织性，世界观的普遍性和特殊性，反映该民族如何通过认识的外延扩展和内涵迁移而形成自己的概念体系、如何称谓这些概念。

因为，与其他所有问题一样，这里也存在思想内容和现象的双重视角，它们是语言表达的目的和手段。科学表述和技术描写的资源极其丰富，完全可以满足我们的需要；这是何等的文化体验啊！阿劳坎人的语言对饥饿的区分特别细致，他们的生活该是何等痛苦啊！我们对他们的生活深表同情。这些都是对思想内容开展研究的课题。但是，该民族何以能够完成对如此繁多的认识的称谓？探究其中的思想根源，无疑也是十分有趣的课题。

这已经涉及第二个困难，也许是更为棘手的困难：何来那些称谓？亦即：这些称谓的词源根据是什么？我们只知道我们对自己研究最深入的语言的词源尚且知之甚少，同时我们也发现，语言历史研究在某些优先领域正在快速发展。随着研究领域的不断扩大，语言历史研究的模式会不断完善。语言历史研究还会获得哪些认识，目前还无法预知。

实际上，目前已经获得的语言历史认识可谓不少。诸多语言的大量复合词毫无疑问都可以拆分成部分，而且，相比较我们印欧语言，有些外语语族的词和词形的词源线索更为清晰。有的单词和词形的词源意识十分活跃,有的单词和词形的语音规则非常稳定,从而词源痕迹完好无损,还有的单词和词形的词源要求不仅十分活跃,并且与民间词源信息相吻合。无论如何,各种情形都说明,在各个民族的思想中,人的各种认识因其称谓而被置于相互关系之中,其中,幽默、幻想甚至愚蠢等都是重要的因素。

外部世界反映在各民族的思想中,并为他们各自的语言所处理。但是,相同的客体反映在不同民族思想中的方式会非常不同,相应地,在不同语言中的表达方式也非常不同。"荷马的太阳,你看,它也照耀着我们。"但是,对于荷马、对于我们、对于宇航员、对于相信太阳神的人,太阳意味着什么呢?对于船夫、游牧民、猎人、农民,太阳又是什么呢?不同民族、不同个人、在不同的情绪里,与"狗、牛、鱼、老鼠"等称谓相联系的认识各不相同,丰富多彩,同样,"男人、女人、儿童、动物、吃饭"等称谓也是如此,简单地说,生活中最常见的词语都是如此。[①] 可想而知,不仅复合词的问题意味深长,同样,组合而成的俗语和短语的构成也意义重大,而且更容易切分为组成部分。当然,这里也存在迁移的现象。今天人们用德语不说 langen (= verlangen, sich sehnen) und bangen,而说 hangen und bangen(勉强地)。这也是一个民间词源学问题,对此,考古学家往往不屑一顾。但是,语言学家不仅要深入研究语言现实,而且要进行语言历史考证。

人的思维方式在很大程度上也取决于其习惯于思考的对象,同时,在正常发展的情况下,人的思维方式也决定了语言的形式,

---

① 本段至此为1901第二版新增。——2016第三版编者注

决定了语言形式可塑性的程度和方式,进而也决定了词汇和语汇,而且,这种影响主要体现在数量方面,因此,语言材料的性质与语言结构的形式之间似乎存在平行关系,更好的说法是,二者应该拥有共同的人类文化学根源。在前文,我将语法统计学称为类型学,现在人们应该可以理解其中的用意了吧。①

---

① 本段最后"在前文……"一句为1901第二版新增。——2016第三版编者注

第八章　结语

我们现在回顾一下。具体语言研究所面对的问题是："何时以及为何我们能够正确地使用我们的母语？"第一种、也是最具普遍性的回答是：当我们如同我们民族同胞和同时代的人一样使用我们的母语，我们的语言使用就是正确的。我们通过习得而获得正确使用母语的能力。但是，相对于习得的内容而言，我们的行为具有双重性：一方面是纯粹记忆的，为此，除了重复所听到的没有更好的办法；另一方面是抽象，无意识的抽象，在此基础上我们依据现成的规则不断创造。

谁要是以不同于自己语言同伴的方式说话，那就是错误的言说。语言的任何变化本身起初都是一种语言错误，然而，语言都是不断变化的，因此，语言并非永远被正确地使用，也并非永远被所有的语言同伴正确地使用，同时，错误的可以成为正确的，只要能够产生共鸣，能被接受即可。面对语言的变化，语言共同体内部各区域态度不同，此地这样，彼地那样，于是，语言就会发生分裂，形成分支。追究这些语言分支的形成，是语言地理学或者语言环境史的研究任务。相反，语言内部史的研究目标则是追踪语言的演变，并且对语言演变进行系统性整理，以便做出合理的解释。语言历史研究的对象永远是具体的语言，无论该语言被分裂的程度怎样，也不管它变化多么巨大。例如，印度日耳曼语研究的对象只能是原始印度日耳曼语的历史。因此，语言历史研究也不能以自己

第八章 结语

的立场提出普适性的法则,而只能提出某些观点,说明具体语言在某个方面、某个时期曾经发生了哪些具有倾向性的变化。

显然,无论是对语言的正确使用还是那些促使语言发展变化的偏误,无论是维护语言的力量还是改变语言的力量,都植根于同一块土壤。显然,这些因素会影响到语言的各个部分和所有方面,无论语音、还是语言结构或词汇,无论外部现象或语义内容,概莫能外。然而,同样显而易见的是,它们对不同语言及其不同方面影响的程度和形式并不相同。而获得这方面的认识,发掘其中的规律,就是普通语言学的任务。我们已经指出,普通语言学要完成这样的任务,就必须比较研究各民族的文明、历史和思想禀赋。在这方面,我们已经尽目前之可能做了一些勇敢的尝试。

万物之间必有联系,无有例外。认识这种联系,是归纳性科学的目标。同样,我们的科学也致力于获得一种静态和动态的认识,进而在此基础上,不仅要从原因可靠推导出结果,而且要从结果可靠推导出原因。目前,关于各民族的心理生理特点、他们的命运、生活条件和思想禀赋与他们的语言之间的相互关系,我们的推测多于证明,但我们要彻底揭示其中的秘密。没有什么是偶然的,因此,一切都必须得到解释。

我们知道,这是一种不可企及的理想,但是,我们必须提出尽可能高的目标。关键不是达及目标,而是追求目标。对目标的向往激励我们既不能鲁莽狂妄,也不能空泛幻想,而是要求我们方法严谨、逻辑缜密地开展研究。面对崇高的目标,我们要勇往直前,永不懈怠。我们知道,我们的科学只有不足百年的历史,却已经取得了巨大的进步和成绩;但是我们不知道的是,人类进行科学探究的精神还要延续几千年。

主题索引

阿布哈兹语 Abchasisch　167
阿尔冈昆语言 Algonkin, algonkinisch　79,123,167,169
阿尔冈昆语族 Algonkinfamilie　123,190
阿霍姆语 Ahom　171
阿拉伯语 Arabisch　65,96,98,148-150,153,183,191,217,224
阿拉母语 Aramäisch　150
阿拉瓦克语 Arowakisch　174
阿劳坎语 Araukanisch　106
阿留申语 Aleutisch　112
阿萨巴斯卡语言 Athapaskensprachen, Athapaskisch　142,167
阿伊努语 Ainu　147
埃及-科普特语 Ägyptisch-Koptisch　57
埃及语 Ägyptisch　48,52,58,73,109,120,165
埃塞俄比亚语 Äthiopisch　124
埃维语 Ewe　209
艾玛拉语 Aymará　120
艾拓语 Aitom　171
爱沙尼亚语 Estnisch　140
安哈特方言 Anhaltisch　179
奥德施布维语 Odschibwe　18
奥奈达语 Oneida　123
奥侬达加语 Onondaga　123
奥托米语 Othomi　167
澳大利亚语言 Australisch　66
盎格鲁-撒克逊语 Angelsächsisch　65

主题索引

巴布亚人 Papuas 195
巴斯克语 Baskisch 112,167,209
巴塔语 Batta 106
柏柏尔语言 Berbersprachen 72
半元音 Halbvocal 149
邦板牙语 Pampanga 66
爆破音 Explosiv 18
贝蒂语 Petite 132
被动后缀 Passivsuffix 67
被动态 Passiv, Passivum 37,67,68,70,113,131,132,147,154,157,189,
    196,206,246
鼻音 Nasal 17,68,149
比科尔语 Bicol 66
比林语 Bilin 7
比沙亚语 Bisaya 66
变格 Declination 68,70,82,123,125,135,212
变位 Conjugation 7,52-57,68,70,72,73,77,82,98,112,113,123-125,131,
    133,135,160,163,167,169,189,191,192,201,216,217,223,226-229
变音 Umlaut 138,155
宾格感叹 interjectioner Accusativ 29
宾语变位 Objectivconjugation 55,56,72,113,125,163
宾语格 Objectscasus 73,157,217,218
宾语关系 objective Verhältnisse 56,122,206,217
并列 Coordination 26,39,47,80,95,107,127,137,200,225
波兰人 Pole 178
波利尼西亚语言 Polynesisch 66,144,156,219,220
勃固 Pegu 171
不定式 Infinitiv 59,65,66,131,177,226,234
不完全变化 Defectiv 70,134-136,142,146,156,184,192
布里布里语 Bribri 167
布里亚特语 Burjätisch 112,140
部分 Partitivus 6,8,12,18,22,28,31,33,34,46,51,59,63,65,66,69,76,
    77,81,89-93,99,100,114,118,120,125,130,144,145,149-151,154,
    155,160,173,177,179,180,182,186,190,192,193,199,202,205,209,

213,219,221,224,232,233,235,238,240,243-245,249,250,253

插音 Epenthese 138,140
查塔语 Tschahta 79
朝鲜语 Koreanisch 68,112,189,219
称谓 Bezeichnung 7,14,20,26,30,37,38,40,42,43,47,50,63,88,90,111, 216,236,237,249,250
齿音 Zahnlaut 155
抽象 Abstraction 14,43,47,50,54-56,108,126,132,168,198,205,246,252
唇音 Labial 195
词 Wort 4,7,8,11-14,18,20-22,27-30,33,35,36,38-82,84-87,90,92-94, 96,97,99-105,107-114,122-127,129-143,145,147-158,160-163,165-171,174-194,196,197,201-207,209-220,223-230,232,234,236,237, 239-241,243-246,248-251,253
从句 Nebensatz 152,201,202,206,211,212,221,224,226-229

达科他语 Dakota 169
达雅克语 Dajak, Dajakisch 57,66,151,154
代词 Pronomen 7,29,39,51-53,55,56,58,70,73-77,79,96,107,112,113, 122,124,126,131,134,147,163,165,169,170,188,192,212,213,216, 217,226,229,237,246
丹卡利语 Dankali 7
单个认识 Einzelvorstellung 33,34,47,48,60,90,91,97,103,193,196
单数 Einzahl, Singularis, Singular 7,58,122,134,135,147,148,163,164, 191,198,216
单音节词 Einsylber 18,69
倒数第二个音节重读 Paroxytonon 178
倒数第二开音 Paenultima 68
倒吸气音 Schnalzlaut 17
倒装句 Inversion 28
德拉威人 Drâvidas 171
德语 Deutsch 8,13,21,23,24,26,28-30,33,35,36,52,53,58,60-63,65,69, 79,80,89,94,100-102,106,113,131,133,134,138,139,141,143,155, 160,170,177-181,183,185,188,189,194,198,199,201,202,210,212-

主题索引

215,219,225-228,232,234,235,250
低地德语 Niederdeutsch 36
低音 Tiefton 21,100
叠动 Iterativ 197
定语 Attribut 49,55-57,80,81,85,93,107,110,119,122,137,138,151,
　　157,160,163,190,192,193,203-219,223-226,229,245
东高加索语言 Ostkaukasisch 219
东蒙古语 Ostmongolisch 66,140
动词 Verb,Verbum 11,14,20,28,30,35,39,43,46,52-57,59,65-68,74,76-
　　81,93,94,96,97,111-114,123-125,127,131,133,134,137,143,148,
　　149,151-155,157,158,160-163,165,167-170,177,188-191,196,197,
　　201,202,206,207,209,214-216,218,219,223-229,234
动名词 Nomen actoris,Verbalnomen,Verbalsubstantivum 20,157,160,216,
　　223,224,226
动形词 Verbaladjectivum 224
独立属格 absoluter Genitiv 226
对仗句 Parallelsatz 100
钝化 Abschleifung 35,40,59,116,184,185,190,237,244
多巴语 Tobasch 106
多式综合 Polysynthetismus 73,79,167
夺格复数 Ablative Pluralis 70

俄语拉普兰语 Russisch-Lappisch 68,69
颚音 Guttural 155

发音 Articulation 5,10,13,14,17,18,29,46,53,58,64,72,80,99,102-105,
　　141,149,174,178-186,195,244
法语 Französisch 6,24,30,36,53,58,65,81,86,93,96,100,101,104,107,
　　122,126,133,177,180,191,197,201,212,220,228,232
范畴 Kategorie 8,9,22,30,34,35,43-45,48,51-56,58,60,65,68-71,88,97,
　　103,108-111,114,131,141-143,152,157,170,176,179,183,186,190,
　　191,196,197,203,207,215,218,221,229-231,241,246-248
梵语 Sanskrit 35,47,65,68,71,73,76,77,80,113,135,138,170,179,
　　197,225

方位格 Locativ 196,219
方言 Dialekt,Mundart 29,30,33,63,66,68,103-105,133,140,149,150,
  159,174,177-179,220
菲奥特语 Fiotesprache 132
斐济语 Fidschi-Sprache 67
分词 Participium 55,68,137,160,223,225,226
分析 Analyse,analytisch 7,12,27,39,45,50,51,81,119,128,130,137,141-
  145,149,151,156,163,172,175,199,201,203,205,213,225,243,244
芬兰语 Finnisch 49,57,126,140,182,219
否定 Negation,Negativum 11,12,26,53,59,63,67,101,104,128,144,
  169,181
符号 Zeichen 15,18,36,38,43,45,61,62,64-66,73,80,104,109,114,159,
  198,204,206,216,217,229
辅音 Consonant 17,71,106,123,142,147-150,155,176,181,183
附着 Anfügung 40,43,45,59,64,68-70,74,79,96,124,135,184,212
复合构词 Compositum,Zusammensetzung 20,56,72,80,187,210
复数 Mehrzahl,Plural,Pluralis 7,55,58,70,122,126,135,147,148,163,
  164,183,191,194,196-198
副词 Adverb 36,51,65,81,94,107,114,157,160,161,177,189,193,202,
  206,209,211,215,217-219,223,229
副谓语 secundäres Prädicat 214,218,224
富图纳语 Futunien 220

感叹 ausrufen,Interjection 24-32,62,81,105,108,179,182,187,238
感性的 sinnlich 8,35,42,59,191
感知 wahrnehmen 4-6,10,15,22,35,47,48,61,92,96,102,103,118,169,
  170,180,216
高地德语 Hochdeutsch 29,36,155,177,178
高加索语言 Kaukasisch 70,219
高音 Hochton 21,100
告知 Mittheilung 24-32,81,82,88,89,94,108,109,204,205,209,233
哥德堡语 Gedebo 124
格 Casus 7,11,16,18,28,29,35,36,39,43,46,51,54-58,64-73,75,77-82,
  84,85,90,94-97,100,103,104,107,109,113,114,117,119,123-127,

主题索引

130,134,135,138,139,141,143,148,150,151,154,155,157,158,160-163,165-171,173,174,178,182,188-190,192,196-198,206,207,209,210,212,215,217-220,222-224,226,228,229,233-235,237,238,244,246

工具格 Instrumentalis 196,206,219

构词 Wortbildung 20,43,50,52,56,57,59,65,66,72,80,81,84,105,107,140,142,147,149,156,174,183,187,193,196,210,215

孤立型语言 isolierende Sprache 62-64,80,84,127,135,171,182,211,219,225

古阿拉伯语 Classical Arabic Language 96

古埃及语 Altägyptisch 73

古巴克特里亚语 Altbaktrisch 138

古北欧语 Altnordisch 138

古汉语 Altchinesisch 7,63,132,198,202

古斯拉夫语 Altslavisch 178

瓜拉尼语 Guarani 167

关系词 Relativwort, Verhältniswort 52,53,206,209,211,212

关系代词 Relativpronomen 134,246

关系小品词 Relativpartikel 229

观点之观点 die Anschauung der Anschauung 47,60

冠词 Artikel 58,147,151,157,226

归纳 Induction 2,19,87,93,99,119,130,144,165,166,171,172,213,217,222,239,246,253

规约 Convention 11,14,15

过去不定式 historischer Infinitiv 234

过去现在时 historisches Präsens 234

哈马黑拉岛 Halmahera 123,124,237

汉语 Chinesisch 7,28,45,54,57,62-64,76,84,86,96,104,107,114,119,120,127,132,136,171,174,184,189,190,198,202,204,211,214,215,217,218,220,226,229,231,232,236

豪萨语 Hausa 147

荷兰语 Holländisch 36

黑人语言 Negersprache 48,50,119,204,209

后附读的 enklitisch 65,107
后置句 Nachsatz 227
后中缀 Sub-Infix 65,157
后缀 Suffix 43,44,48-50,55,59,64-68,70-72,79,80,102,120,124,125,
    135,137,139,147,149,151,153,155-157,163,165,167,169,179,182,
    185,212,216,224,245
互指动词 reciproke Verba 148
话题 Topik 11,13,81,94,95,98,105,182,198,232-235
话语 Rede 2,7,14,23-33,38-41,43-45,49,50,52-54,59,61-64,81,82,88-
    92,94,95,98-105,108,109,111,114,115,126,130,138,154,155,157,
    160-162,165,166,170,176-182,184,186-190,193,195-199,203-205,
    207,208,212-215,221-223,226,230,232-236,238,244,248
混合语言 Mischsprache,Blendlingssprache 86,144,145,185
霍屯督人 Hottentotten 171
霍屯督语言 Hottentottisch 66,122

及物 transitiv,Transitivum 68,74,107,125,148,169
加拉语 Galla 7
加莱拉语 Galela 123,124,237
加勒比语 Caraibisch,Galibisprache 38,174
尖音 Acut 71,107
间接宾语 indirectes Object 67,122
将来时 Futurum 59,65,113,123,131,202,235
交往工具 Verständigungsmittel,Verkehrsmittel 25,42
交往欲 Mittheilungsbedürfniss 9,232,233,235,238
接触语言 Contactsprache 145
节奏 Rhythmus 5,11,13,14,16,104,108,109,178,203
结构 Struktur 13,20,32,37,40,42-44,46-49,52,53,55,58,60-63,65,67,
    72-76,79-81,85,88,91,93,97,106,110,114,118-120,130,135,137,
    138,141,148-152,155,158,160,163,167,171,172,175,182,184,186,
    188,201,202,204,205,210,215,216,223-229,244,246,249,251,253
捷克人 Czeche 174,178
句法 Syntax 20,30,64,80,84,85,91,97,103,115,137,138,165,191,192,
    201,218,219,224,225,228,232,241,245

主题索引

句子 Satz   23,24,27,28,30,31,39,40,43,51,54-58,61-63,67,72-77,79,
81,85,88-90,92-94,96-103,108,125,152,154,160,161,166,167,175,
176,182,190,196,197,199-204,206,209-211,213-215,217,218,221,
223-230,238,244-246
具体语言研究 einzelsprachliche Forschung   1,241,252
绝对过去式 Perfectum absolutum   169

卡巴卡达语 Kabakada   206,212
卡尔梅克语 Kalmükisch   66,140
卡尔纳提语 Karnattisch, Karnatta   57,59
卡菲尔语 Kaffrisch   163,164
卡纳迪语 Kannadi   59
卡纳里斯语 Canaresisch   59
卡威语 Kawi-Sprache   43,151,154
卡西库米克语 Kasikumükisch   219
卡尤加语 Cayuga   123
坎底语 Khamti   171
科蒂语 Kottisch   112
科尔哈语 Kolh   79
科拉里人 Kolarier   171
科拉里语言 Kolarisch   65,66,157
科普特语 Koptisch   57,73,182,206
克拉玛语 Kråmå   237
克里语 Kri   79,123,169,170
克鲁语 Kru   107
客观的 objectiv   29,37,86,186,187,222,230
客观性 Objectivität   44,53,84,85,186,187
客体 Object   12,14,47,105,106,113,154,162,195,232,250
肯定的 positiv   12,23,87,102,168,186
库基语 Kuki   147
库纳马语 Kunama-Sprache   106,107
框形结构 Einschachtelung, Einklammerung   81

拉丁语 Lateinisch   29,35,61,65,73,80,94-96,98,100,113,125,126,131,

133-136,138,143,213,214,228,234,236
拉普兰语 Lappisch 68,69,123,126
老挝语 Lao 171
类推 Analogie 10,16,27,39,40,72,93,107,134,178,194,230
类型 Classe 23,24,30-32,44,47,48,52,53,58,69,72-75,92,111,119,120,
127,142,148,156,161-163,165-167,170,171,182,187,190,192,197,
215,229,235,242,244-246,251
历史谱系学研究 historisch-genealogische Forschung 1
立陶宛斯拉夫 Litu-slavisch 212
连词 Conjunction 53,85,114,133,160,161,202,223,224,226,227,230
连读音变 Sandhi 138,152,163,185,244
流音 Liquidis 30,65
卢莱语 Lule 38
逻辑 Logik 20,23,31,32,35-37,44,48,52-54,61,63,64,71,77,80,85,88-
90,96,97,109-111,126,127,135,139,142,152,176,187,190,191,193,
196,199,202,208,209,211,214,217,218,220-222,225,228-231,238,
245,253

马达加斯加语 Madegassisch 183
马福尔语 Mafoor 36,124,148,190,193,194,197
马克萨斯语 Marquesas 220
马拉尼西亚语言 Melanesisch 144
马拉雅拉姆语 Malayâlam 59
马来波利尼西亚语言 Malaio-polynesisch 66,156
马来语 Malaisch,Malajisch 21,43,57,58,65-68,70,97,113,137,151-158,
163,183,192,208,211,233
马普切语 Mapudungun 106
玛雅语言 Maya-Familie 192
满语 Mandschu,Mandschuisch 18,64,71,80,132,136,137,147,160,173
曼德黑人语言 Mande-Negersprachen 48,50,119,204
毛利语 Maori 220
美洲语言 Amerikanisch 38,50,70,79,98,112,123,167,169,192,233,242
缅甸语 Barmanisch 57,207,211
面部表情 Miene 14,109

主题索引　　263

民族思想 Volksgeist　2,50,97,117-120,127,128,130,145,151,152,172,
173,176,189,203,216,238,240,246,249,250
名词 Nomen　11,14,20,28,36,43,52-58,65,68,72-77,79,94,96,97,107,
111-114,122-125,127,138,143,147,150,151,155,157,160,162,163,
165,166,168,170,188-193,196,197,206,207,209,211,212,214-219,
223-226,229
名动词 Nomen-Verbum　216
命令 befehlen　11,26-28,31,32,59,68,81,88-90,103,123,204,232,
234,235
命名 Benennung　3,15,22,30,44,46,47,110,154,209
模仿 Nachahmung　4,10-18,29,88,103-105,110,115,166,174,175,
189,238
模糊重音 geschliffener Accent　195
莫霍克语 Mohawk　123
墨西哥语 Mexicanisch　57,73,74,76,77,112,119
默里岛 Murray's Island　197
牧村语 Mutsun　79,167

纳瓦特尔语 Nahuatl　38,73,112,120,167,169
男人语言 Männersprache　174
南安达曼语 Süd-Andamanisch　192
南部非洲语言 südafrikanische Sprachen　162,163
南印度语系 South-Indian Family　59
内包结构 verkapseltes Gebilde　80
内部屈折 Infixion　182
内格 Inessiv　141
内在形式 innere Form　37,47,59-61,69,77,81,130
内在语言形式 Innere Sprachform　37,46,48,71,111
拟人化 personificiren　19,20,112,198,237,238
逆向同化 rückwirkende Assimilation　140
黏着 Agglutination　40,45,50,57,61,64-66,68-73,80,83,87,97,98,108,
120,124,127,128,131,132,135,138,140,141,148,149,162,163,165,
167,171,183-185,198,204,207,244
奴福尔语 Nufoor　124

努巴族群 Nubavölker 171
努比亚语 Nubisch 145
女人语言 Weibersprache 174

耦合 einverleiben, Incorporation 57,73-77,79,167,171,215,216,242

派生 Ableitung, Anbildung 30,45,46,50,59,69,87,123,149,187,196
蓬圭语 Pongouée, 又称 Mpongwe、Mpungwe、Npongwe、Pongoué、Mpongoué、Npongué 165
皮钦英语 Pitchen-Englisch 183
平声 gleichmässiger Ton 104
葡萄牙语 Portugiesisch 180
普尔语 Pul 124
普通语言学 allgemeine Sprachwissenschaft 1,82,87,106,218,239-241,243-246,248,253

齐良语 Syrjänisch 18,140
奇布查语 Chibcha 167
祈愿式 Optativ 11
前附读的 proklitisch 65
前置句 Vordersatz 227
前中缀 Prä-Infix 65,157
前缀 Präfix 7,43,55,64-68,70,72,74,147,149,154,156,163,165,169,182,245
强化体 Intensiv 148,246
乔克托语 Choctaw 79
切分 Zerlegung 12,13,33,34,44,91,92,130,133,140,186,205,250
切罗基语 Tscheroki 78
钦西安语 Zimshīan 192
轻元音 leichter Vocal 139
请求 bitten 25-27,29,103,181,204,232
清塞音 Tenuis 18
情态 Modalis 28,112,169,178,186,187,219,229,230,232-236,238
情状词 Umstandswort 53

主题索引

屈折 Beugung, flectiren, Flexion 39,40,44,45,50-52,54-57,70,71,73,76,
    77,120,127,128,134,135,137,165,171,182,185,196
去声 fallender Ton 104,107

人称 Person 6,7,19,20,28,56,59,66,67,70,74,75,89,106,107,112,122,
    124,126,127,137,139,147,148,163,165,169,170,172,183,192,202,
    216,225,234,235,237
人种 Menschenrasse 66,83,87,110,121,122,135,138,139,146,152,153,
    159,167,170-172,175,189,247
认识 Vorstellung 3,11-13,15,17,19,21-23,33-35,37,41,42,45,47-51,53,
    56,60,61,63,67,69-71,80,82,85,86,90-93,95,97,98,103,105,106,
    108-111,113-115,120,124-127,130,133,141,143,144,152,154,162,
    166,172,176,177,185,187,188,193-197,199,200,205,207,210-213,
    222,226,231,239-241,243,246,249,250,253
日常口语 Volkssprache 140,145
日耳曼的 germanisch 73
日语 Japanisch 64,73,80,107,112,132,140,147,163,174,189,192,
    207,236
软字母 weiche Buchstabe 105
弱化体 Diminutiv 106

萨霍语 Saho 7
萨克森 Sachsen 21,29,105,133
萨摩亚语 Samoan Language 220
萨摩耶人 Samojeden 135
塞尔维亚-克罗地亚语 Serbo-Kroatisch 178,179
塞尔维亚人 Serbe 178
塞里语 Selisch 112
塞内卡尔语 Seneka 123
三数 Trialis 126
三元音 Triphthong 147
桑塔利语 Santal 79,122,124,135
闪米特语言 Semitisch 7,35,55,56,71-73,77,96,97,119,121,124-126,
    146,148-159,176,182,197,216,217

上阿尔萨斯方言 Oberelsass　179
上声 steigender Ton　104
社会情态 soziale Modalität　235,236
生理学 Physiologie　4,5
声调 Ton　4,13,15,103,104,228
声音表达 Stimmäusserung　14,88
声音模仿 Schallnachahmung,Onomatopöie　4,14,105,110
声音器官 Stimmorgan　17
省略句 Ellipse　28,30
时态 Tempus　55,59,112,114,143,152,155,162,163,165,174,177,186,188,189,207,224
实词 Sachbezeichnung　38
世界观 Weltansicht,Weltanschauung　20,42,60,77,116,240,249
式 Modus　6,7,9,11,12,15,16,20-92,95-99,101-105,107-115,117,119,120,122-128,130-143,145-151,154-157,160-163,165-172,174-202,204-209,212,214-221,223-239,243-246,248-253
视觉 Gesichtssinn,optisch　14,15,18,21,99,132,204
首音 Anlaut　29,68,80,123,125,150,185
受者 Adressat　154,218,235
数 Namerus　4,7,22,35,42,43,52,53,55,58,60,62,64,66-68,70,71,73,79,80,82,85,86,88,89,93,102,108,112,114,122,126-130,134,135,137,138,140,142,143,145,147,148,151,152,157,159,162-167,174,176,178,183-185,191-194,196-199,207,210,215-217,220,240,243,245,246,248,251
双数 Dualis　7,42,80,126,148,191,246
瞬间体过去时 Aorist　177
思想表达 Gedankenausdruck　44,54,90,102,118,162
思想禀赋 Geistesanlage　1,41,115,118,119,128,129,135,137,140,144-146,153,159,166,167,169,173,175,198,199,215,221,238,242,249,253
思想活动 Geistesbewegung　6,9,16,44,50,54,57,85,209
思想特点 Geistesart　165,238
斯拉夫语 Slavisch　55,113,178
斯莫兰方言 Småland　179

主题索引

嘶擦音 Zischlaut 155
四数 Quatralis 126
送气音 Aspirate 18
苏美尔阿卡德人 Sumero-Akkader 120,158
宿务语 Zebu 66
索马里语 Somali 7

他加禄语 Tagalisch, Tagala 66,85,124,151
塔拉斯科语 Taraskisch 123
塔斯卡洛拉语 Tuskarora 123
塔希提语 Tahiti, Tahitisch 220
泰卢固语 Telugu 59
泰米尔语 Tamulisch 59,207
泰语 Thai 7,58,66,68,85,124,125,135,137,139,140,152,156-158,160,
　　161,171,185,205,223
特巴克哇-阿里富力语 Toumpakewa-Alifurisch 67
特立尼达 Trinidad 174
特征 Merkmal 5,9,12,39,45-47,49,51,53,57,59,61,83,88,90,101,105,
　　110,111,113,119,128,130,146,153,161,167-169,177,187,189,190,
　　197,199,207-209,211,212,226,239,241,246
条件句 Bedingungssatz 64,232
听觉 Gehörssinn 13-15,21,99,103-105,180,203,204
通格 Absolutiv 54,56
通古斯语系 Tungusisch 66
同化 Assimilation 76,130,140,193
同位语 Apposition 74,97,102,213,214
同义 Synonymik 24,39,47,59,60,65,85,86,111,133,135,177,222,
　　230,248
统觉 Apperception 48
头韵 Alliteration 147,163,166
图皮语 Tupi 38,167
土耳其语 Türkisch 50,66,68,112,207
托托纳克语 Totonakisch 123

哇嘎人 Wagap 122
哇嘎语 Wagap 122
外在发音 äussere Articulation 182,184
外在形式 äussere Form 35,37,41,58,59,68,69,77,79,81,176
完成时变位 Perfectconjugation 113,124
完成完成时 Perfectum Perfecti 177
威罗什方言 Werrosch 140
卫拉特语 Ölöt 66
未完成过去时 Imperfectum 177
尾重音 Oxytonon 107
委婉表达 periphrastisch 21,59,91,132
谓词 Prädicat 108,110,133,205,215,236
谓语定语 Prädicativattribut 211
谓语格 Prädicatscasus 126
谓语谓语 Prädicatsprädicate 214
沃洛夫语 Woloffisch 147
无生命的 unbelebt 21,112
物主变位 Possessivconjugation 113,124,216,217
物主后缀 Possessiv-Sub 55,68,70,72,125,153
物主前缀 Possessiv-Präfix 55

西班牙语 Spanisch 29,35,126,180,183,228
希伯来语 Hebräisch 65,150
系词 Copula 12,52,53,62,154,205,206,209,211,212,228
夏威夷语 Hawaiian Language 220
暹罗语 Siamesisch 36,57,62,171,205,211
现代波斯语 Neupersisch 80,212
现代蒙古语 Neumongolisch 140
现实 Factivum 28,40,41,43,44,50,86,121,129,131,133,141,169,202,
203,241,242,245,250
象征 Symbol,Symbolisation 12,14-16,44,71-73,79,105-107,142,147,150,
155,182,192,218
小称词 Diminutiv 33
小品词 Partikel 53,55,56,64,157,178,179,186,212,220,226,229

心理发音 innere Articulation 179-182,184
心理情态 psychologische Modalität 178,230,232,234-236,238
心理谓语 psychologisches Prädicat 87,93,98,102,108,205,207,208
心理学 Psychologie 12,25,32,87,102,119,122,133,139-141,148,155,
　　172,173,192,194,203,213,214
心理主语 psychologisches Subject 87,93,94,96-98,102,108,110,154,205,
　　207-209
新几内亚 Neu-Guinea 124,190,195
新加勒多尼亚 Neu-Caledonien 122
行为 Thätigkeit 6,11-13,19,20,24,26,35,38,47,49,50,53,55,85,96,98,
　　110-113,118,125,136,153-155,162,168,169,188,190,207,208,215,
　　216,235,252
形名格 adnominaler Casus 114
形式 Form 7,11,12,23-30,32-87,98,101-105,107-115,117,119,120,122-
　　128,130-143,145-151,155-157,160,163,165,166,169-172,174,176,
　　178-197,200,202,204-209,212,214-217,219-221,223-225,227,228,
　　233-237,243-245,248-251,253
姓 Familienname 8,198
修辞反问 rhetorische Frage 26,187
修辞重音 rhetorischerAccent 104
虚构 Fictivum 100,169
虚拟式 Conjunctiv 79,187,224
叙尔坎语 Hürkanisch 167

雅库特语 Jakutisch 57,139
亚基马语 Yakama 79,169
言说 Sprechen 12,13,16,24,40,47,93,103,132,208,246,252
阳平 hoch gezogener Ton 104
阳性 Masculinum 7,42,125,134,191
阳中性 männlich-sächlich 122
一致性 Congruenz 45,79,82,122,124,163,179,196,209
伊洛果语 Iloca 66
疑问 Interrogativum 12,20,26,28,29,32,57,63,64,82,88,103,108,137,
　　169,177,178,204,213,227,228,230,249

易洛魁语 Irokesisch 123,167-169,242
意义 Bedeutung 1,12,14-16,23,24,34-36,39-43,45,46,48,49,56,58,61,
69,70,76,80,98,100,103,104,107,114,115,128,130,132-135,143,
149-151,165,173,178,184-186,188,190,192,193,195-197,214,218,
222,245,250
因果 Causativum 67,90,169,232,236
阴平 tief gezogener Ton 104
阴性 Feminini,weiblich 7,73,122,125,148,169,170,191,216
音串 Tonfolge 178
音调 Tonbiegung 71,104,203
音高 Tonhöhe 104,108,203
音节 Silbe,Sylbe 7,13,18,58,63,68,69,71,99,101,102,178,179,185,
186,193,195,204,206,224
印第安语言 Indianersprache 124,166,170,197
印度日耳曼语言 Indogermanisch 18,55,69,71-73,77,80,83,84,97,107,
119-121,124-126,128-131,134,137,142,146,148,155,157,158,160,
161,182,184,187,189,197,212,216,218,219
印度支那语言 Indochinesisch 192
印加秘鲁人 Inca-Peruaner 135
硬字母 harte Buchstabe 105
犹太德语 Jüdisch-deutsch 181
有机体 Organismus 81,121,142
有生命的 belebt 81,112
语调 Ton 5,17,84,99,103-105,108,109,114,163,179,182,203,225,234
语法 Grammatik 6,7,11,20,30,37-43,45,47,48,51-53,56,59,60,64,67-
69,71,78,80-82,85,86,90,94-98,107-109,111,112,115,116,120,122,
125,131-133,135,137,140,141,143,144,149,152,156,157,162,163,
165,166,169,170,172,175,176,183-187,192-194,196,197,199,202-
204,208,214,218,220,225,228,229,231-233,237,239-241,243-246,
248,249,251
语感 Sprachgefühl 50,53,72,76,82,97,101,121,131,143,149,150,178,
194,204
语态 Genera verbi,Genus verbi 67,162,196
语系 Sprachfamilie 1,43,47,56,57,59,61,66,72,73,130,137,142,146,

主题索引 271

151-153,155,156,163,165,166,170,171,173,184,185,219,242,
243,245
语序 Wortstellung 38,40,54-56,64,66,71,76,80,81,85,87,88,92-103,
108,114,137,151,157,160,176,184,187,202,204,206,212-214,218,
219,226,228,245
语言 Sprache 1-5,7,8,11,13-26,28-30,32-77,79-88,90-93,95-98,102-104,
106-163,165-179,182-199,201-226,228-231,233,236-253
语音 Phonetik,Laut 4,5,13,14,16-19,29,30,35,37-41,43-45,48,51,53,
54,56-59,63-65,68-72,74,80,81,88,89,102-105,107-110,114,115,
124-127,131,133-135,137-142,146,149,150,152,154-156,163,165,
172,178-180,182-185,192,195,203,204,206,216,241,243-246,
250,253
元音 Vocal 17,18,66,68,71-73,79,106,123,124,139,140,146-150,152,
153,155,157,159,163,176,179,182,183,185,193-195,197
原始语言 Ursprache 17-19,29,43,107,108,116,242
原始元音 Urvocale 17
愿望句 Absichtssatz 232
韵律 Metrik 95,178

藏语 Tibetisch 18,35,73,123,157,171,182,208,209
整体认识 Gesammtvorstellung 13,33,34,80,85,91,92,103,205,207
正向影响 Vorauswirkung 182
肢体动作 Geste 14,109
直陈式 Indicativ 11,67,68,235
直接宾语 directes Object 122
指示词 Demonstrativ 18,96,227
指示代词 Demonstrativpronominibus 29,147,226
智利语 Chilenisch 106
中动被动态 Neutro-passivum 196,206
中性 Neutrum 42,73,107,122,125,226
中音 Inlaut 21,80,194
中缀 Infix 43,64-66,122,149,156,157,182,201,202,245
重读的 betont 100,107
重复体 Iterativum 246

重音 Betonung, Accent 43,64,65,98-102,104,107,110,178,179,185,195,
　　203,204,212
重元音 schwerer Vocal 139
主动词 Hauptverbum 201,228,229
主观性 Subjectivität 29,43,44,47,86,113,186,232
主句 Hauptsatz 202,224,226,227
主谓语 Hauptprädicat 211
主语 Subject 9,12,28,43,52,54-57,70,73,75,77,79,81,85,87-89,93,94,
　　96-98,102,108,110,112,113,124-126,137,151,154,158,160,163,200,
　　201,205-210,212,217,218,224,226,229,232,245
主元音 Hauptvocal 195
主重音 Hauptton 100,101
助词 Hilfswort 28,60,61,63-66,73,127,142,143,176,179,182,184,187,
　　192,206,214,218,225,232,245
助动词 Hülfsverbum 113,131,160,177,201,202,227,229
专名 Nomen proprium 20
准词 Quasi-Wort 202,224
准名词 Quasi-Substantiv 225
准谓语 Halbprädicativ, Zwischenprädicat 209,211,212,214
浊塞音 Media 18
综合 Synthese 49,51,62,73,79,88,167,175,205,243,246
祖鲁语 Zulu Language 165
佐族 Žo 147

人名索引[*]

阿贝尔 Carl Abel(1837—1906),德国语言学家。
安德鲁斯 L. Andrews
奥尔 Auer

巴特 Jakob Barth(1851—1914),德国东方学家。
贝尔 le Berre
本特利 W. H. Bentley
波尔敦 Benjamin Bienaimé Bourdon(1860—1943),法国心理学家。
波拉 Boilat
波特 August Friedrich Pott(1802—1887),德国语言学家。
伯恩 J. Byrne
布莱克 Wilhelm Heinrich Immanuel Bleek(1827—1875),德国语言学家。

范·巴达 M. J. van Baarda
范·哈塞尔特 van Hasselt

高森 P. L. J. B. Gaussin
格拉塞里 Raoul de la Grasserie
格兰特 Georg Cornelius Karl Gerland(1833—1919)
格雷泽尔 Grezel
格林 Jacob Ludwig Karl Grimm(1785—1863),德国语言学家。

---

[*] 原著对所涉及的学者及其他人名没有明确说明,需要从上下文判断或从史料中查考身份信息。本书译者尽量在人名索引中加注释说明,尚有一些不能或无需加以说明。——译者注

格鲁特 L. Grout

格泽纽斯 Heinrich Friedrich Wilhelm Gesenius(1786—1842),德国语言学家。

古雅德 Stanislas Guyard(1846—1884),法国语言学家。

哈德兰 Hardeland

哈佛施塔德 Bernhard Havestadt(1714—1781),德国语言学家。

哈雷维 Halevy

海泽 Johann Christian August Heyse(1764—1829),德国语言学家。

豪曼 E. Heuman

豪威尔 M. S. Howell

洪堡特 Friedrich Wilhelm Christian Carl Ferdinand von Humboldt(1767—1835),德国语言学家。

怀特 Wright

加切特 Albert Samuel Gatschet(1832—1907),瑞士语言学家。

甲柏连孜 Hans Conon von der Gabelentz(1807—1874),德国语言学家,本书原著作者生父。

卡斯帕里 Caspari

考德威尔 Robert Caldwell(1814—1891),苏格兰语言学家。

克莱因施密特 Samuel Kleinschmidt(1814—1886),德国语言学家。

克里斯塔勒 Johann Gottlieb Christaller(1827—1895),德国语言学家。

拉加德 Paul Anton de Lagarde(1827—1891),德国语言学家。

拉孔布 Lacombe

拉扎鲁斯 Lazarus

莱尼施 Leo Simon Reinisch(1832—1919),奥地利语言学家。

莱普西乌斯 Karl Richard Lepsius(1810—1884),德国语言学家。

里格斯 S. R. Riggs

马基雅维利 Niccolò Machiavelli(1469—1527),意大利政治思想家和哲学家。

马乔 A. Magio

迈蒙 Salomon Maimon(1753—1800),哲学家。

曼 E. H. Man
米斯特里 Franz Misteli(1841—1903),瑞士语言学家。
穆勒 A. Müller
穆勒 Friedrich Müller(1834—1898),奥地利语言学家。

潘多西 M. C. Pandosy
佩恩 Payne
珀蒂托 Emile Fortuné Stanislas Joseph Petitot(1838—1916),法国语言学家。
普拉特 G. Pratt
普罗泰戈拉 Protagoras

塞斯 Archibald Henry Sayce(1846—1933),英国语言学家。
塞西 Baron Silvestre de Sacy(1758—1838),法国语言学家。
施莱谢尔 August Schleicher(1821—1868),德国语言学家。
施坦塔尔 Chajim Heymann Steinthal(1823—1899),德国语言学家和心理学家。
舒伦伯格 A. C. Grf. v. d. Schulenburg(1865—1902),德国语言学家。
斯宾诺莎 Baruch de Spinoza(1632—1677),哲学家。

泰西莫 Friedrich Techmer(1843—1891),德国语言学家。
图克 Herman Neubronner van der Tuuk(1824—1894),荷兰语言学家。
托伦特 J. Torrend

威廉姆斯 W. C. Williams
威斯克 Weske
维奥莱特 L. Violette

夏朗西 H. de Charencey

亚当 Ludwig Adam(1842—1927),德国语言学家。
于塞尔 Ussel

乔治·冯·德·甲柏连孜著作年表

1. 1860,《达雅克语变位系统遗迹辨考》(*Spuren eines ausgebildeten Conjugationssystems im Dayak*. In: Zeitschrift der Deutschen Morgenländischen Gesellschaft (ZDMG), 14, S. 547ff.)
2. 1861,《论被动态———项比较研究》(*Über das Passivum. Eine sprachvergleichende Abhandlung*. Abhandlungen der philologisch-historischen Classe der königlich sächsischen Gesellschaft der Wissenschaften. 3. (1861), S. 449—546.)
3. 1869,《试论比较句法学》(*Ideen zu einer vergleichenden Syntax*. In: Zeitschrift für Völkerpsychologie und Sprachwissenschaft 6.)
4. 1875,《再论比较句法学》(*Weiteres zur vergleichenden Syntax*. In: ZDMG 8.)
5. 1876,《太极图——周子初始原则图示,附〈合璧性理〉中朱熹的注释》(*Thai-kih-thu, des Tscheu-tsi Tafel des Urprinzipes, mit Tschu-hi's Commentare nach dem Hoh-pih-sing-li*. Chinesisch mit mandschuischer und deutscher Übersetzung, Einleitung und Anmerkungen. Dissertation Dresden.)
6. 1878,《论汉语语法学史和汉语语法研究》(*Beitrag zur Geschichte der chinesischen Grammatiken und zur Lehre von der grammatischen Behandlung der chinesischen Sprache*. In: ZDMG 32, S. 601ff.)
7. 1878,《试论汉语的对仗》(*Ein Probestück vom chinesischen Parallelismus*. In: Zeitschrift für Völkerpsychologie und Sprachwissenschaft 10.)
8. 1879,《金瓶梅——一个杂货商的风流韵事》(*Kin Ping Mei, les aventures galantes d'un épicier. Roman réaliste*, trad. du Mandchou. Rev. orient. et américaine (Paris), pub. par León de Rosny.)
9. 1880,《论中国哲学》(*Zur chinesischen Philosophie*. In: Wissenschaftliche Beilage der Allgemeinen Zeitung, Nr. 92.)
10. 1881,《汉文经纬》(*Chinesische Grammatik, mit Ausschluss des niederen*

Stils und der heutigen Umgangssprache. Leipzig：Weigel. Reprograph. Nachdruck：Berlin：Deutscher Verlag der Wissenschaften, 1953.；4., unveränd. Aufl. Halle（Saale）：Niemeyer, 1960.）

11. 1881,《东亚语言研究与语言学》(*Die ostasiatischen Studien und die Sprachwissenschaft*（Leipziger Antrittsrede）. In：*Unsere Zeit*：*dt. Revue d. Gegenwart*；*Monatsschr. zum Conversationslexikon*. Leipzig：Brockhaus 1881.（Digitalisat und Volltext im Deutschen Textarchiv））

12. 1881,《论印度支那语言谱系关系的可能性》(*Sur la possibilité de prouver l'existence d'une affinité généalogique entre les langues dites indochinoises*. In：*Atti del 4. Congresso Internazionale degli Orientalisti 1878 / International Congress of Orientalists 4*, 1878. Firenze 1878 vol. II, S. 283—295. Reprint Nendeln：Kraus, 19XX.）

13. 1882,《论汉语新语法》(*On a new Chinese grammar*. In：*Abhandlungen des 5. Internationalen Orientalisten-Congresses, gehalten zu Berlin im September 1881*. Berlin 1882, Band II, 2 1882, S. [81]—86.）

14. 1882,《论美拉尼西亚语言、密克罗尼西亚语言和巴布亚语言》(mit Adolf Bernhard Meyer：*Beiträge zur Kenntnis der melanesischen, mikronesischen und papuanischen Sprachen, ein erster Nachtr. zu Hans Conon's von der Gabelentz Werke, Die melanesischen Sprachen*. In：*Abhandlungen der Philologisch-Historischen Klasse der Königlich-Sächsischen Gesellschaft der Wissenschaften Leipzig*, Bd. 8, Nr. 4.）

15. 1883,《论马福尔语和马来语的关系》(*Einiges über das Verhältnis des Mafoor zum Malayischen*. In：*Bijdragen tot de taal-, land- en volkenkunde. Koninklijk Instituut voor de Taal-, Land- en Volkenkunde van Nederlandsch-Indie. Leiden*.）

16. 1883,《汉语语法基础,附习题》(*Anfangsgründe der chinesischen Grammatik mit Uebungsstücken*. Leipzig：Weigel, 1883.）

17. 1884,《论汉语和汉字》(*Über Sprache und Schrifthum der Chinesen*. In：*Unsere Zeit*：*dt. Revue d. Gegenwart*；*Monatsschr. zum Conversationslexikon*. Leipzig：Brockhaus 1884.）

18. 1884,《论中国人的语法观》(*Zur grammatischen Beurteilung des Chinesischen*. In：*Internationale Zeitschrift für allgemeine Sprachwissenschaft*（hrsg. v. F. Techmer）1, S. 272—280.）

19. 1885,《论尼科巴群岛的语言》(*Einiges über die Sprachen der Nicobaren-*

Insulaner. In: *Königlich-Sächsische Gesellschaft der Wissenschaften. Philologisch-Historische Klasse: Berichte über die Verhandlung*, 37, 9, S. 296—307.)

20. 1885,《论科拉里语言》(*Kolarische Sprachen.* In: *Ersch und Grubers Allgemeine Enzyklopädie der Wissenschaften und Künste* 1885, II. Serie, Bd. 84, S. 104—108.)

21. 1885,《论库基民族及其语言》(*Kuki. Volk und Sprache.* In: *Ersch und Grubers Allgemeine Enzyklopädie der Wissenschaften und Künste* 1885, II. Serie, Bd. 38.)

22. 1885,《论库马纳语》(*Kunama-Sprache.* In: *Ersch und Grubers Allgemeine Enzyklopädie der Wissenschaften und Künste* 1885, II. Serie, Bd. 38.)

23. 1885,《论转写理论》(*Zur Lehre von der Transkription.* In: *Internationale Zeitschrift für allgemeine Sprachwissenschaft* (hrsg. v. F. Techmer), 2, S. 252—257. Bericht d. Kgl. Sächs. Gesellschaft d. Wissenschaften, philol.-hist. Classe., Sitzung am 11. Dec. 1886.)

24. 1886,《〈汉文经纬〉略补》(*Some additions to my Chinese grammar.* In: *Journal of the China Branch of the Royal Asiatic Society* (Shanghai) N. S. 20.)

25. 1887,《论道教著作〈文子〉》(*Das taoistische Werk Wên-tsi.* In: *Königlich-Sächsische Gesellschaft der Wissenschaften. Philologisch-Historische Klasse: Berichte über die Verhandlung*, 39, 14.)

26. 1887,《论汉语和普通语法学》(*Zur chinesischen Sprache und zur allgemeinen Grammatik.* In: *Internationale Zeitschrift für allgemeine Sprachwissenschaft* (hrsg. v. F. Techmer) 3, S. 93—109.)

27. 1888,《〈汉文经纬〉续论——庄子的语言》(*Beiträge zur chinesischen Grammatik. Die Sprache des Čuang-Tsï.* In: *Abhandlungen der Philologisch-Historischen Klasse der Königlich-Sächsischen Gesellschaft der Wissenschaften*, 10, 8; S. 582—638.)

28. 1888,《孔子其人其学》(*Confuzius und seine Lehre.* (Leipzig)).

29. 1888,《论中国哲学家墨子》(*Über den chinesischen Philosophen Mek Tik.* In: *Königlich-Sächsische Gesellschaft der Wissenschaften. Philologisch-Historische Klasse: Berichte über die Verhandlung*, 40, 3, S. 62—70.)

30. 1888,《论波特》((*August Friedrich*) *Pott*. In: Allgemeine Deutsche Biographie 1888, 26, S. 478—485. Abgedr. in: Thomas A. Sebeok, (Hrsg.): *Portraits of Linguists. A Biographical Source Book for the History of Western Linguistics 1746—1963.* 1966. 2 Bde., S. 251—261.)
31. 1889,《盗跖:〈庄子〉的讽刺性》(*Der Räuber Tschik, ein satirischer Abschnitt aus Tschuang-tsi*. In: *Königlich-Sächsische Gesellschaft der Wissenschaften. Philologisch-Historische Klasse: Berichte über die Verhandlung*, 41, 4, Seiten 55—69.)
32. 1889,《论语言的材料和形式》(*Stoff und Form in der Sprache*. In: *Königlich-Sächsische Gesellschaft der Wissenschaften. Philologisch-Historische Klasse: Berichte über die Verhandlung*, 41, 8, Seiten 185—216.)
33. 1890,《柏林入职演讲》([Antrittsrede Berlin]. In: *Sitzungsberichte der Königlich Preußischen Akademie der Wissenschaften zu Berlin*, 34.)
34. 1891,《语言学——任务、方法和迄今成果》(*Die Sprachwissenschaft. Ihre Aufgaben, Methoden und bisherigen Ergebnisse.* Leipzig: Weigel Nachf.)
35. 1892,《外语调查记录手册》(*Handbuch zur Aufnahme fremder Sprachen.* Berlin: E. S. Mittler & Sohn, 1892.)
36. 1892,《试论管子》(*Vorbereitendes zur Kritik des Kuantsï*. In: *Sitzungsberichte der Königlich Preußischen Akademie der Wissenschaften zu Berlin*. 1892 (I); S. 1127—1152. Digitalisat, Berlin: Berlin-Brandenburgische Akademie der Wissenschaften, 2001.)
37. 1892,《论朝鲜语文字和语音系统的分析》(*Zur Beurteilung des koreanischen Schrift- und Lautwesens*. In: *Sitzungsberichte der Königlich Preußischen Akademie der Wissenschaften zu Berlin*.)
38. 1893,《论古汉语比较副词的研究》(*Die Lehre vom vergleichenden Adverbialis im Altchinesischen*. In: *Sitzungsberichte der Königlich Preußischen Akademie der Wissenschaften zu Berlin*.)
39. 1894,《论巴斯克语和北非柏尔语言的亲缘关系》(*Die Verwandtschaft des Baskischen mit den Berbersprachen Nord-Afrikas nachgewiesen von Georg von der Gabelentz*. Hrsg. nach d. hinterlassenen Manuskript durch Dr. A. C. Graf von der Schulenburg. Braunschweig: Sattler, 1894.)
40. 1894,《语言类型学:语言学的新任务》(*Hypologie der Sprachen. Eine neue Aufgabe der Linguistik*. In: *Indogermanische Forschungen* 4, 1—7.)

图书在版编目(CIP)数据

普通语言学/(德)乔治·冯·德·甲柏连孜著;温仁百译.—北京:商务印书馆,2020
(国外语言学译丛.经典著作)
ISBN 978-7-100-18875-3

Ⅰ.①普… Ⅱ.①乔…②温… Ⅲ.普通语言学 Ⅳ.H0

中国版本图书馆 CIP 数据核字(2020)第 143917 号

权利保留,侵权必究。

国外语言学译丛·经典著作
普通语言学
〔德〕乔治·冯·德·甲柏连孜　著
温仁百　译

商　务　印　书　馆　出　版
(北京王府井大街 36 号　邮政编码 100710)
商　务　印　书　馆　发　行
北 京 冠 中 印 刷 厂 印 刷
ISBN 978-7-100-18875-3

2020 年 11 月第 1 版　　开本 880×1230　1/32
2020 年 11 月北京第 1 次印刷　印张 9¾
定价:38.00 元